Coleção
TEMAS DE DIREITO ADMINISTRATIVO

ATOS ADMINISTRATIVOS AMPLIATIVOS DE DIREITOS
Revogação e Invalidação

Coleção
TEMAS DE DIREITO ADMINISTRATIVO

Publicada sob os auspícios do
INSTITUTO DE DIREITO ADMINISTRATIVO PAULISTA
e sob a Direção de
CELSO ANTÔNIO BANDEIRA DE MELLO

1. *Da Convalidação e da Invalidação dos Atos Administrativos* – WEIDA ZANCANER (3ª ed.)
2. *Concessão de Serviço Público no Regime da Lei 8.987/1995* – BENEDICTO PORTO NETO
3. *Obrigações do Estado Derivadas de Contratos Inválidos* – JACINTHO DE ARRUDA CÂMARA
4. *Sanções Administrativas* – DANIEL FERREIRA
5. *Revogação do Ato Administrativo* – DANIELE COUTINHO TALAMINI
6. *O Serviço Público e a Constituição Brasileira de 1988* – DINORÁ ADELAIDE MUSETTI GROTTI
7. *Terceiro Setor* – SÍLVIO LUÍS FERREIRA DA ROCHA (2ª ed.)
8. *A Sanção no Direito Administrativo* – HERALDO GARCIA VITTA
9. *Licitação na Modalidade de Pregão* – VERA SCARPINELLA (2ª ed.)
10. *O Processo Administrativo e a Invalidação de Atos Viciados* – MÔNICA MARTINS TOSCANO SIMÕES
11. *Remuneração dos Serviços Públicos* – JOANA PAULA BATISTA
12. *As Agências Reguladoras* – MARCELO FIGUEIREDO
13. *Agências Reguladoras* – ALEXANDRE MAZZA
14. *Função Social da Propriedade Pública* – SÍLVIO LUÍS FERREIRA DA ROCHA
15. *Desapropriação de Bens Públicos (À Luz do Princípio Federativo)* – LETÍCIA QUEIROZ DE ANDRADE
16. *Os Princípios da Razoabilidade e da Proporcionalidade no Direito Administrativo Brasileiro* – JOSÉ ROBERTO PIMENTA OLIVEIRA
17. *Princípios Constitucionais de Direito Administrativo Sancionador* – RAFAEL MUNHOZ DE MELLO
18. *Estrutura e Motivação do Ato Administrativo* – VLADIMIR DA ROCHA FRANÇA
19. *Efeitos dos Vícios do Ato Administrativo* – RICARDO MARCONDES MARTINS
20. *Manutenção e Retirada dos Contratos Administrativos Inválidos* – ANDRÉ LUIZ FREIRE
21. *Da Intervenção do Estado no Domínio Social* – CAROLINA ZANCANER ZOCKUN
22. *As Competências do Poder Legislativo e as Comissões Parlamentares* – GABRIELA ZANCANER
23. *O Princípio da Segurança Jurídica no Direito Administrativo Brasileiro* – RAFAEL VALIM
24. *Poder de Polícia* – HERALDO GARCIA VITTA
25. *Responsabilidade Patrimonial do Estado* – MAURÍCIO ZOCKUN
26. *Regime Jurídico dos Processos Administrativos Ampliativos e Restritivos de Direito* – ANGÉLICA PETIAN
27. *Atos Administrativos Ampliativos de Direitos – Revogação e Invalidação* – BRUNO AURÉLIO
28. *Soberania do Estado e Poder de Polícia* – HERALDO GARCIA VITTA

BRUNO AURÉLIO

ATOS ADMINISTRATIVOS
AMPLIATIVOS DE DIREITOS
Revogação e Invalidação

IDAP
INSTITUTO DE DIREITO ADMINISTRATIVO PAULISTA

MALHEIROS EDITORES

ATOS ADMINISTRATIVOS AMPLIATIVOS DE DIREITOS
Revogação e Invalidação
© BRUNO AURÉLIO

ISBN: 978-85-392-0054-2

Direitos reservados desta edição por
MALHEIROS EDITORES LTDA.
Rua Paes de Araújo, 29, conjunto 171
CEP 04531-940 — São Paulo — SP
Tel.: (11) 3078-7205
Fax: (11) 3168-5495
URL: www.malheiroseditores.com.br
e-mail: malheiroseditores@terra.com.br

Composição
Acqua Estúdio Gráfico Ltda.

Capa
Criação: Nadia Basso
Arte: PC Editorial Ltda.

Impresso no Brasil
Printed in Brazil
02.2011

AGRADECIMENTOS

Todo estudo científico exige grande esforço e dedicação de seu proponente, bem como uma enorme compreensão e auxílio das pessoas que o cercam.

Em reconhecimento ao apoio incondicional que sempre me foi dado, escrevo algumas poucas linhas de agradecimento. Uma forma singela, porém sincera, de demonstrar minha enorme gratidão.

Inicio pedindo desculpas àqueles que, por mero lapso momentâneo, deixaram de ser mencionados nominalmente. A essas pessoas, sem sombra de dúvidas, estendo este recado.

Em destaque, agradeço à minha família. Aos meus pais, Mario Francisco Aurélio e Miriam Regina Cabral Aurélio, e minha irmã, Amanda Luise Cabral Aurélio, pelo amor e confiança incontestes. Aqui, reservo carinho especial aos meus avôs e maiores entusiastas, Olavo Viana Cabral e Manoela Parralo Cabral.

À minha mãe, minha maior professora, um agradecimento especial. Não cansada de me ensinar a viver, também tem destacada relevância em minha formação jurídica, posto ser advogada pública, professora e acadêmica de reconhecido valor.

A Livia Pimenta Goes agradeço seu amor e compreensão. Grande incentivadora nos momentos de maior fraqueza, não me deixou esmorecer no período de conclusão deste trabalho.

Aos meus grandes amigos que tive o privilégio de conhecer no Mestrado da PUC/SP, protagonistas de profundos debates e grandes vitórias: Angélica Petian, Augusto Neves Dal Pozzo, Décio Gabriel Gimenez, Eduardo Pereira de Souza, Inês Coimbra de Almeida Prado, Luciano Silva Costa Ramos e Rafael Ramires Araujo Valim.

Agradeço a todos aqueles que contribuíram diretamente com este trabalho, partícipes de inúmeras discussões e debates que enriqueceram este texto: André Luis Freire, Antônio Araldo Ferraz Dal Pozzo, Felipe Nogueira Monteiro, Francisco Ribeiro Mendes, Gabriela Silvério Palhuca, João Negrine Neto, Percival José Bariani Jr., Renan Marcondes Facchinatto, Rodrigo Felipe Cusciano. Em especial, agradeço ao amigo Itamar de Carvalho Jr., cuja amizade e companheirismo, de longa data, ultrapassaram os ricos debates acadêmicos.

Aos professores Carlos Ari Sundfeld, Márcio Cammarosano e Letícia Queiroz de Andrade agradeço os grandes ensinamentos deste ramo do Direito.

Aos professores Maurício Zockun, Carolina Zancaner Zockun e, especialmente, Weida Zancaner agradeço toda a confiança, apoio, incentivo para prosseguir, a toda prova, com a minha vida acadêmica e profissional.

Ao professor Celso Antônio Bandeira de Mello agradeço, além dos mais ricos ensinamentos jurídicos de que tive a sorte de desfrutar ao longo da minha graduação e pós-graduação, as grandes lições de vida, seriedade e compromisso com a ciência jurídica e, principalmente, com o homem e a sociedade brasileira.

Por fim, como não poderia deixar de ser, agradeço, sem palavras, à minha orientadora, professora Dinorá Adelaide Musetti Grotti, grande jurista e professora, pela qual guardo um carinho especial pela paciência, compreensão e incentivo ao longo de toda minha vida acadêmica.

Muito obrigado!

À minha família.

PREFÁCIO

Embora o ato administrativo tenha merecido, em diferentes épocas, e pelos mais diversos ângulos, a atenção profunda dos juristas, nacionais e estrangeiros, o assunto objeto deste livro não havia logrado despertar na literatura jurídica pátria estudos aprofundados, nem uma análise percuciente.

O Autor, com a presente obra, revisita a teoria clássica do ato administrativo e convida o leitor a uma reflexão sobre os institutos da revogação e da invalidação incidentes sobre os atos administrativos ampliativos de direitos, tendo o mérito de abordá-los de maneira atual, em sintonia com as mutações que o direito administrativo vem sofrendo.

Tive a satisfação de acompanhar a trajetória do Autor na construção deste trabalho, no qual tive a honra de ser sua Orientadora. Mas os méritos são integralmente do Autor, que, além de ter ideias claras e relevantes, tem sólida formação jurídica, forjada pelo mestre Celso Antônio Bandeira de Mello, seu professor nos cursos de Graduação e de Pós-Graduação em Direito na PUC/SP.

Seriedade, integridade, espírito investigativo, são alguns dos adjetivos que aplico para traçar o perfil desse jovem e talentoso jurista, e que são facilmente identificáveis na presente monografia, onde faz uma releitura da teoria dos atos administrativos, compatibilizando-a com a perspectiva política e jurídica do Estado, adequada a uma nova realidade fática e normativa.

Com o objetivo de focar os atos administrativos ampliativos de direitos sob o tema de sua retirada por meio dos institutos da revogação e da invalidação, parte de uma noção operativa de *ato administrativo* e traça, com grande eficiência, "algumas linhas acerca dos planos no mundo jurídico, ambos pressupostos essenciais ao desenvolvimento de um estudo sobre institutos desprovidos de uma definição unívoca e predeterminada".

A seguir, passa à verificação do que se compreende por *ato administrativo ampliativo da esfera jurídica dos administrados* e aponta algumas diferenciações entre as espécies desses atos.

Na sequência, "após a exposição de alguns pressupostos relativos à revogação e à invalidação", adentra uma detalhada análise dos institutos da revogação e da invalidação "incidentes sobre os atos administrativos ampliativos da esfera jurídica dos administrados".

Ao final de um percurso intelectual pontualmente desenvolvido, o Autor conclui que "os atos administrativos ampliativos exigem e têm um tratamento específico da legislação, haja vista a razão de existir do direito administrativo, pautado por normas constitucionais que prestigiam a proteção dos particulares. Nesse sentido, torna-se dever da doutrina e da jurisprudência repensar o regime de retirada de atos administrativos de espécies distintas (restritivos e ampliativos), contribuindo para a redução das atividades estatais ilegítimas, arbitrárias e, a rigor, marcadas pelo descaso à confiança (certeza e estabilidade) dos administrados".

Foi com este trabalho que o Autor obteve o título de Mestre em Direito do Estado, na área de concentração em Direito Administrativo, defendida com grande brilho e sucesso na Faculdade de Direito da PUC/SP, aprovado com a nota máxima e recebido merecidos elogios que lhe foram dispensados pela Banca Examinadora.

Este estudo traz imprescindível contribuição ao mundo jurídico e revela à doutrina jurídica um novo Autor, que, certamente, continuará a brindar-nos com seu talento e vigor intelectual. Foi com satisfação que recebi o convite para redigir o prefácio da obra que agora vem a lume, convidando os leitores a apreciá-la, tal como eu o fiz.

DINORÁ ADELAIDE MUSETTI GROTTI

SUMÁRIO

AGRADECIMENTOS 5
PREFÁCIO – *Profa. DINORÁ ADELAIDE MUSETTI GROTTI* 7

1. INTRODUÇÃO 13

2. ATOS ADMINISTRATIVOS
   2.1 Noção de "ato administrativo" 18
   2.2 Os planos do mundo jurídico: existência, validade e eficácia 27
       2.2.1 Plano da existência 28
       2.2.2 Plano da validade 32
       2.2.3 Plano da eficácia 34

3. ATOS AMPLIATIVOS DA ESFERA JURÍDICA DOS ADMINISTRADOS
   3.1 Conceito de "ato administrativo ampliativo" 39
   3.2 Principais diferenças quanto aos atributos dos atos administrativos 49
       3.2.1 Presunção de legitimidade ou legalidade 50
       3.2.2 Imperatividade 52
       3.2.3 Exigibilidade 54
       3.2.4 Executoriedade 55
       3.2.5 Outras considerações quanto aos atributos ... 56
   3.3 Principais diferenças quanto à participação da vontade dos administrados 59

  3.3.1 A vontade do administrado como fator irrelevante para a formação e/ou produção dos efeitos do ato administrativo 60

  3.3.2 A vontade do administrado relevante para a formação e/ou produção dos efeitos do ato administrativo 61

    3.3.2.1 Vontade do administrado imprescindível para a existência ou produção dos efeitos do ato 63

    3.3.2.2 Importância formal, contudo necessária, para a validade do ato 65

3.4 A importância do processo administrativo 66

3.5 O dever de motivar 71

3.6 O dever de ciência inequívoca do destinatário 76

4. REVOGAÇÃO E INVALIDAÇÃO: PRESSUPOSTOS DE VALIDADE 82

 4.1 A imposição do processo administrativo para revogação e invalidação dos atos administrativos ampliativos 83

 4.2 O dever de motivação dos atos administrativos de revogação e invalidação 89

 4.3 Respeito ao princípio da boa administração 93

 4.4 Respeito ao princípio da segurança jurídica 95

  4.4.1 Faceta objetiva: direito adquirido 99

  4.4.2 Faceta subjetiva: princípio de proteção à confiança .. 101

  4.4.3 Faceta subjetiva: princípio da boa-fé 105

5. REVOGAÇÃO DOS ATOS AMPLIATIVOS DE DIREITOS

 5.1 O instituto da revogação 111

 5.2 O instituto da revogação no Brasil 116

  5.2.1 Quem pode revogar 119

  5.2.2 Efeitos da revogação 121

  5.2.3 Limites à revogação 123

 5.3 A revogação e os atos ampliativos 127

SUMÁRIO   11

5.3.1 *A natureza do ato ampliativo* 128
    5.3.1.1 *Atos ampliativos praticados a título precário* .. 129
        5.3.1.1.1 O dever de indenizar e a revogação dos atos ampliativos praticados a título precário 134
    5.3.1.2 *Os atos ampliativos estáveis* 138
5.3.2 *Revogação dos atos ampliativos no Direito estrangeiro*
    5.3.2.1 *Direito Português* 140
    5.3.2.2 *Direito Espanhol* 143
    5.3.2.3 *Direito Argentino* 145
5.3.3 *Revogação dos atos ampliativos no Direito Brasileiro* . 148
    5.3.3.1 *Regime jurídico do instituto da revogação* .. 149
    5.3.3.2 *A necessária manutenção do interesse público em face dos efeitos do ato ampliativo estável* 158

6. INVALIDAÇÃO DOS ATOS AMPLIATIVOS
6.1 *O instituto da invalidação* 161
    6.1.1 *Fundamentos da invalidação* 165
    6.1.2 *Sujeitos da invalidação* 169
    6.1.3 *Efeitos da invalidação* 170
    6.1.4 *Objetivos da invalidação* 171
6.2 *A invalidação dos atos administrativos ampliativos* 174
    6.2.1 *Breve panorama do Direito estrangeiro* 176
        6.2.1.1 *Direito Francês* 176
        6.2.1.2 *Direito Espanhol* 178
        6.2.1.3 *Direito Português* 182
        6.2.1.4 *Direito Argentino* 184
6.3 *A busca pelo dever de convalidar* 188
    6.3.1 *Vício de sujeito* 191
    6.3.2 *Vício de formalidade* 192
    6.3.3 *Vício de procedimento* 193
    6.3.4 *Vícios não convalidáveis* 195

6.4 Estabilização dos atos ampliativos viciados 199
6.5 O decurso do tempo 204
6.6 A efetiva invalidação: efeitos e consequências 209

7. CONCLUSÃO 216

REFERÊNCIAS BIBLIOGRÁFICAS 226

1
INTRODUÇÃO

A evolução dos modelos de Estado está umbilicalmente ligada à evolução do modo de atuação da Administração Pública e, por conseguinte, da natureza e conteúdo das normas de direito administrativo.

Num primeiro momento, no Estado Absolutista, o poder estatal era incontrastável, insubmisso aos postulados do Direito, sendo incipiente, ou mesmo inexistente, esse ramo do *dever-ser*.

Em reação a esse período negro da História fincou-se o ideal de que todo o poder deveria submeter-se ao sistema jurídico. Concebeu-se o Estado de Direito.

Sua primeira versão nasceu juntamente com os ideais liberais, de sorte que o Estado de Direito passou a ser nominado de Liberal. Coube-lhe submeter o poder político aos ditames da lei bem como preservar os direitos fundamentais dos indivíduos.

Submissa ao novel direito administrativo, a atividade estatal, em aparente contradição, atuava coercitivamente, de forma agressiva, sobre os particulares, visando a preservar a coletividade e os direitos individuais.

O ato administrativo, apontado como o "modo normal (praticamente exclusivo) da actuação da Administração Pública",[1] despontou como elemento central do direito administrativo, que "era visto como uma manifestação autoritária do poder estadual relativamente a um particular determinado".[2]

---

1. Vasco Manuel Pascoal Dias Pereira da Silva, *Em Busca do Acto Administrativo Perdido*, Coimbra, Livraria Almedina, 2003, p. 40.
2. Idem, ibidem.

Sua produção intermitente conduziu à imprescindível formulação de uma teoria que agrupasse e revelasse as principais características do instituto. Marcados pela realidade fática e pelo momento histórico, os tribunais administrativos dos Países europeus continentais e muitos de seus juristas passaram a agrupar e delinear realidades, conferindo a elas o rótulo de "teoria geral dos atos administrativos".

No entanto, diferentemente do que imaginavam esses estudiosos, a concepção de Estado e sua função evoluíram atreladas aos novos pensamentos e reivindicações dos indivíduos que, a rigor, estavam reprimidos pelo poder econômico de poucos.

O Estado de Direito desprendia-se lentamente das práticas do Liberalismo, substituídas por ideais sociais. A preocupação com o domínio político e a mera manutenção das liberdades civis não mais figuravam como pilares da atividade estatal. Novos objetivos foram juridicamente delineados. O Estado passava a agir positivamente, como promotor de novas realidades para os indivíduos.

Nas palavras de Santamaría Pastor, coube ao Estado "prover ao conjunto da sociedade os sistemas vitais (serviços públicos essenciais) e de prestações (emprego, segurança social, saúde, acesso a bens culturais) que garantem seu fundamento a um nível mínimo de bem-estar".[3]

O direito administrativo passou a regular as atividades públicas em bases normativas diversas, voltadas à função prestacional de um Estado que deve atuar positivamente sobre os indivíduos, enfim dotados de direitos subjetivos públicos.

A atuação agressiva, sempre materializada nos atos administrativos, é minorada, substituída pelo majoritário dever de promoção e satisfação de necessidades sociais, mitigador das desigualdades econômicas. Surgem os *atos administrativos ampliativos de direitos*, representantes da atividade positiva da Administração Pública.

Como reflexo, "a passagem de uma Administração agressiva para uma Administração prestadora trouxe consigo o aumento da dependência do indivíduo relativamente aos Poderes Públicos".[4] Segundo

---

3. Juan Alfonso Santamaría Pastor, *Fundamentos de Derecho Administrativo*, vol. 1, Madri, Centro de Estudios Ramón Areces, 1991, p. 163.
4. Vasco Manuel Pascoal Dias Pereira da Silva, *Em Busca do Acto Administrativo Perdido*, cit., p. 74.

Jean Rivero, "esta evolução repercute-se no domínio psicológico: desapontado pela experiência da liberdade, o homem reclama do Estado uma maior proteção e a salvaguarda de sua segurança".[5]

No entanto, em sentido oposto à velocidade das mudanças estatais, muitas das teorias e dos institutos formulados pela experiência reiterada, que então delineavam o direito administrativo, passaram a destoar da realidade, perdendo a posição que antes ocupavam.

Muitos proclamaram uma ampla crise desse ramo do Direito. Grafou-se que os atos administrativos não mais poderiam ser considerados seu tema central, pois, diminuída a atividade coercitiva, sua manutenção perderia sentido. Reduziram-se os estudos e a produção científica, classificando como *démodé* qualquer esmero acadêmico sobre um tema fadado ao desaparecimento.

Contudo, esses pronunciamentos não se preocupavam efetivamente com a realidade do *dever-ser*, uma vez que a ampliação da função administrativa – agora prestadora – significou uma consequente ampliação do regime jurídico-administrativo. Os atos administrativos não deixaram de ser praticados. A atividade estatal prosseguiu, marcada, predominantemente, pela produção de normas jurídicas infralegais, concretas e determinadas.

A análise empírica revelou a inverdade das afirmações teóricas que pregavam o fim do ato administrativo. E, mais, apontou que essas afirmações estavam arraigadas exclusivamente numa percepção equivocada do instituto, em razão de uma suposta imutabilidade de suas bases teóricas originais.

Em função do exposto, noutra mão, juristas de maior envergadura, pautados pela realidade fática e normativa, pronunciaram-se com propriedade e precisão.[6]

---

5. Jean Rivero, *Direito Administrativo*, trad. de Rogério Ehrhardt Soares, Coimbra, Livraria Almedina, 1981, p. 31.
6. "No termo desta evolução, é por demais evidente que o direito administrativo está hoje em plena crise. Muitas noções fundamentais. elaboradas no quadro do Estado Liberal já não dão conta das formas tomadas pela actividade administrativa. As novas tarefas que assume – planificações econômicas, gestão de um sector industrial extenso, organização do território, urbanismo, animação cultural, protecção social, luta contra a poluição, procura de uma melhor qualidade de vida – não podem acomodar-se às estruturas nem aos métodos tradicionais" (Jean Rivero, *Direito Administrativo*, cit., pp. 34-35).

Desmitificando dogmas, expuseram que os institutos tradicionais, bem como sua interpretação, ambos formulados sob a égide do Estado Liberal, estavam aquém das atuais atribuições. Como solução, almejando a satisfação de uma nova Administração, não mais coercitiva, propuseram o desafio de uma imprescindível releitura de toda a teoria, proporcionando, com isso, a readequação ou, mesmo, a evolução de suas bases e consequências.

Isso porque a ampliação e diferenciação do conteúdo dos atos administrativos não retiraram sua importância ou suprimiram sua função; apenas conduziram à imprescindível compatibilização de seus institutos e releitura de sua teoria, adequando-os à nova perspectiva política e jurídica do Estado.

Em suma, o tema do ato administrativo deve ser trazido à luz e retornar às discussões acadêmicas, compatibilizando o texto jurídico com o contexto da vida.

Nesta toada, este estudo, sem qualquer pretensão, resgatando a importância desse instituto perante o regime jurídico-administrativo, almeja revisitar sua teoria com vistas à espécie ampliativa de direitos exclusivamente sob o tema de sua retirada por meio dos institutos da revogação e da invalidação.

Acreditamos que, desta forma, ao invés de ignorarmos a realidade fática, identificaremos o Direito posto e o aplicaremos, dando relevo a uma possível harmonia com o sistema jurídico pátrio.

Pretendemos que a análise da teoria do ato administrativo, especialmente dos institutos da revogação e da invalidação, seja realizada em sintonia com o texto constitucional e o hodierno fundamento do direito administrativo, em muito coincidente com o da própria razão de existir do Direito – ou seja, a proteção dos indivíduos e a busca de certeza e estabilidade das relações jurídicas.

Objetivamos demonstrar que, em dissonância com o próprio ordenamento jurídico nacional, a teoria tradicional dos atos administrativos e a sua aplicação, quanto ao tema da retirada por razões de mérito e de legalidade, estão aquém da atualidade do sistema.

Visamos a propor, ao menos, um imprescindível debate, que deveria ter-se iniciado há longa data e que se faz de importância nevrálgica em face das relações jurídicas firmadas entre a Administração e o administrado, e principalmente em prol da proteção deste.

Para atingir o fim proposto, iniciaremos a exposição elegendo uma noção operativa de *ato administrativo* e traçaremos algumas linhas acerca dos planos no mundo jurídico, ambos pressupostos essenciais ao desenvolvimento de um estudo sobre institutos desprovidos de uma definição unívoca e predeterminada.

Na sequência, passaremos à verificação do que se compreende por *ato administrativo ampliativo da esfera jurídica dos administrados*. Nesse exercício, a fim de salientar a importância da releitura da teoria geral dos atos administrativos, esboçaremos algumas diferenciações entre as espécies desses atos.

A parte seguinte, após a exposição de alguns pressupostos relativos à revogação e à invalidação, será dividida em duas grandes seções. A primeira será dedicada à análise do instituto da revogação, e a segunda ao da invalidação, ambos vistos exclusivamente quando incidentes dos atos administrativos ampliativos da esfera jurídica dos administrados.

As conclusões a que conduziram as reflexões desenvolvidas ao longo da dissertação serão, enfim, sintetizadas ao final.

2
ATOS ADMINISTRATIVOS

2.1 Noção de "ato administrativo". 2.2 Os planos do mundo jurídico: existência, validade e eficácia: 2.2.1 Plano da existência – 2.2.2 Plano da validade – 2.2.3 Plano da eficácia.

2.1 Noção de "ato administrativo"

O objeto desta investigação circunda o tema dos atos administrativos ampliativos de direitos, razão pela qual deverão ser estabelecidas algumas premissas que nortearão todo o estudo e conduzirão às suas conclusões.

Como premissa de maior relevância elegemos a demarcação de uma noção do que se compreende no âmbito do rótulo "ato administrativo", sob o qual incluiremos a categoria própria dos *atos ampliativos da esfera jurídica dos administrados*.

O estudo de determinada espécie pressupõe o conhecimento, minimamente didático, do gênero, pois, a rigor, as peculiaridades que o conformam o vinculam àquele, revelando a razão da capitulação adotada.

O ímpeto dos estudiosos de estabelecer uma ideia acerca das declarações estatais denominadas *atos administrativos* originou-se do movimento pós-submissão da Administração ao Direito, em prol da demarcação da atividade pública executiva. Objetivaram constituir um instituto jurídico próprio, distinto da lei e da sentença – atos típicos dos poderes Legislativo e Judiciário, respectivamente – bem como dos atos civis regentes da vida privada.

Conceberam uma categoria jurídica própria, dotada de peculiaridades que a definiriam e a distanciariam de qualquer outra, individualizando a atividade administrativa, razão pela qual a nitidez e a importância de uma caracterização própria apenas se justificaram após o colorido da separação de Poderes e da constituição do Estado de Direito, no qual foi possível reconhecer o regime jurídico-administrativo como condutor da função administrativa,[1] especialmente nos locais cujo ordenamento jurídico tem origem e natureza romano-germânica.[2]

Independentemente do disposto, sempre foram encontradas enormes dificuldades para a fixação de uma noção única para *ato administrativo*, considerada a inexistência de uma categoria jurídico-positiva que a predefinisse.

Com bem elucida Antônio Carlos Cintra do Amaral,[3] há dois tipos de conceitos: aqueles estabelecidos pelo ordenamento jurídico, explicitamente postos ou extraíveis de suas disposições, e outros que, para serem formulados, dependem da percepção – mais ou menos aguçada – dos estudiosos do Direito, por inexistentes como categorias positivadas. Nessa segunda hipótese reside a problemática da noção do ato administrativo.

Por tal razão, facilmente se constata uma grande discrepância entre as noções atribuídas a esse instituto, especialmente em decorrência da diferença entre os critérios adotados pelos inúmeros juristas que pretenderam (e ainda pretendem) construir uma definição própria.

Com estas considerações, temos por certo que a noção que será adotada nesta investigação foi escolhida com vistas ao critério da funcionalidade ou operatividade[4] – ou seja, buscamos aquela que cre-

---

1. Para fins deste estudo, consideramos *função administrativa* como "a função que o Estado, ou quem lhe faça as vezes, exerce *na intimidade de uma estrutura e regime hierárquicos* e que no sistema constitucional brasileiro se caracteriza pelo fato de ser *desempenhada mediante comportamentos infralegais* ou, excepcionalmente, infraconstitucionais, submissos todos a *controle de legalidade pelo Poder Judiciário*" (Celso Antônio Bandeira de Mello, *Curso de Direito Administrativo*, 27ª ed., São Paulo, Malheiros Editores, 2010, p. 36).
2. Segundo Oswaldo Aranha Bandeira de Mello: "A primeira explicação científica de *ato administrativo* encontra-se no *Repertório Guizot-Merlin*, na sua 4ª edição, de 1812, onde se define como 'ordenança ou decisão de autoridade administrativa, que tenha relação com a sua função'" (*Princípios Gerais de Direito Administrativo*, 3ª ed., 2ª tir., vol. I, São Paulo, Malheiros Editores, 2010, p. 475).
3. Antônio Carlos Cintra do Amaral, *Teoria do Ato Administrativo*, Belo Horizonte, Fórum, 2008, p. 29.
4. Destacamos a inexistência de qualquer pretensão de constituir uma noção própria de *ato administrativo* para este estudo, visto não ser seu objeto ou objetivo.

mos cumprir funções de um "conceito metodológico, as quais não se pode dizer que sejam verdadeiras ou falsas, mas simplesmente úteis ou inúteis".[5]

Essas noções visam a reunir o maior número de traços de semelhança, extraídos do Direito posto, para caracterização de determinado signo. Permitem a construção de algo que, de forma didática, possa relatar com fidelidade a realidade do ordenamento jurídico, facilitando a compreensão do exposto ao longo de qualquer texto que pretenda ser jurídico-científico.[6]

Nessa toada, para evitarmos quaisquer contratempos ou confusões metodológicas – repisamos –, não será, aqui, formulada uma nova noção de *ato administrativo*, que poderá se apresentar como menos útil ao fim perseguido. Adotaremos a noção de *ato administrativo* em sentido estrito concebida por Celso Antônio Bandeira de Mello, considerada a mais funcional à condução e compreensão desta investigação.

Isso não significa que os demais conceitos, formulados por outros juristas, não sejam operativos; somente fizemos uma opção didático-científica para a sequência do texto, não estabelecendo, de modo algum, qualquer nível de crítica direta a outras noções que tenham tal grau de funcionalidade.

Portanto, para este texto a expressão "ato administrativo" deverá ser sempre compreendida como "declaração *unilateral* do Estado no exercício de prerrogativas públicas, manifestada mediante comandos concretos complementares da lei (ou, excepcionalmente, da própria Constituição, aí de modo plenamente vinculado) expedidos a título de lhe dar cumprimento e sujeitos a controle de legitimidade por órgão jurisdicional".[7]

Contudo, para o melhor entendimento do instituto não basta a mera repetição de palavras; acreditamos importante a observação pontual de alguns elementos que o formam, atribuindo conteúdo ao rótulo.

---

5. Antônio Carlos Cintra do Amaral, *Teoria do Ato Administrativo*, cit., p. 29.

6. "A busca da definição de ato administrativo não é uma busca de essências: deve ser estudado o fenômeno administrativo buscando uma classificação que o sistematize e explique adequadamente" (Agustín Gordillo, *Tratado de Derecho Administrativo: el Acto Administrativo*, 6ª ed., vol. 3, Belo Horizonte, Del Rey, 2003, p. I-1).

7. Celso Antônio Bandeira de Mello, *Curso de Direito Administrativo*, cit., 27ª ed., pp. 386-387.

Por primeiro, grafamos que o ato administrativo é uma declaração estatal; melhor dizendo, declaração jurídica. O significado dessa afirmação aponta para a natureza do ato administrativo, de ato jurídico, especificamente considerado sob o gênero denominado de *fato jurídico*.

Nas palavras de Carlos Ari Sundfeld: "Uma declaração será ato jurídico quanto o Direito reconhecer-lhe o efeito de regular comportamentos ou qualificar situações, isto é, quando lhe for outorgado o significado de norma jurídica. Será fato, entretanto, se tomado como simples pressuposto de incidência de norma jurídica, vale dizer, se corresponder concretamente à hipótese abstrata nela prevista, gerando a aplicação de seu mandamento".[8]

Sendo ato jurídico, o ato administrativo se perfaz em prescrição normativa (norma jurídica) destinada a reger comportamentos e relações intersubjetivas por meio dos efeitos jurídicos por ele produzidos.

Com a atribuição de efeitos (significados) jurídicos pelo sistema normativo, inclui-se na categoria dos fatos jurídicos, ou seja, os relevantes ao Direito. Se sobre determinado evento (fato) incide uma norma jurídica, regulando-o, atribuindo-lhe alguma consequência jurídica, ele será qualificado como juridicamente relevante – fato jurídico.[9]

Entretanto, o ato administrativo não pode ser considerado como qualquer ato jurídico, mas norma jurídica (i) proveniente do Estado (ou de quem lhe faça as vezes), (ii) no exercício de prerrogativas públicas, (iii) unilateral, (iv) concreta e (v) complementar à legislação.

Conforme apontado, as tentativas de formular uma noção de ato administrativo decorreram da necessidade de ser estabelecida uma categoria própria aos atos jurídicos emitidos pela Administração Pública no exercício de sua atribuição. Desse modo, num primeiro momento o requisito subjetivo fez-se importante para fixar certo distanciamento, ao menos preliminar, dos demais atos jurídicos produzidos por terceiros.

Em sua concepção, esse objetivo foi bem-sucedido, pois juntamente com a fixação da noção de função administrativa estabeleceu-se

---

8. Carlos Ari Sundfeld, *Ato Administrativo Inválido*, São Paulo, Ed. RT, 1990, p. 14.
9. Lourival Vilanova, *Causalidade e Relação no Direito*, 2ª ed., São Paulo, Saraiva, 1989, p. 6.

um critério negativo segundo o qual – ao menos em nosso sistema jurídico – a Administração Pública não inovaria na ordem jurídica e não sentenciaria com definitividade.

Sendo assim, afirmou-se, com toda certeza, que a Administração apenas produzia atos administrativos, porém sem estabelecer as características de tais atos, vinculando-os somente ao exercício da função administrativa.

Defronte a esse ponto, retornou-se à problemática da utilização exclusiva do critério subjetivo (ou orgânico) para a fixação do que se compreenderia por *função administrativa*, de vez que muito do exercício dos demais Poderes de Estado não estava restrito à atividade legiferante originária ou de resolução de conflitos com definitividade.[10]

Realizada a originária tarefa de conceber um instituto próprio, delimitando o produto da atuação do Poder Executivo dos demais Poderes, tornou-se imprescindível considerá-lo apenas como decorrência do exercício da função administrativa (compreendida como exercível por todos os Poderes estatais), independentemente do órgão que a execute. Por esse motivo, a noção adotada para delimitar o instituto não ficou restrita à figura da Administração Pública, mas ligou-se à atuação de todos os entes estatais, ou mesmo daqueles que lhe façam as vezes.[11]

Sob essa luz, ganha relevo a afirmação de que os atos administrativos são produzidos no exercício de prerrogativas públicas, sintetica-

---

10. "A contradição das noções predominantes de função administrativa (material, substancial) e ato administrativo (orgânico, subjetivo) se adverte em um exemplo: a nomeação ou remoção por parte das autoridades judiciárias de um empregado do tribunal é, nessas doutrinas, função administrativa, mas não ato administrativo. A nomeação ou remoção por parte das autoridades administrativas de um empregado da Administração é função administrativa e também ato administrativo. (...). Em consequência, nos parece claro que em ambos os casos há função administrativa e ato administrativo; deixando claro que aos atos administrativos ditados por órgãos judiciais se aplicará o direito administrativo, salvo, em alguns Países, no que diz respeito ao recurso para atacá-lo" (Agustín Gordillo, *Tratado de Derecho Administrativo: el Acto Administrativo*, cit., vol. 3, pp. I -7-8).

11. "Destarte, nos tempos modernos conceitua-se o *ato administrativo* em atenção ao entendimento que se possua dos órgãos administrativos e da função administrativa, ou seja, do direito administrativo. Daí a possibilidade de se ter um conceito subjetivo, orgânico-formal, e objetivo, material" (Oswaldo Aranha Bandeira de Mello, *Princípios Gerais de Direito Administrativo*, cit., 3ª ed., 2ª tir., vol. I, p. 476).

mente considerado como o exercício de autoridade dotado de presunção de legitimidade.

As prerrogativas públicas, em princípio, sempre foram consideradas como o traço de afinidade característico dos atos jurídicos dessa natureza, indistintamente considerados.

Contudo, conforme será demonstrado, a variabilidade atual de conteúdo dos atos retirou a certeza dessa afirmação, acabando por impor ao interessado um indispensável exercício de verificação casuística de cada ato para identificação da presença dessas prerrogativas. Não obstante – reiteramos –, sua permanência no conceito é funcional, pois, sem controvérsia, demarca uma característica própria do exercício da função administrativa.

Por meio da identificação das prerrogativas públicas é possível concluir que o regime jurídico-administrativo rege essa espécie de ato, o que resulta na consequente distinção, agora normativa, das demais espécies de atos jurídicos, em especial dos atos de natureza privada.

De toda sorte, acreditamos que as prerrogativas apenas existirão validamente se em sintonia com o teor próprio de cada ato, de modo que variarão de acordo com sua espécie, embora sua previsão conceitual abstrata remanesça em alta conta na noção.

Prosseguindo: ao singularizar o ato administrativo como ato jurídico oriundo do exercício da função administrativa, diverso – portanto, das demais funções estatais e dos atos de natureza privada –, alcançou-se a inicial finalidade da concepção de uma noção própria ao instituto.

Com o avançar das relações sociais e das atividades estatais, no entanto, outras razões foram sendo incorporadas à mencionada necessidade distintiva, conformando a amplitude da noção escolhida.

Esse contexto de ampliação contribuiu para a adoção da noção considerada estrita para muitos juristas, inclusive seu próprio idealizador, Celso Antônio Bandeira de Mello. Isso porque, em seu conteúdo, os atos administrativos são exclusivamente *normas unilaterais*, produzidas diretamente pelo Estado em cumprimento do dever jurídico prescrito na legislação e objetivando alcançar o interesse público primário.

A *unilateralidade*, ao compor a noção de ato administrativo, objetiva afastá-lo dos atos bilaterais ou convencionais (contrato administrativo). No entanto, diferentemente do sustentado pelos autores mais desavisados, a característica de unilateralidade não impede a participação dos indivíduos na configuração da norma jurídica. Apenas estabelece que tais atos, quando preenchido o determinado na legislação, tendo ou não participação volitiva do administrado, serão emitidos por imposição do ordenamento jurídico, a fim de potencialmente atingirem a finalidade pública para a qual foram concebidos.

Somada à unilateralidade, a característica da *concretude* contida na noção adotada diminui seu espectro de incidência, afastando o ato administrativo das características de generalidade e abstração contidas na lei e, em último grau, nos próprios regulamentos administrativos.

Essa característica acaba por reduzir o número de atos administrativos àqueles que produzam efeitos jurídicos imediatos,[12] não necessitando de outro elemento normativo intermediário que restrinja a abstração legislativa ou regulamentar para o efetivo alcance dos efeitos contidos na prescrição.

Nas palavras de Weida Zancaner: "Assim, enquanto norma jurídica concreta, o ato administrativo constitui ou um comando – isto é, uma prescrição de agir ou se abster –, ou uma permissão ou, ainda, uma declaração de conhecimento ou de certificação, posto que nestes dois últimos casos se qualificam situações, tendo em vista uma regulação contida em outra norma".[13]

No mais, aponta-se que os atos administrativos concretos são complementares à legislação. Essa afirmação deve ser entendida de forma direta e sem maiores elucubrações, significando exclusivamente que os atos administrativos, no âmbito do ordenamento jurídico brasileiro, não têm a função de inovar na ordem jurídica, mas apenas efetivar – conferir cumprimento – os comandos contidos em normas originadas do

---

12. Segundo Maria Sylvia Zanella Di Pietro "[*o ato administrativo*] *produz efeitos jurídicos imediatos*; com isso, distingue-se o ato administrativo da lei e afasta-se de seu conceito o regulamento, que, quanto ao conteúdo, é ato normativo, mais semelhante à lei; e afastam-se também os atos não produtores de efeitos jurídicos diretos, como os atos materiais e os atos enunciativos" (*Direito Administrativo*, 21ª ed., São Paulo, Atlas, 2008, p. 184).

13. Weida Zancaner, *Da Convalidação e da Invalidação dos Atos Administrativos*, 3ª ed., São Paulo, Malheiros Editores, 2008, p. 30.

processo legislativo, seja originário, decorrente diretamente da Constituição, seja ordinário, do Poder Legislativo constituído.

Esta exposição apenas reitera que os atos administrativos, ao materializarem as prescrições contidas na legislação, efetivam o princípio da legalidade e contribuem para a manutenção do Estado de Direito, opondo-se à possibilidade de governantes agirem arbitrariamente, em desrespeito ao processo democrático e ao direito dos indivíduos. Noutras palavras, os atos administrativos, apenas como normas complementares à legislação, promovem a proteção dos administrados desenhada constitucionalmente.

Vamos além, conforme será descrito neste texto: temos por certo que os atos administrativos devem respeito, além de ao princípio da legalidade, a outros de supina importância, tais como os da segurança jurídica, da boa administração e da boa-fé dos administrados – tudo em prol do melhor exercício da função administrativa.

Por tudo, reiteramos que as características de unilateralidade e concretude foram determinantes à escolha da noção estrita de ato administrativo como parâmetro para este trabalho, pois, como corte epistemológico, estudaremos apenas as declarações jurídicas concretas produzidas pelo Estado, no exercício da função administrativa, que incidam diretamente sobre a esfera de direitos dos administrados.

Concluindo a verificação das características da noção em foco, por força do imediatamente explanado, ganha relevo o tema da *revisibilidade dos atos administrativos*, ou seja, da potencial falta de definitividade, em decorrência do imperativo controle de sua legitimidade.

Seria inócua a imposição de respeito à legislação se os atos administrativos não pudessem ser controlados e revistos, seja interna ou externamente, pelo próprio emissor ou por agentes distintos. As regras jurídicas são eficazes se eficazes forem os meios de controle de um eventual descumprimento; caso contrário apenas existirá um texto sem força, um Direito meramente conselheiro.[14]

14. "A presença de uma sanção externa e institucionalizada é uma das características daqueles grupos que constituem, segundo uma acepção que foi se tornando cada vez mais comum, os ordenamentos jurídicos. Podemos, portanto, considerar este tipo de sanção como um novo critério para identificar as normas jurídicas. Diremos, então, com base neste critério, que 'normas jurídicas' são aquelas cuja execução é garantida por uma sanção externa e institucionalizada. (...). Atendo-nos a estes crité-

Assim, a legitimidade – considerada como respeito às normas jurídicas – poderá ser revista, seja *interna corporis*, pelo próprio emissor ou outro que detenha tal função (autotutela), seja por meio do Poder Judiciário, pois, em princípio, a retirada dos atos administrativos contrários ao Direito posto é dever jurídico prevalecente.[15]

A possibilidade de controle pelo Poder Judiciário decorre diretamente do art. 5º, XXXV, da CF, regra que autoriza que qualquer interessado possa se socorrer do controle judicial caso a norma jurídica emitida esteja em desconformidade com a legislação pátria. Noutra mão, a autotutela deve ser considerada como um atributo do ato administrativo, estritamente vinculado ao dever do agente público de agir em conformidade com a lei, e que o obriga a rever seus próprios atos, quando eivados de vício.

Em síntese, para a função administrativa o cumprimento da legalidade é dever jurídico primário, de sorte que o Direito obriga à sua busca constante. Prescreve Weida Zancaner:

rios, poderemos dizer que o caráter das normas jurídicas está no fato de serem normas, em confronto com as morais e sociais, com eficácia reforçada. Tanto é verdade, que as normas consideradas jurídicas por excelência são as estatais, que se distinguem de todas as outras normas reguladoras da nossa vida porque têm o máximo de eficácia" (Norberto Bobbio, *Teoria da Norma Jurídica*, 2ª ed., trad. de Fernando Pavan Baptista e Ariani Bueno Sudatti, São Paulo, Edipro, 2003, pp. 160-161).

"E se das ordens sociais a que chamamos Direito viesse a desaparecer – como profetiza o socialismo marxista – o elemento coação (como consequência do desaparecimento da propriedade privada dos meios de produção), estas ordens sociais mudariam radicalmente de caráter: perderiam – no sentido da definição do Direito aqui admitida – o seu caráter jurídico, do mesmo modo que as comunidades por elas construídas perderiam o seu caráter estatal; ou seja, na terminologia de Marx, o Estado – e com o Estado também o Direito – 'morreria'" (Hans Kelsen, *Teoria Pura do Direito*, 3ª ed., São Paulo, Martins Fontes, 1991, p. 58).

15. "Tôdas as atividades da Administração Pública são limitadas pela subordinação à ordem jurídica, ou seja, à legalidade. O procedimento administrativo não tem existência jurídica se lhe falta, como fonte primária, um texto de lei. Mas não basta que tenha sempre por fonte a lei. É preciso, ainda, que se exerça segundo a orientação dela e dentro dos limites nela traçados. Só assim que o procedimento da Administração é legítimo. Qualquer medida que tome o poder administrativo, em face de determinada situação individual, sem preceito de lei que a autorize, ou excedendo o âmbito de permissão da lei, será injurídica. Essa integral submissão da Administração Pública à lei constitui o denominado princípio da legalidade, aceito universalmente, e é uma consequência do sistema de legislação escrita e da própria natureza da função administrativa" (Miguel Seabra Fagundes, *O Controle dos Atos Administrativos pelo Poder Judiciário*, 3ª ed., Rio de Janeiro, Forense, 1957, p. 113).

"No Direito Brasileiro são sujeitos ativos da invalidação o Poder Judiciário e a Administração Pública.

"O Poder Judiciário poderá invalidar os atos administrativos no curso de uma lide, quando provocado ou de ofício, dependendo da reação do ordenamento jurídico com relação aos atos viciados.

"A Administração Pública é sempre parte interessada na lisura de seus atos, e poderá invalidá-los *sponte propria* ou quando provocada a fazê-lo; (...)."[16]

Contudo, diferentemente do pregado ao longo de muitos anos por uma doutrina originada no direito civil e pautada pelos atos administrativos restritivos de direito, o ordenamento jurídico, conforme a situação fática posta, não obriga à retirada como ato único ou o mais adequado meio de alcance da legalidade. Muitas das vezes ela somente será atingida com a manutenção de um ato ou de efeitos originalmente ilegítimos – hipótese científica a ser explorada nesta investigação.

Com o exposto, tendo fixado o significado do rótulo "ato administrativo" para este estudo, demonstramos também algumas das principais características a serem consideradas para seu entendimento, algo deveras relevante para a adequada compreensão das premissas e das conclusões que tentaremos alcançar.

No entanto, a complexidade do tema da retirada dos atos administrativos obriga à exposição de outro tema implícito na compreensão do ato administrativo como norma jurídica concreta e produtora imediata de efeitos jurídicos: os planos do ato administrativo no mundo jurídico.

2.2 Os planos do mundo jurídico: existência, validade e eficácia

O tema sobre o qual pretendemos brevemente discorrer está muito distante de suscitar qualquer consenso entre os juristas que se propõem a estudá-lo, razão pela qual não é nosso intuito realizar uma exposição que venha a elucidar discórdias ou, mesmo, expor todas as possíveis controvérsias instaladas.

---

16. Weida Zancaner, *Da Convalidação e da Invalidação dos Atos Administrativos*, cit., 3ª ed., p. 54.

O primeiro ponto de disparidade doutrinária já decorre da nomenclatura utilizada para a definição dos planos, por isso os termos "existência", "validade" e "eficácia" serão adotados como rótulos representativos do conteúdo que será apresentado, não como remissão a outro signo ou conceituação preestabelecida por tal ou qual jurista.

O mesmo será aplicado ao conteúdo desses planos; ou seja, dever-se-á compreender a *existência*, a *validade* e a *eficácia* de acordo com o exposto neste tópico.

Por tudo isso, entendemos relevante a apresentação dos planos aqui designados com vistas à análise e conclusões do objeto desta dissertação. As noções serão versadas de maneira simples e objetiva, como precaução contra eventuais celeumas que possam se instaurar.

Nessa linha, não obstante partilharmos do entendimento de ser esse um tema relativo à Teoria Geral do Direito – pertinente, portanto, a todo e qualquer fato jurídico –, o desenvolvimento de seu estudo será voltado aos atos administrativos sob a noção exposta anteriormente, não desconsiderada sua aplicação abstrata.

2.2.1 Plano da existência

O estudo dos planos, seja por razão lógica ou didática, impõe que seu ponto de partida seja a análise da *existência* de um ato administrativo, sabido que nenhuma outra análise poderá prosperar a partir de algo que inexiste perante o *dever-ser*.

No plano da *existência* é verificado se o ato administrativo completou todas as etapas de sua formação para, enfim, tornar-se socialmente reconhecível como tal.

O ordenamento jurídico estabelece etapas e critérios a serem preenchidos para que uma declaração estatal venha a existir juridicamente, proporcionando as consequências previstas no ordenamento para tal nascimento. Noutras palavras, a partir do momento em que as determinações jurídicas de formação do ato administrativo são concluídas, ele está perfeitamente formado e relevante no mundo jurídico.

A alusão feita à *formação perfeita* do ato administrativo é proposital, posto muitos autores utilizarem o termo "perfeição" em semelhança ao conteúdo ora atribuído ao de "existência". Nas palavras de Celso Antônio Bandeira de Mello, "ato perfeito é o que completou seu ciclo de formação",[17] sendo certo que – como traça Régis Fernandes de Oliveira –, "esgotadas as operações necessárias para sua existência jurídica, tem-se sua perfeição".[18]

A análise da *existência* do ato administrativo decorre diretamente do ordenamento jurídico, de vez que sua identificação ocorrerá a partir da verificação pontual das regras que pressupõem seu nascimento. Contudo, essa afirmação, se feita isoladamente, poderá gerar interpretações equivocadas, por significar que todo e qualquer formalismo não cumprido representaria a inexistência do ato – algo sabidamente inverídico (v. a invalidação em razão de descumprimento formal, comum aos atos administrativos – análise do plano da validade).

Desse modo, para análise da existência será preciso estabelecer o que o *dever-ser* destaca como imprescindível à formação do ato administrativo como declaração jurídica (ato jurídico) reconhecível socialmente. Nesse tema seguimos orientação de Celso Antônio Bandeira de Mello ao afirmar que para a existência do ato basta a presença de seus *elementos*, reduzidos ao *conteúdo* e à *forma*, e de seus *pressupostos de existência*, considerados como *objeto* e *pertinência* do ato ao exercício da função administrativa.[19]

O termo "conteúdo" é a essência do ato administrativo, é aquilo de que o ato trata, a alteração proporcionada na ordem jurídica.

A nomenclatura "conteúdo" não é unânime; muitos juristas utilizam o termo "objeto" para a mesma identificação. Maria Sylvia Zanella Di Pietro grafa que "objeto ou conteúdo é o efeito jurídico imediato que o ato produz".[20]

No entanto, acreditamos que, para a análise da existência do ato, a identificação entre *conteúdo* e *objeto* não é aconselhável, vez que

---

17. Celso Antônio Bandeira de Mello, *Curso de Direito Administrativo*, cit., 27ª ed., p. 387.
18. Régis Fernandes de Oliveira, *Ato Administrativo*, 5ª ed., São Paulo, Ed. RT, 2007, p. 109.
19. Celso Antônio Bandeira de Mello, *Curso de Direito Administrativo*, cit., 27ª ed., pp. 390 e ss.
20. Maria Sylvia Zanella Di Pietro, *Direito Administrativo*, cit., 21ª ed., p. 195.

muitas vezes dever-se-á separar aquilo sobre o que o ato dispõe daquilo a que se refere.[21]

Essa separação justifica-se pelo fato de que para a existência do ato administrativo não basta qualquer conteúdo, mas o conteúdo próprio dos atos jurídicos. Conforme ensina Weida Zancaner, "a referibilidade a um objeto é condição inerente à existência do conteúdo de uma declaração, embora nem todo objeto possa ser referido em um conteúdo, tratando-se de uma declaração jurídica".[22] Prossegue a autora:

"Assim, se no mundo fenomênico o conteúdo sempre irá se referir a um objeto, seja este real ou ideal, existente ou não, nas declarações jurídicas não é qualquer objeto que serve como suporte para a manifestação de um conteúdo.

"(...).

"Portanto, não há dizer que o objeto é condição de validade do ato. Ele é condição de existência do ato, pois sua ausência ou a existência de um objeto impossível de ser albergado pelo ordenamento jurídico não tornam o ato inválido, mas, ao menos em nosso entender, o fazem material ou juridicamente impossível, conforme o caso."[23]

Com essas considerações, observamos a identificação do denominado *pressuposto de existência* do ato administrativo, que deve ser analisado em paralelo ao conteúdo do ato.

Em síntese, a *existência* de um ato administrativo dependerá da exteriorização de um *conteúdo*, vez que não há que se falar em ato sem esse elemento. Ademais, o *objeto* ao qual o ato se refere deverá ser materialmente existente e juridicamente possível, pois sem isso seu *conteúdo* não passará de uma declaração vazia, juridicamente desprovida de efeitos; portanto, um não ato.

Não obstante, a análise da licitude do objeto e, via de consequência, do conteúdo não está jungida exclusivamente ao tema da existência, pois a observação quanto à qualificação atribuída a determinada declaração jurídica logicamente ultrapassa a verificação de sua presença

---

21. Régis Fernandes de Oliveira, *Ato Administrativo*, cit., 5ª ed., p. 80.
22. Weida Zancaner, *Da Convalidação e da Invalidação dos Atos Administrativos*, cit., 3ª ed., p. 36.
23. Idem, ibidem.

no mundo jurídico, alcançando o tema de sua conformidade com as normas postas, sua validade.

Numa acepção ampla, a *forma* é o meio pelo qual determinada declaração, independentemente de sua natureza, é exteriorizada no mundo do ser – momento no qual passa, então, a ser de conhecimento externo, fora das ideias do declarante.

A declaração jurídica gerará os efeitos para os quais foi concebida, ao menos potencialmente, se a *forma* utilizada para sua exteriorização estiver em conformidade com o prescrito no ordenamento jurídico posto, se ele assim o exigir. Caso inexista qualquer determinação própria quanto à *forma*, o ato jurídico poderá ser exteriorizado por outro meio, desde que solene.[24]

Compreende-se a *forma*, portanto, como meio juridicamente exigido para que o ato possa ser reconhecido socialmente nos termos definidos pelo Direito. Portanto, para que o ato exista perante o dever-ser não basta o mero reconhecimento da sociedade, mas o conhecimento juridicamente definido.

No entanto, não podemos confundir a imprescindível *forma* (existência) do ato com a eventual *formalidade normativa* (validade). Essa é composta pelo conjunto de atos que conformam a *forma* exigida para *existência* do ato jurídico. A formalidade descrita na legislação vincula a *validade* da exteriorização da declaração jurídica, repercutindo nesse específico plano, distinta, portanto, da *forma* que reflete sobre o plano da existência.

Essa separação é de suma importância, pois o vício de formalidade, por se referir à validade do ato, poderá ser sanado, conduzindo, muitas vezes, à manutenção dos atos ou dos efeitos jurídicos produzidos pelo existente ato administrativo.

Todavia, a falta de *forma*, à qual se vincula propriamente a existência do ato, impedirá a produção de quaisquer efeitos jurídicos, pois um ato que inexiste – ou, melhor, um não ato – não produz efeitos jurídicos a serem retirados ou mantidos.

Entendemos que a separação entre *forma* e *formalidade* do ato é somente verificável com vistas às normas postas para a situação espe-

---

24. Celso Antônio Bandeira de Mello, *Curso de Direito Administrativo*, cit., 27ª ed., p. 388.

cífica, sendo – salvo nos casos extremos – impossível sua definição meramente conceitual.

O debate revelado é de grande relevo para este estudo, haja vista que a natureza diversa dos atos restritivos e ampliativos poderá conduzir o intérprete na observância da norma regente da emissão do ato, transformando algo que em um ato é identificado como *forma* e em *formalidade sanável* em outro ato.

Por fim, resgatamos a lição de Celso Antônio Bandeira de Mello para explicar o que se entende por "pertinência à função administrativa": "Se o ato não for imputável ao Estado, no exercício da função administrativa, poderá haver ato jurídico, mas não haverá ato administrativo. Ainda aqui, não é uma questão de validade, mas de existência de um ato tipologicamente qualificável como administrativo".[25]

Identificado o ato administrativo como – em síntese – declaração estatal sob o regime jurídico-administrativo, a emissão por pessoa não exercente de função administrativa nunca produzirá ato administrativo, mesmo que se trate de um ato jurídico. Isso porque temos por certo que para a ciência do Direito a definição de algo deriva predominantemente do *critério formal*; ou seja, para que um ato jurídico seja qualificado como administrativo é preciso que seja regido pelo regime jurídico-administrativo. Caso contrário inexistirá como tal.

O entendimento do plano da *existência* é fundamental para quaisquer estudos atinentes ao tema da invalidade dos atos administrativos, pois não há falar em validade ou invalidade, efeitos de retirada, manutenção ou estabilidade de atos que não existem para o Direito.

2.2.2 *Plano da validade*

O tema da *validade* do ato administrativo, assim como de qualquer ato jurídico, é de mais simples compreensão, vez que se faz presente, mesmo sob denominações menos técnicas, diuturnamente na atuação do operador do Direito de um sistema jurídico do tipo continental europeu.

---

25. Celso Antônio Bandeira de Mello, *Curso de Direito Administrativo*, cit., 27ª ed., p. 396.

O sistema positivo nacional traduz-se por um escalonamento lógico e dinâmico de normas, cujo fundamento inicial de validade é a Constituição da República Federativa do Brasil, promulgada em 5.10.1988.

Num esquema ilustrativo muito simples, constatamos que toda lei posta no exercício da função legislativa deve respeito a norma-matriz, assim como todas as normas jurídicas decorrentes do exercício da função administrativa estão sujeitas às prescrições da legislação,[26] por determinação constitucional expressada pelo cogente princípio da legalidade.

A análise de validade do ato administrativo, como norma jurídica produzida no exercício da função administrativa, ocorre em comparação com a legislação regente da conduta estatal e do ato jurídico, além de, eventualmente, com a Constituição Federal.

Todo ato administrativo que não esteja em perfeita conformidade com o prescrito na legislação – sua fonte de validade – poderá ser invalidado. A invalidação ocorrerá por meio da emissão de nova norma jurídica (ato administrativo ou sentença) por aqueles a quem o Direito atribui tal competência.

No sistema jurídico pátrio os atos administrativos têm, dentre outros, o atributo (prerrogativa) denominado de *presunção de legitimidade*, em razão do qual os atos são presumidos válidos até, no mínimo, a comprovação de sua invalidade (presunção *juris tantum*)[27] – momento

---

26. "As diversas regras que indicámos no capítulo antecedente não têm a mesma força jurídica; todas concorrem para definir a legalidade, mas não no mesmo plano. Melhor que a imagem de um 'bloco', muitas vezes invocada a seu propósito, a que convém à legalidade é a de uma pirâmide: do cimo à base, as normas, consoante o andar em que se situam, devem respeitar as normas superiores, e impõem-se às dos escalões subordinados. Assim, as exigências de legalidade aumentam à medida que se desce na hierarquia das normas. No ponto mais baixo da escala dos actos jurídicos, em compensação, as decisões individuais, seja qual for a autoridade de que emanam, estão vinculadas pela totalidade das normas gerais, que regem também as atividades materiais da Administração" (Jean Rivero, *Direito Administrativo*, trad. de Rogério Ehrhardt Soares, Coimbra, Livraria Almedina, 1981, p. 90).

27. Esse tema será posteriormente tratado, de modo que, para melhor compreensão: "A *presunção de legitimidade* diz respeito à conformidade do ato com lei; em decorrência desse atributo, presume-se, até prova em contrário, que os atos administrativos foram emitidos com observância da lei" (Maria Sylvia Zanella Di Pietro, *Direito Administrativo*, cit., 21ª ed., pp. 186-187).

no qual poderão ser declarados inválidos pelo próprio Poder Público ou por meio do Poder Judiciário, restando aos demais atores envolvidos apenas opinar, não vinculativamente, sobre sua análise de validade.

A verificação da validade do ato recairá sobre todos os seus pressupostos, destacando-se o *subjetivo*, o *objetivo*, o *teleológico*, o *lógico* e o *formalístico* – seguindo a sistematização proposta por Celso Antônio Bandeira de Mello.[28] Mais propriamente, essa verificação de legitimidade recairá sobre a *competência do emissor*, o *motivo* e *requisitos de emissão*, a *finalidade*, a *causa* e as *formalidades de constituição*, todos estudados em tópico próprio.

A importância do tema da invalidade do ato administrativo está relacionada com o dever de manutenção legítima do Direito. Ele poderá ser restabelecido por meio da juridicização de seu resultado prático, seja retirando o descumprimento do sistema, estabilizando-o ou saneando a invalidade detectada.

No entanto, a despeito da enorme importância destacada, constatamos a inexistência de um regramento que abstratamente conduza essa atividade e condicione suas conclusões. No mais, não podemos esquecer que essa falta de balizas à atuação estatal é prejudicial aos administrados, posto que a invalidação tem o condão de impactar, seja positiva ou negativamente, a situação jurídica dos administrados envolvidos.

Sendo assim, sob o objeto específico desta investigação – na qual uma das vertentes é o estudo da invalidação dos atos administrativos ampliativos da esfera jurídica dos administrados –, buscaremos produzir alguma contribuição para a teoria ora predominante, formulada com vistas aos atos restritivos de direitos.

2.2.3 Plano da eficácia

Muitas são as acepções do termo "eficácia" para a ciência do Direito, razão pela qual é constante o mau emprego do termo.

---

28. Celso Antônio Bandeira de Mello, *Curso de Direito Administrativo*, cit., 27ª ed., pp. 396 e ss.

Dentre elas destacam-se duas: a *eficácia jurídica*,[29] como a aptidão da norma para produzir os efeitos jurídicos[30] para os quais foi concebida; e a *eficácia social*, de "caráter histórico-sociológico, que se volta para o estudo do comportamento dos membros de um determinado grupo social e se diferencia seja da investigação tipicamente filosófica em torno da justiça, seja da tipicamente jurídica em torno da validade".[31]

Esta investigação apenas se voltará à *eficácia jurídica*, matéria afeita à ciência do Direito.

Será considerada e analisada a aptidão dos atos administrativos para a produção de efeitos jurídicos quando de sua incidência suficiente, como normas jurídicas que são, sobre determinado suporte fático, sem a dependência de qualquer circunstância, fática ou jurídica, impeditiva dessa disponibilização – *v.g.*, condição suspensiva.

Nesse contexto, como bem definiu Celso Antônio Bandeira de Mello, podemos considerar que o ato é eficaz "quando está disponível para a produção de seus efeitos próprios".[32-33]

A menção das hipóteses em que o ato jurídico não está apto a gerar seus efeitos é posta a fim de demonstrar que o critério da eficá-

---

29. Nas palavras de Marcos Bernardes de Mello: "Eficácia jurídica, diferentemente [*de eficácia normativa*], designa o conjunto das consequências (= efeitos) imputadas pelas normas jurídicas ao fato jurídico, desde as situações jurídicas mais simples, como os estados pessoais, às relações jurídicas mais complexas, das quais se irradiam direitos e deveres, pretensões e obrigações, ações e exceções às sanções, ônus e premiações, sendo, destarte, *posterius* em relação ao fato jurídico. Eficácia jurídica constitui decorrência específica e exclusiva de fato jurídico" (*Teoria do Fato Jurídico: Plano da Eficácia*, 3ª ed., São Paulo, Saraiva, 2007, p. 2).

30. "Os efeitos jurídicos podem consistir numa posição jurídica (v. supra § 325-IV), numa outra característica jurídica, numa determinada obrigação ou direito, ou numa competência para uma atuação (imposta ou permitida)" (Hans J. Wolff, Otto Bachof e Rolf Stober, *Direito Administrativo*, 11ª ed., vol. 1, Lisboa/Porto, Fundação Calouste Gulbenkian, 1999, pp. 529-530).

31. Norberto Bobbio, *Teoria da Norma Jurídica*, cit., 2ª ed., p. 48.

32. Celso Antônio Bandeira de Mello, *Curso de Direito Administrativo*, cit., 27ª ed., p. 388.

33. O disposto não objetiva contrariar e não tem a intenção de negar o mínimo de *eficácia jurídica* originada com a *existência* da norma, considerado como o dever de respeito ao seu conteúdo, por pertencente à ordem jurídica.

cia em nada se confunde com o de validade,[34] pois o ato inválido pode produzir efeitos jurídicos até que sua invalidade seja declarada por quem detiver tal competência – momento em que se instala a discussão acerca da manutenção ou retirada dos efeitos produzidos. Esse tema é de grande relevo no estudo dos atos ampliativos da esfera de direitos dos administrados.

O relatado acima reflete-se com maior intensidade nos atos administrativos, vez que eles são dotados de *presunção de legitimidade* – ou seja, até prova em contrário pressupõe-se estarem em perfeita conformidade com o sistema normativo, garantida a produção dos efeitos, até eventual declaração de invalidade.

No mais, resta mencionar que a eficácia do ato jurídico decorre de sua disposição de produzir efeitos *próprios*. Significa dizer que para o ato ser considerado eficaz não basta a produção de qualquer efeito, mas somente daquele para o qual o ato foi concebido.[35]

O ato administrativo pode produzir, *a priori*, duas grandes espécies de efeitos: os típicos (ou próprios) e os atípicos. *Típicos* são os efeitos para os quais o ato foi imaginado e constituído, enquanto os restantes (*atípicos*) "são os efeitos não objetivados pelo ato, mas que dele decorrem em razão de sua existência, (...)".[36]

---

34. "A doutrina costuma confundir ineficácia com inexistência e invalidade dos atos jurídicos. Sem razão, porém. A afirmativa de que a ineficácia constitui consequência da inexistência, *e.g.*, importa reprovável redundância, porque o que não existe já por si não pode produzir efeito. Por outro lado, dizer que ato inexistente é ineficaz implica incontornável contrassenso, precisamente porque o que não existe não pode ser qualificado. Do mesmo modo, não é admissível relacionar a ineficácia à invalidade do ato jurídico. Em geral o que é nulo é ineficaz, mas nem sempre. Há atos jurídicos nulos que são eficazes, do que é exemplo o casamento putativo, como anotado. Ser, valer e ser eficaz são situações distintas e inconfundíveis, em que se podem encontrar os fatos jurídicos" (Marcos Bernardes Mello, *Teoria do Fato Jurídico: Plano da Eficácia*, cit., 3ª ed., p. 62).

35. Segue-se entendimento de Marcos Bernardes de Mello: "Antes de adentrar diretamente no assunto objeto desta secção, é necessário advertir, para fins de precisão terminológica, que a expressão 'eficácia jurídica', de modo genérico, sem especificações, é aqui empregada para designar os efeitos próprios e finais dos fatos jurídicos, não considerando possíveis efeitos interimísticos ou impróprios que pode gerar" (*Teoria do Fato Jurídico: Plano da Eficácia*, cit., 3ª ed., p. 33).

36. Weida Zancaner, *Da Convalidação e da Invalidação dos Atos Administrativos*, cit., 3ª ed., p. 48.

Os efeitos típicos – ou seja, os objetivados pelo ato – refletem-se sobre o sujeito para o qual o ato se direcionou, ampliando ou reduzindo sua esfera de direitos.

Todos os demais efeitos jurídicos – ou mesmo os materiais – decorrentes do ato administrativo que não representem o objetivo de sua existência (efeitos atípicos), não obstante incidirem sobre as relações jurídicas ou repercutirem no mundo do ser, não auxiliam o estudo focado desses atos jurídicos. Além de ampliarem o escopo de análise, sem a existência de um meio de identificação pressuposto, a constatação de uma eventual inexistência não teria o condão de desnaturar o ato ou atribuir-lhe a pecha de ineficaz.

Os efeitos atípicos mais comuns são os *reflexos*, decorrentes da natureza própria do efeito típico e incidentes sobre a esfera de direitos ou a relação jurídica de sujeitos distintos daqueles visados pelo ato. Como exemplo identificamos um ato administrativo que atribui determinado direito de exploração exclusivo ao sujeito que se apresentou como o mais apto perante a Administração; automaticamente, os demais sujeitos são restritivamente atingidos pelo ato, ao serem impedidos de ampliar sua esfera de direitos.

Ainda identificam-se os efeitos *preliminares* – ou, como prefere parte da doutrina, *prodrômicos* –, detectáveis durante o período compreendido entre a existência do ato e o início da produção dos efeitos por ele objetivados. Nesse caso, os atos de controle servem de exemplo, pois sua mera existência desencadeia o dever de serem postos sob a atuação do controlador, de modo que o efeito típico permanecerá potencial até a emissão efetiva do ato de controle.[37]

Em outras palavras: o estudo aplicado aos atos administrativos não apresentaria diferenças ou estaria desnaturado se inexistentes os efeitos atípicos. No entanto, podemos afirmar que a inexistência dos efeitos jurídicos típicos retiraria qualquer importância do ato perante o *dever-ser* – o que conduziria ao entendimento extremo de ele ter de assumir outra qualificação que não mais a de *ato jurídico*.

Apoiada no que foi exposto, esta investigação se fixará predominantemente nos efeitos típicos do ato administrativo, pois caso contrá-

---

37. Celso Antônio Bandeira de Mello, *Curso de Direito Administrativo*, cit., 27ª ed., p. 388-389.

rio seu espectro de repercussão será substancialmente aumentado, desnaturando ou, mesmo, inviabilizando qualquer posicionamento que detenha funcionalidade científica.

Não obstante, ao longo deste texto a noção de *tipicidade dos efeitos* será retomada, haja vista que a classificação específica do ato administrativo, como ampliativo ou restritivo, deriva diretamente da qualidade dos efeitos por ele produzidos.

Com isso, concluímos a análise abstrata dos planos do ato (jurídico) administrativo. Seu objetivo preliminar foi o de estabelecer uma noção própria das expressões "existência", "validade" e "eficácia".

3
ATOS AMPLIATIVOS DA ESFERA JURÍDICA DOS ADMINISTRADOS

3.1 Conceito de "ato administrativo ampliativo". 3.2 Principais diferenças quanto aos atributos dos atos administrativos: 3.2.1 Presunção de legitimidade ou legalidade – 3.2.2 Imperatividade – 3.2.3 Exigibilidade – 3.2.4 Executoriedade – 3.2.5 Outras considerações quanto aos atributos. 3.3 Principais diferenças quanto à participação da vontade dos administrados: 3.3.1 A vontade do administrado como fator irrelevante para a formação e/ou produção dos efeitos do ato administrativo – 3.3.2 A vontade do administrado relevante para a formação e/ou produção dos efeitos do ato administrativo: 3.3.2.1 Vontade do administrado imprescindível para a existência ou produção dos efeitos do ato – 3.3.2.2 Importância formal, contudo necessária, para a validade do ato. 3.4 A importância do processo administrativo. 3.5 O dever de motivar. 3.6 O dever de ciência inequívoca do destinatário.

3.1 Conceito de "ato administrativo ampliativo"

Ato contínuo à delimitação fixada para a expressão "ato administrativo", acreditamos ser imprescindível estabelecer qual a noção atribuível, nesta investigação, aos denominados *atos administrativos ampliativos da esfera jurídica dos administrados* – ou, simplesmente, *atos administrativos ampliativos*.

A concepção dessa espécie desenvolveu-se a partir da formulação de uma proposta classificatória cujos elementos distintivos seriam a qualidade e o resultado do efeito jurídico do ato administrativo incidente sobre a esfera jurídica dos administrados.[1-2]

1. Por "esfera jurídica" – expressão muito utilizada por Pontes de Miranda em seu *Tratado de Direito Privado* – entende-se, nas palavras de Marcos Bernardes de Mello: "Os bens da vida que tocam determinado sujeito de direito, consubstanciados

Essa classificação concentra-se na identificação do conteúdo do ato administrativo e, principalmente, no resultado imediato dos efeitos jurídicos irradiados sobre o plexo de direitos e obrigações do sujeito passivo destinatário. A incidência de norma jurídica restritiva sobre a esfera jurídica do administrado definiria sua natureza, sob a mesma nomenclatura, da mesma forma que os efeitos jurídicos favoráveis configurariam a espécie ampliativa.

Reportando-se ao Direito Português, Marcello Caetano classificou os atos administrativos em constitutivos e não constitutivos, levando em conta "a natureza dos efeitos produzidos pelo acto na esfera jurídica dos respectivos destinatários",[3] abrangendo o primeiro dos termos duas subclasses: a dos atos constitutivos de direitos e a dos atos constitutivos de deveres ou encargos.[4]

Embora não se utilizando da denominação aqui adotada e inexistindo perfeita coincidência de conteúdo,[5] esse autor acaba por incluir o ato ampliativo na categoria de "actos constitutivos de direitos",[6] compreendido como aquele que "cria ou modifica um poder jurídico ou extingue restrições ao seu exercício".[7]

Grafa o autor lusitano: "São atos constitutivos de direitos os que investem um particular num estado jurídico (nomeação, por exemplo) ou transferem poderes para a sua esfera jurídica (concessão), bem como os que extinguem restrições ao exercício de direitos preexisten-

---

no conjunto das situações jurídicas (*lato sensu*) em que esteja inserido, portanto, a totalidade dos direitos, pretensões, ações e exceções, os deveres e obrigações, que especificamente lhe dizem respeito, inclusive certos direitos públicos que não se subjetivam, tenham ou não mensuração econômica, e as qualificações individuais relativas ao *status* das pessoas constituem sua esfera jurídica" (*Teoria do Fato Jurídico: Plano da Eficácia*, 3ª ed.,São Paulo, Saraiva, 2007, p. 75).

2. Celso Antônio Bandeira de Mello, *Curso de Direito Administrativo*, 27ª ed., São Paulo, Malheiros Editores, 2010, pp. 425 e ss.

3. Marcello Caetano, *Manual de Direito Administrativo*, 10ª ed., vol. 1, Coimbra, Livraria Almedina., 2005, p. 453.

4. Idem, ibidem.

5. Idem, pp. 454 e ss.

6. Essa nomenclatura está presente no Direito Português desde o Código Administrativo de 1936, originado a partir da reforma administrativa ultramarina ocorrida em 1933, na qual se abandonou a designação anterior de "atos declaratórios de direitos" (Marcello Caetano, *Manual de Direito Administrativo*, cit., 10ª ed., vol. 1, p. 453, nota de rodapé 1).

7. Marcello Caetano, *Manual de Direito Administrativo*, cit., 10ª ed., vol. 1, p. 454.

tes (*v.g.*, extinção de uma servidão administrativa, a outorga de licenças ou autorizações não policiais)".[8]

No entanto, em razão de essa classificação se concentrar sobre os atos constitutivos, foram excluídos aqueles que apenas reconhecem ou declaram a existência de direitos preexistentes.[9] Formou-se uma diferença quanto à amplitude abstrata do conteúdo da espécie estudada, mesmo sendo indiscutíveis os efeitos ampliativos decorrentes de ambos os atos.

Na doutrina de Marcello Caetano a outra face dos atos constitutivos de direitos é formada pelos *actos extintivos*, os *constitutivos de deveres ou encargos*, coincidentes com o conteúdo dos atos tidos por restritivos. Porém, nos termos supramencionados, escapando às duas espécies ora analisadas, a classificação inclui os atos *não constitutivos*, ou seja, os que não alteram a esfera jurídica do administrado.[10]

Diogo Freitas do Amaral, ao tratar da questão da revogação dos atos administrativos, também aproxima os atos tidos por ampliativos dos constitutivos de direitos, concentrando sob esse rótulo "todos os actos administrativos que atribuem a outrem direitos subjetivos novos, que ampliam direitos subjetivos existentes, ou que extinguem restrições ao exercício de um direito já existente".[11]

Diferentemente dos posicionamentos anteriores, quanto à nomenclatura e ao conteúdo da espécie concebida, Marcelo Rebello de Sousa e André Salgado de Matos nominam os atos sob estudo como "actos favoráveis", definindo-os como aqueles cujos efeitos a produzir serão vantajosos à esfera jurídica das pessoas afetadas.[12]

---

8. Idem, p. 455.
9. Idem, p. 456.
10. Idem, p. 455.
11. Diogo Freitas do Amaral, *Curso de Direito Administrativo*, vol. 2, Coimbra, Livraria Almedina, 2001, p. 442.
12. No tocante à expressão "actos constitutivos de direitos e actos constitutivos de deveres e encargos", dispõem os autores: "A lei portuguesa utiliza, para designar os actos favoráveis e desfavoráveis, as expressões 'actos constitutivos de direitos' (art. 140º, 1, (b) 2CPA) e 'actos constitutivos de deveres e encargos' (art. 132º CPA), mas a terminologia é totalmente inadequada à função que os conceitos desempenham nas normas em que são utilizados: no primeiro caso, trata-se de restringir a revogabilidade dos actos favoráveis válidos, incluindo aqueles que não constituem quaisquer direitos (por exemplo, os que permitem o exercício de direitos, ampliam vantagens ou eliminam desvantagens), em homenagem ao princípio da tutela da confiança; no

Os autores estabelecem a seguinte classificação: "**Actos favoráveis e desfavoráveis:** Os actos administrativos são favoráveis ou desfavoráveis consoante os efeitos que visam produzir sejam vantajosos ou desvantajosos para as pessoas cujas esferas jurídicas são por si afetadas. Os primeiros são ilustrativos do paradigma da Administração prestadora; os segundos, do da Administração agressiva".[13]

No mais, Marcelo Rebello de Sousa e André Salgado de Matos escrevem que a nomenclatura "actos constitutivos de direitos", juridicizada pelo Código de Procedimento Administrativo português e encampada pela maioria da doutrina lusitana, não é útil à função a que se presta, pois muitos dos atos eventualmente alocados sob essa classificação em realidade não seriam constitutivos de nenhum direito, mas meramente declaratórios de direitos preexistentes – v.g., as licenças administrativas.[14]

Compartilharmos desse entendimento. Perfilhamos a posição de que sob a classificação em estudo se incluem tanto as declarações estatais constitutivas de direitos quanto as eventualmente declaratórias (v. as mencionadas licenças para construir,[15] por exemplo).

A doutrina espanhola há tempos busca disseminar a categoria dos atos ampliativos de direitos, por entender que sua correta delimitação acabará por proteger os administrados contra condutas comissivas ou omissivas da Administração Pública.

---

segundo, trata-se de assegurar que os actos desfavoráveis, incluindo aqueles que não impõem quaisquer deveres ou encargos (por exemplo, os que aplicam sanções, formulam classificações, extinguem direitos) não produzem efeitos jurídicos sem que seja possível o seu conhecimento pelos destinatários, mediante notificação. Uma confirmação da insuficiência da expressão 'actos constitutivos de direitos' está no art. 140º, 2, (a) CPA, que vem permitir excepcionalmente a sua revogação 'na parte em que sejam desfavoráveis aos destinatários', admitindo assim que se está perante todo e qualquer acto favorável" (Marcelo Rebello de Sousa e André Salgado de Mattos, *Direito Administrativo Geral: Actividade Administrativa*, vol. 3, Lisboa, Dom Quixote, 2007, p. 92).

13. Marcelo Rebello de Sousa e André Salgado de Mattos, *Direito Administrativo Geral: Actividade Administrativa*, cit., vol. 3, p. 92.

14. Em sentido contrário: Angélica Petian, "Atributos dos atos administrativos: peculiaridades dos atos ampliativos e restritivos de direitos", *RTDP* 49-50/286, São Paulo, Malheiros Editores, 2005.

15. Nessa linha de entendimento Maria Sylvia Zanella Di Pietro, José dos Santos Carvalho Filho e Lúcia Vale Figueiredo, dentre outros.

Eduardo García de Enterría e Tomás-Ramón Fernández conceituam os atos ampliativos ou favoráveis aos interessados[16] como todos os que afetem vantajosamente os destinatários externos à Administração: "Aqueles atos administrativos, que têm um destinatário externo, podem afetá-lo de duas maneiras diferentes: favorecendo-o, com a ampliação de seu patrimônio jurídico, outorgando-lhe ou reconhecendo-lhe um direito, uma faculdade, um aumento de titularidade ou de atuação, liberando-o de uma limitação, de um dever, de um gravame, produzindo, pois, um resultado vantajoso ao destinatário; ou bem, na segunda hipótese, restringindo seu patrimônio jurídico anterior, impondo-lhe uma obrigação ou uma carga nova, reduzindo, privando, extinguindo algum direito ou faculdade então intactos. Os primeiros são os atos favoráveis ou ampliativos de direitos e faculdades (em nosso Direito são chamados também de 'atos declaratórios de direitos', art. 110.2-LRL); os segundos, atos de gravame ou limitativos ('atos que limitam direitos subjetivos', art. 54.1.(a)-LPC)".[17]

Esses autores, em amparo do afirmado, mencionam o posicionamento do Conselho de Estado espanhol explicitado em 3.11.1966 e 23.11.1967, segundo o qual "entendem-se por atos declarativos de direitos aqueles atos que tenham enriquecido o patrimônio de seus destinatários com um direito antes inexistente, ou tenham liberado um direito preexistente das amarras de algum limite de exercício".[18]

Luciano Parejo Alfonso,[19] ao tratar das diversas classificações dos atos administrativos, conceitua *ato ampliativo* como aquele que incide favoravelmente sobre a esfera jurídica do administrado. Para ele, a ampliação da esfera jurídica pode ocorrer por meio de duas frentes distintas: atribuindo-lhe um direito, faculdade, posição de vantagem ou

---

16. Segundo Eduardo García de Enterría e Tomás-Ramón Fernández, no Direito Espanhol os atos favoráveis ou ampliativos costumam ser denominados de "actos declaratorios de derechos", conforme o art. 110.2 da Lei do Regime Jurídico da Administração Pública; contudo, leis mais recentes já adotam a nomenclatura proposta por eles – "atos favoráveis aos interessados" –, como o art. 103.1 da Lei de Procedimento Administrativo Comum (*Curso de Derecho Administrativo*, 13ª ed., vol. 1, Madri, Civitas, 2006, p. 575).
17. Eduardo García de Enterría e Tomás-Ramón Fernández, *Curso de Derecho Administrativo*, cit., 13ª ed., vol. 1, p. 575.
18. Idem, p. 662.
19. Luciano Parejo Alfonso, *Lecciones de Derecho Administrativo*, Valência, Tirant lo Blanch., 2007, p. 450.

benefício inexistente ou retirando uma limitação, uma posição negativa de desvantagem. No mesmo sentido, e sem maiores discussões, Ramón Parada afirma que os atos favoráveis ou declaratórios de direitos são "os que ampliam a esfera jurídica dos particulares".[20]

Santamaría Pastor[21] afirma que, dentre as classificações dos atos administrativos em razão de seu conteúdo, essa é a que tem maior importância, por ganhar relevo perante o regime jurídico espanhol da revogação. Segundo ele, os atos *favoráveis*, muitas vezes chamados pela doutrina de "atos declarativos de direitos" – expressão aparentemente mais restritiva –, referem-se, quase que pacificamente, "a todos aqueles que contenham um efeito favorável ou positivo ao seu destinatário".[22]

Apresentando uma categorização diferente, Fernando Garrido Falla, Alberto Palomar Olmeda e Hermínio Losada González[23] optam por incluir o ato ampliativo em uma classificação mais ampla, formulada através da diferenciação da natureza dos efeitos produzidos pelos atos administrativos. Nesse caso, a distinção precedente separa os "meros atos administrativos dos atos de negócios jurídicos": "Se, pois, nos negócios jurídicos o órgão administrativo pretende o ato em si e os efeitos jurídicos dele oriundos, a seu turno, nos meros atos administrativos a vontade do órgão consiste, unicamente, no cumprimento do ato. Só há a vontade de cumprir a norma, pois os efeitos jurídicos dela derivados não decorrem da vontade da autoridade administrativa, mas, sim, da lei, a cujo cumprimento o ato se volta".

Desta sorte, tais autores anotam que os atos ampliativos estão incluídos na categoria dos "atos administrativos com categoria de negócios jurídicos, aqueles destinados a aumentar a esfera jurídica dos particulares".[24] Nessa categoria – prosseguem os juristas – incluir-se-iam "(i) as admissões; (ii) as nomeações; (iii) as concessões; (iv) as autorizações; (v) as aprovações; e (vi) as dispensas".[25]

20. Ramón Parada, *Derecho Administrativo: Parte General*, 15ª ed., vol. 1, Madri, Marcial Pons, 2004, p. 108.
21. Juan Alfonso Santamaría Pastor, *Principios de Derecho Administrativo General*, 2ª ed., vol. 2, Madri, Iustel, 2009, pp. 101 e ss.
22. Idem, p. 111.
23. *Tratado de Derecho Administrativo*, 14ª ed., Madri, Tecnos, 2005, pp. 573-574.
24. Idem, p. 576.
25. Idem, pp. 576 e ss.

Dentre os autores pátrios podemos identificar muitos conceitos atribuídos aos atos ampliativos de direitos, sendo, portanto, de grande valia retomá-los, pois trarão parâmetros para a constituição da noção que pretendemos estabelecer.

De maneira sintética, Celso Antônio Bandeira de Mello conceitua os atos ampliativos como aqueles que "aumentam a esfera de ação jurídica do destinatário".[26] Ademais, em passagem topograficamente anterior de sua obra, afirma que os atos ampliativos são aqueles por meio dos quais a Administração Pública "defere aos administrados a fruição de algo que lhes amplia a esfera jurídica e em geral atende ao que foi pretendido pelos administrados (concessões, licenças, autorizações, permissões, outorga de prêmios etc.)".[27]

Almiro do Couto e Silva assevera que o *ato administrativo ampliativo*, *benéfico* ou *favorável* é aquele que produz efeitos positivos para seus destinatários no momento em que constitui ou reconhece direitos, faculdades ou vantagens juridicamente relevantes, ou acaba por eliminar deveres, obrigações, encargos ou limitações que possam existir sobre o patrimônio ou a esfera jurídica do administrado.[28]

De maneira diversa do até agora exposto, podemos citar outros autores nacionais, dentre os quais se destacam os saudosos Ruy Cirne Lima e Oswaldo Aranha Bandeira de Mello. Estes juristas, mesmo não idealizando a específica distinção diretamente sobre a produção de efeitos ampliativos ou restritivos à esfera jurídica dos administrados, mas fixando o critério sobre os *fins* (finalidade) objetivados pelo ato, acabam por tracejar o conteúdo mínimo da separação agora idealizada pela doutrina.

Ruy Cirne Lima inclui os atos ampliativos sob a classificação que leva em consideração o *fim imediato do ato*. Sob esse critério, é possível identificar os atos ampliativos em três subcategorias distintas:

---

26. Celso Antônio Bandeira de Mello, *Curso de Direito Administrativo*, cit., 27ª ed., p. 425.
27. Idem, p. 419.
28. Almiro do Couto e Silva, "O princípio da segurança jurídica (proteção à confiança) no direito público brasileiro e o direito da Administração Pública de anular seus próprios atos administrativos: o prazo decadencial do art. 54 da Lei do Processo Administrativo da União (Lei 9.784/1999)", *Revista Eletrônica de Direito do Estado* 2/36, Salvador, Instituto de Direito Público da Bahia, abril-junho/2005 – disponível em *http://www.direitodoestado.com.br*, acesso em 24.3.2010).

(i) *atos constitutivos*, (ii) *atos assecuratórios* e, em última análise, (iii) *atos alienativos*.[29]

A primeira classe de atos seria composta por aqueles que criam direitos, isto é, "incorporam ao patrimônio particular direitos originariamente só concebíveis como pertencentes à Administração Pública".[30] A segunda delimitação refere-se aos atos que, "levantando proibições ou removendo restrições postas à atividade privada por disposições legais, se limitam a resguardar os exercícios dos direitos daquele modo tolhidos".[31] Por fim, a última subcategoria refere-se aos atos que, "tendo por objeto direitos peculiares à Administração Pública, operam a transferência destes para o particular por via do direito administrativo".[32]

Oswaldo Aranha Bandeira de Mello não denomina o ato como ampliativo, favorável ou qualquer outra expressão do gênero; apenas estabelece que os atos administrativos podem ser de duas espécies distintas, uma das quais "compreende os atos que atribuem situações jurídicas aos particulares, isto é, constituem atos pelos quais se lhes conferem prerrogativas jurídicas, ou criam, mesmo, a favor deles, direitos subjetivos".[33]

Nossa exposição visa a relatar o atual – porém ainda pouco explorado – panorama doutrinário nacional, em contraposição ao já evoluído estudo alienígena, tudo com o fulcro de viabilizar uma noção para essa espécie de ato, a ser utilizada como parâmetro nesta investigação.

No mais, ao final desta breve análise, apenas permitimo-nos afirmar, sem maior rigidez de critério, que as noções atribuídas aos atos ampliativos ou favoráveis detêm um núcleo material constante, a par das patentes diferenças de nomenclatura e dos regimes jurídicos pró-

---

29. Ruy Cirne Lima, *Princípios de Direito Administrativo*, 7ª ed., revista e reelaborada por Paulo Alberto Pasqualini, São Paulo, Malheiros Editores, 2007, pp. 231 e ss.
30. Idem, p. 231.
31. Idem, p. 232.
32. Idem, p. 233.
33. Oswaldo Aranha Bandeira de Mello, *Princípios Gerais de Direito Administrativo*, 3ª ed., 2ª tir., vol. I, São Paulo, Malheiros Editores, 2010, p. 614. O autor acrescenta que "a segunda espécie compreende os atos que estabelecem deveres e limitações à atividade dos particulares" (ibidem).

prios; razão pela qual para a formulação da noção a ser utilizada neste estudo foram considerados alguns elementos constantes dos conceitos ora retratados, em especial o ponto central formador da distinta classificação – no caso, a vantagem do ato sob a perspectiva do destinatário direto e a consequente ampliação de sua esfera jurídica.

Desse modo, optamos pela seguinte noção de *ato ampliativo da esfera jurídica dos administrados*: todo ato administrativo[34] que, por seu conteúdo favorável ou vantajoso ao administrado, tenha por finalidade imediata ampliar a esfera jurídica do destinatário específico, seja criando, outorgando, atribuindo ou reconhecendo-lhe um direito, uma faculdade ou vantagem jurídica, seja retirando ou liberando-o de um dever, obrigação, encargo, limitação, agravo ou ônus.

De acordo com esse conceito, os exemplos característicos dessa espécie de atos também repetem os constantemente mencionados pelos juristas invocados, sendo representados pelas (i) autorizações, (ii) licenças, (iii) permissões, (iv) concessões, (v) nomeações, (vi) premiações, (vii) investiduras etc.

Por fim, para a devida conclusão desta passagem, insta esclarecer que a noção apresentada é propositadamente de abrangência restritiva, não incluindo, *a priori*, muitos dos atos administrativos que potencialmente possam gerar, mesmo que imediatamente, efeitos de naturezas diversas sobre uma pluralidade de administrados (efeitos reflexos).

A redução do conteúdo da noção formulada decorre diretamente do exposto sobre o que se compreende por "eficácia do ato administrativo", de maneira que este estudo voltar-se-á apenas aos *efeitos próprios e imediatos incidentes sobre a esfera jurídica do destinatário específico*, considerado individualmente ou composto por uma coletividade.

Mesmo sob a delimitação aludida, ainda podemos constatar a existência de alguns atos administrativos que a extrapolam, como os denominados atos de efeito *múltiplo*[35] ou *eficácia mista*.[36]

---

34. O conceito "ato administrativo" aqui mencionado deve ser compreendido nos termos adotados neste estudo, conforme descrito no capítulo antecedente.

35. Marcelo Rebello de Sousa e André Salgado de Matos, *Direito Administrativo Geral: Introdução e Princípios Fundamentais*, 3ª ed., vol. 1, Lisboa, Dom Quixote, 2008, p. 93.

36. "No entanto, os efeitos do ato administrativo, vistos pela perspectiva dos destinatários, não são só positivos ou só negativos. Por vezes eles têm eficácia mista,

São declarações que têm por objetivo produzir efeitos jurídicos de naturezas distintas perante o mesmo destinatário específico, tornando o ato administrativo, ao menos em tese, concomitantemente ampliativo e restritivo. Como exemplo destacamos atos administrativos que atribuem direitos dependentes ou gravados por encargos ou ônus, prévios ou futuros.

Para fins desta investigação, esses específicos atos de *efeito múltiplo* ou *eficácia mista* serão considerados como ampliativos da esfera jurídica do destinatário, especialmente no que tange à análise incidente sobre sua retirada. Esse posicionamento segue em semelhança ao adotado por Almiro do Couto e Silva ao tratar do dever de análise da autoridade administrativa diante de tais atos: "Para fins, porém, de revogação ou de anulação de ato administrativo a autoridade competente levará em conta apenas o aspecto positivo do ato administrativo, mesmo quando ele não puder ser separado do aspecto negativo".[37]

Porém, por dever científico, atestamos que sempre que a peculiaridade dos atos aludidos efetivamente refletir na posição tratada eles serão considerados e pontuados explicitamente.

Com isso encerramos este breve panorama e detalhamento da noção a ser considerada para a leitura do que se denomina *ato ampliativo da esfera jurídica do administrado*, passando, assim, à apresentação das diferenças jurídicas entre essa espécie e a considerada restritiva de direitos.

---

sendo em parte favoráveis e em parte desfavoráveis. Tal é o que acontece, por exemplo, quando uma autorização é concedida mediante o pagamento de determinada taxa ou quando pedido do interessado é atendido apenas em parte. Por outro lado, no mundo moderno frequentemente o ato administrativo que beneficia determinada pessoa é desfavorável a outra ou a outras pessoas. É muito comum que o deferimento de um pedido de vantagem implique o indeferimento de outros pedidos análogos" (Almiro do Couto e Silva, "O princípio da segurança jurídica (proteção à confiança) no direito público brasileiro e o direito da Administração Pública de anular seus próprios atos administrativos: o prazo decadencial do art. 54 da Lei do Processo Administrativo da União (Lei 9.784/1999)", cit., *Revista Eletrônica de Direito do Estado* 2/36) (disponível em *http://direitodoestado.com.br*, acesso em 24.3.2010).

37. Almiro do Couto e Silva, "O princípio da segurança jurídica (proteção à confiança) no direito público brasileiro e o direito da Administração Pública de anular seus próprios atos administrativos: o prazo decadencial do art. 54 da Lei do Processo Administrativo da União (Lei 9.784/1999)", cit., *Revista Eletrônica de Direito do Estado* 2/36-37 (disponível em *http://direitodoestado.com.br*, acesso em 24.3.2010).

3.2 Principais diferenças quanto aos atributos dos atos administrativos

Para que possamos destacar as mais relevantes diferenças entre os regimes jurídicos dessas classes de atos, importa, previamente, verificar os atos administrativos restritivos ou de gravame à esfera jurídica dos administrados.

As peculiaridades normativas de cada categoria materializam e justificam a constituição de uma dada classificação, pois qualquer proposição nesse sentido só se fundamenta quando operativa, ou seja, revela alguma importância para a ciência do Direito.

Sob tal pressuposto, cremos que, *a contrario sensu* da noção posta para os atos ampliativos, os *restritivos* ou *de gravame* são todos aqueles que tenham por finalidade imediata restringir, diminuir, reduzir a esfera jurídica dos seus efetivos destinatários, por meio da imposição de novos deveres, obrigações, ônus etc.

Dentre os atos restritivos destacam-se os impositivos de ordens, proibições, sanções administrativas; destarte, aqueles que visam a rever, suprimir ou retirar os atos ampliativos e/ou seus efeitos.

Parafraseando Almiro do Couto e Silva,[38] os atos restritivos são típicos atos de império originados e desenvolvidos sob a luz da "Administração coercitiva", que ficaram em segundo plano perante as imposições oriundas do Estado Social e Democrático de Direito, criador e promotor da "Administração prestacional".

A Administração Pública tida por coercitiva ou autoritária restringia-se, preponderantemente, à emissão de atos administrativos restritivos, ao passo que a atual atividade administrativa, agora voltada à promoção social, centra-se propriamente na ampla produção de declarações jurídicas vantajosas para o administrado.

Dessa sorte, a apropriada colocação histórica apontada pelo jurista gaúcho, cumulada com a noção traçada para os atos ampliativos, identifica a razão nuclear promotora das principais distinções entre

---

38. Almiro do Couto e Silva, "O princípio da segurança jurídica (proteção à confiança) no direito público brasileiro e o direito da Administração Pública de anular seus próprios atos administrativos: o prazo decadencial do art. 54 da Lei do Processo Administrativo da União (Lei 9.784/1999)", cit., *Revista Eletrônica de Direito do Estado* 2/36 (disponível em *http://direitodoestado.com.br*, acesso em 24.3.2010).

essas classes de atos. Nesse sentido, a função de seu destrinchar visará a contribuir para a consolidação dessas peculiaridades, muitas das quais indicativas da iminente necessidade de mudança de percepção da própria teoria geral do ato administrativo.

Essa tradicional construção teórica, baseada na percepção aguçada de saudosos juristas, foi formulada sobre as bases e características dos atos oriundos da Administração coercitiva, de sorte que as alterações fáticas juridicizadas em normas postas acabaram por obrigar a uma emergente reformulação que, mesmo embrionária, tem de ser acelerada, sobretudo pela contínua produção de normas jurídicas direcionadas à proteção dos administrados.

Esse entendimento tem sua comprovação facilitada no tocante ao tema de estudo – a retirada dos atos administrativos – e espraia-se fortemente sobre as chamadas "prerrogativas" da Administração, de sorte que essa proposição se restringe a uma mera sugestão de adequação da teoria à atual realidade jurídico-social.[39]

Feitas as devidas considerações preliminares, a exposição dessas diferenças se iniciará pelos denominados *atributos dos atos administrativos*, quer dizer, *pela força jurídica própria do ato administrativo*.

Nessa seara, como em quase tudo o que toca ao tema sob estudo, não há uniformidade de pensamento entre os doutrinadores, de maneira que aqui salientaremos os seguintes tópicos: (i) a presunção de legitimidade ou legalidade; (ii) a imperatividade; (iii) a exigibilidade; e (iv) a executoriedade ou autoexecutoriedade.

3.2.1 Presunção de legitimidade ou legalidade

A *presunção de legitimidade* ou *legalidade*, conforme denominação doutrinária, é o atributo pelo qual os atos administrativos se presumem legítimos, em consonância com o ordenamento jurídico, até prova em contrário. Isto é, milita em favor dos atos administrativos uma presunção relativa, *juris tantum*, de validade.[40]

---

39. Juan Carlos Cassagne (dir.), *Derecho Administrativo*, 8ª ed., vol. 2, Buenos Aires, Abeledo-Perrot, 2006, pp. 319 e ss.

40. "(...) o princípio da presunção de legitimidade dos atos administrativos, que determina que, como regra, os atos administrativos se tenham por válidos e produto-

Como bem assinala Celso Antônio Bandeira de Mello, a presunção inverte-se, salvo expressa disposição legal, quando os atos são questionados em juízo;[41] ou, no dizer de Lúcia Valle Figueiredo, também fora dele, se contestados administrativamente.[42]

A concepção original da presunção de legitimidade tinha como função precípua a proteção e o implemento dos interesses tutelados pela Administração Pública. Visava a impedir que o administrado resistisse às determinações estatais, podendo questioná-las apenas nas vias adequadas.

No entanto, hodiernamente, com a marcante presença do viés prestacional da Administração, a presunção de legitimidade também assume a finalidade de proteção dos administrados, visto que, fundamentando-se nela, o destinatário do ato terá razões suficientes para confiar na postura do Poder Público.

A dupla finalidade desse atributo marca sua enorme importância seja na concretização do interesse público titularizado pela Administração, seja como contribuição à certeza e previsibilidade das condutas estatais, na realização do princípio da segurança jurídica.

Em virtude dessa função contributiva para o princípio superior da segurança jurídica, especialmente na sua faceta subjetiva denominada *proteção à confiança*, este atributo voltará a ser explorado neste texto, com maior detenção, quanto à retirada dos atos ampliativos.

Por fim, em atenção à finalidade da exposição, podemos afirmar que o pouco relatado revela e ratifica a presença desta prerrogativa independentemente da classe do ato administrativo, seja ele restritivo ou ampliativo.

---

res de sua natural eficácia jurídica enquanto um interessado não demonstre sua invalidez perante a jurisdição ou organismo competente. Trata-se de uma presunção *iuris tantum*, que admite prova em contrário (...)" (Fernando Garrido Falla, Herminio Losada González e Alberto Palomar Olmeda, *Tratado de Derecho Administrativo*, cit., 14ª ed., p. 684 – nossa tradução).

41. Celso Antônio Bandeira de Mello, *Curso de Direito Administrativo*, cit., 27ª ed., p. 419.

42. Lúcia Valle Figueiredo, *Curso de Direito Administrativo*, 9ª ed., São Paulo, Malheiros Editores, 2008, pp. 191-192.

3.2.2 Imperatividade

Conforme indicado pela própria nomenclatura, o atributo da *imperatividade* qualifica o Poder Público a, unilateralmente, por meio de ato administrativo, atribuir obrigações ao administrado, independentemente de sua aquiescência.

Materialização do *poder extroverso* da Administração em suas relações jurídicas verticalizadas, a imperatividade estabelece certa situação jurídica para o administrado, sem que ele possa manifestar sua vontade em qualquer sentido.

Percebe-se que este atributo, ao prescindir da concordância do administrado para que a declaração jurídica passe a interferir em sua esfera de direitos, originou-se sob a égide do Estado Liberal e da teoria do ato administrativo restritivo,[43] razão justificada em relação aos atos que diminuem o plexo de direito dos particulares.

Noutra seara figuram os atos administrativos ampliativos. Pressupondo que o Estado não imporá benefício àqueles que não o almejem, a intrínseca vantajosidade que essas declarações produzem para seus destinatários não se coaduna com – ou mesmo não justifica – a existência do atributo.

Corroborando o exposto, podemos afirmar que o marco inicial de muitos dos atos ampliativos é a manifestação do particular interessado, característica marcante e justificadora da fixação de um ideário jurídico distinto para esta classe de atos.

Nesse sentido, a doutrina lusitana em especial destacou dois critérios distintos para qualificar os atos ampliativos de direito com vistas ao atributo da imperatividade.

---

43. Themístocles Brandão Cavalcanti, ao discorrer sobre a vetusta divisão dos atos administrativos entre atos de império e de gestão, afirma: "Justificando a distinção material entre uns e outros, diz Laferrière que a autoridade administrativa exerce uma dupla missão: de um lado, provê a Administração da fortuna pública e o seu emprego, assegura a percepção de rendimentos destinados à receita comum e providencia para a sua aplicação no serviço público; os atos assim praticados são chamados de gestão. De outro lado, a Administração é depositária de uma parte da autoridade do Poder Público, um dos atributos do Poder Executivo; dentro dessa finalidade, tem o dever de executar as leis, obrigar o seu cumprimento, regular a marcha e o funcionamento do serviço público etc. Os atos assim praticados são chamados atos de autoridade, de império, de poder" (*Teoria dos Atos Administrativos*, São Paulo, Ed. RT, 1973, p. 95).

Segundo Diogo Freitas do Amaral,[44] os atos administrativos podem ser tipificados como *impositivos* e *permissivos*.[45] Os primeiros são "aqueles que impõem a alguém uma certa conduta ou sujeição a determinados efeitos jurídicos" – *v.g.*, atos de conduta, punitivos, ablativos etc.; enquanto os últimos "possibilitam a alguém a adoção de uma conduta ou omissão de um comportamento que de outro modo lhe estariam vedados, isto é, autorização, licença, concessão, permissão, subvenção etc.".

Por sua vez, os atos permissivos podem ser de dois grupos: "(1) os actos que conferem ou ampliam vantagens; (2) os actos que eliminam ou reduzem encargos".

Essas lições nos permitem formular a seguinte conclusão: a imperatividade, por ser "o atributo do ato administrativo que impõe a coercibilidade para seu cumprimento ou execução",[46] à primeira vista, não está presente nos atos ampliativos.[47]

A esse respeito, escreve Maria Silvia Zanella Di Pietro: "A imperatividade não existe em todos os atos administrativos, mas apenas naqueles que impõem obrigações; quando se trata de ato que confere direitos solicitados pelo administrado (como na licença, autorização, permissão e admissão) ou de ato apenas enunciativo (certidão, atestado, parecer), esse atributo inexiste".[48]

No entanto, essa posição, mesmo prevalecente na doutrina pátria,[49] deve ser adotada com cautela, estabelecendo-se certas premissas, conforme será visto nos tópicos seguintes.

---

44. Diogo Freitas do Amaral, *Curso de Direito Administrativo*, cit., vol. 2, p. 256.
45. Nesse sentido: Marcello Caetano, *Manual de Direito Administrativo*, cit., 10ª ed., vol. 1, pp. 458 e ss.
46. Hely Lopes Meirelles, *Direito Administrativo Brasileiro*, 36ª ed., São Paulo, Malheiros Editores, 2010, p. 164.
47. "(...). Esse atributo não está presente em todos os atos, visto que alguns deles (*v.g.*, os atos enunciativos, os negociais) o dispensam, por desnecessário à sua operatividade, uma vez que os efeitos jurídicos do ato dependem exclusivamente do interesse do particular na sua utilização. Os atos, porém, que consubstanciam um provimento ou uma ordem administrativa (atos normativos, ordinatórios, punitivos) nascem sempre com imperatividade, ou seja, com a força impositiva própria do Poder Publico, e que obriga o particular ao fiel atendimento, sob pena de se sujeitar a execução forçada pela Administração (atos *autoexecutórios*) ou pelo Judiciário (atos *não autoexecutórios*)" (Hely Lopes Meirelles, *Direito Administrativo Brasileiro*, cit., 36ª ed., p. 164).
48. Maria Sylvia Zanella Di Pietro, *Direito Administrativo*, cit., 21ª ed., p. 189.
49. Lúcia Valle Figueiredo, *Curso de Direito Administrativo*, cit., 9ª ed., p. 191.

3.2.3 Exigibilidade

Este atributo, na lição de Celso Antônio Bandeira de Mello, "é a qualidade em virtude da qual o Estado, no exercício da função administrativa, pode exigir de terceiros o cumprimento, a observância, das obrigações que impôs. Não se confunde com a simples imperatividade,[50] pois, através dela, *apenas se constitui uma dada situação*, se impõe uma obrigação. A exigibilidade é o atributo do ato pelo qual se impele à obediência, ao atendimento da obrigação já imposta, sem necessidade de recorrer ao Poder Judiciário para induzir o administrado a observá-la".[51]

A emissão do ato administrativo desencadeia, quando for o caso, atribuição unilateral de obrigações ao destinatário. Porém, a imposição de uma obrigação perde força se inexistir a efetiva obrigatoriedade de seu cumprimento.

A exigibilidade é a prerrogativa pela qual o administrado fica obrigado a cumprir as determinações contidas no ato administrativo, independentemente da intervenção do Poder Judiciário, necessária aos atos jurídicos de natureza privada.

Vamos além. Este atributo autoriza a Administração Pública a socorrer-se de meios e instrumentos acessórios do ato que indiretamente conduzirão à sujeição do administrado à imperatividade do dever principal.

Não podemos olvidar a razoabilidade que fundamenta este atributo: a busca, pelo Estado, do cumprimento do interesse público, o qual, muitas vezes, não está em sintonia com o interesse exclusivamente privado. A supremacia do interesse público revela a importância da Administração coercitiva, ou seja, de que determinados atos produzidos pelo ente estatal possam obrigar o particular, mesmo contra sua vontade, de maneira ágil e sem interferências burocráticas, garantida, sempre, a proteção contra abusos e lesões ilegítimas.

---

50. Em sentido contrário, José dos Santos Carvalho Filho dispõe: "A exigibilidade, assim, deflui da própria peculiaridade de ser o ato imperativo. (...). Parece-nos, contudo, que esse atributo é consectário natural da imperatividade, até porque pode haver exigibilidade sem coercibilidade" (*Manual de Direito Administrativo*, 19ª ed., revista, ampliada e atualizada até 10.12.2007, Rio de Janeiro, Lumen Juris, 2007, p. 111 e nota de rodapé 67).

51. Celso Antônio Bandeira de Mello, *Curso de Direito Administrativo*, cit., 27ª ed., p. 419.

O que foi dito resume o fundamento e a lógica do atributo da exigibilidade. Sendo assim, como resultado, concluímos que esta prerrogativa não se espraia sobre circunstâncias que escapem do aludido quadro, ou seja, sobre as normas jurídicas estatais que não constituam obrigações para os seus destinatários.

Entretanto, semelhantemente ao que foi dito a respeito da imperatividade, essa afirmação tem de ser realizada com atenção às peculiaridades impostas pela legislação que vier a regulamentar o ato específico.

3.2.4 Executoriedade

Como legado do Estado Liberal pode-se dizer que a concepção do conceito do *ato administrativo* surgiu imbricada com a ideia da *executoriedade* ou *autoexecutoriedade*.

A amplitude dessa conexão era de tal monta que o ato administrativo na França, por vezes, foi denominado *decisão executória*, algo que ainda persiste, mas com menor frequência. Nesse diapasão, René Chapus, segundo Celso Antônio Bandeira de Mello, relatou que o Conselho de Estado francês, no caso "Huglo" (1982), pronunciou-se "no sentido de que o 'caráter executório' das decisões administrativas é a 'regra fundamental do direito público'".[52]

A executoriedade pode ser definida como "a execução coativa, por ato próprio da Administração Pública, sem intervenção do Poder Judiciário, dos atos administrativos".[53]

O ponto de separação entre os atributos da exigibilidade e da executoriedade é a possibilidade de o destinatário, em razão deste, ser coagido materialmente a cumprir as obrigações constituídas (imperatividade) e posteriormente exigidas.

A executoriedade, portanto, é a efetivação da exigibilidade, pois, por sua existência, o conteúdo obrigacional pode ser coercitivamente exigido *sponte propria*.

---

52. René Chapus, *Droit Administratif Général*, 6ª ed., vol. 1, Paris, Montchrestien, 1992, p. 375, *apud* Celso Antônio Bandeira de Mello, *Curso de Direito Administrativo*, cit., 27ª ed., p. 426, nota de rodapé 53.

53. Oswaldo Aranha Bandeira de Mello, *Princípios Gerais de Direito Administrativo*, cit., 3ª ed., 2ª tir., vol. I, p. 615.

Não obstante a intrínseca aplicação da força para efetivação desse atributo, sua presença não deve ser considerada regra, mas excepcionalidade advinda diretamente da lei ou, no limite, em casos marcados pela urgência, como condição indispensável ao cumprimento do interesse público.

A atuação pautada na executoriedade administrativa, por notadamente agressiva aos administrados, amplia o espectro de atuação preventiva do Judiciário, quando demandado, não obstante, como regra geral aplicável aos atos administrativos, estar sujeita a eventual e posterior sindicação judicial.[54]

Em síntese, por todo o alinhavado, consideramos que a executoriedade é um atributo intrinsecamente ligado à imposição de obrigações aos particulares, não se relacionando com as atribuições de vantagens aos destinatários dos atos ampliativos.

Por essa razão, guardada coerência com o que já expusemos, este atributo do ato administrativo refere-se exclusivamente aos atos restritivos, pelo fato de ter sido concebido para sua efetivação, independentemente do querer privado, mesmo que, por decorrência histórica, tenha se conformado na própria teoria geral dos atos administrativos.

3.2.5 Outras considerações quanto aos atributos

Com vistas à noção e características reveladas dos atributos, poderíamos alcançar a aparente conclusão de que a *presunção de legitimidade* seria o único atributo comum aos atos ampliativos e restritivos, sendo a *imperatividade*, a *exigibilidade* e a *executoriedade* somente presentes nessa classe.

Afirma Celso Antônio Bandeira de Mello: "Esta [*presunção de legitimidade*], sim, é uma característica comum aos atos administrati-

---

54. "Embora se diga que a decisão executória dispensa a Administração de ir preliminarmente a juízo, essa circunstância não afasta o controle judicial *a posteriori*, que pode ser provocado pela pessoa que se sentir lesada pelo ato administrativo, hipótese em que poderá incidir a regra da responsabilidade objetiva do Estado por ato de seus agentes (art. 37, § 6º, da Constituição). Também é possível ao interessado pleitear, pela via administrativa ou judicial, a suspensão do ato ainda não executado" (Maria Sylvia Zanella Di Pietro, *Direito Administrativo*, cit., 21ª ed., p. 190).

vos em geral; as subsequentemente referidas [*imperatividade, exigibilidade e executoriedade*] não se aplicam aos atos ampliativos da esfera jurídica dos administrados".[55]

A seu turno, e sob conclusão semelhante, Marcello Caetano[56] e Diogo Freitas do Amaral[57] entendem que os atos ampliativos de direito são, por característica intrínseca, contrapostos aos atos imperativos, razão de possuírem exclusivamente o atributo da presunção de legitimidade.

Contudo, cremos que essa assertiva absoluta não se coaduna com a realidade fática e jurídica pátria, mesmo que, aparentemente, ainda represente a aplicação lógica da teoria dos atributos dos atos administrativos.

O afirmado escora-se nos muitos atos ampliativos de direito que, seja para obtenção de vantagem ou para evitar sua retirada, implicam alguma obrigação do destinatário, decorrente de prescrições legislativas refletidas pela Administração.

Dentre esses atos figuram os de *efeitos mistos*, revelados alhures, objeto, neste momento, de destaque específico.

Antes disto, contudo, importante repisar que, por opção epistemológica, entendemos que o efeito imediato sobre a esfera jurídica do destinatário visado seria o elemento qualificador do ato administrativo como ampliativo ou restritivo de direitos. Por essa razão, todos os atos que aumentem a esfera jurídica do particular serão considerados como ampliativos, mesmo que para tanto tenha havido alguma repercussão restritiva sobre sua esfera jurídica.

Retomado esse ponto, serão eleitos dois exemplos pelos quais será demonstrada a existência dos atributos da imperatividade e da exigibilidade em alguns tipos de atos ampliativos.

Temos por certo que a proximidade dos exemplos poderá gerar eventuais contestações quanto ao rigor científico da escolha; contudo,

---

55. Celso Antônio Bandeira de Mello, *Curso de Direito Administrativo*, cit., 27ª ed., p. 419. Nesse sentido: Angélica Petian, "Atributos dos atos administrativos: peculiaridades dos atos ampliativos e restritivos de direitos", cit., *RTDP* 49-50/293.
56. Marcello Caetano, *Manual de Direito Administrativo*, cit., 10ª ed., vol. 1, pp. 458 e ss.
57. Diogo Freitas do Amaral, *Curso de Direito Administrativo*, cit., vol. 2, pp. 256 e ss.

foram assim construídos por cumprirem o fim, a que se prestam, de evidenciar que, por vezes, os atributos da imperatividade e da exigibilidade podem existir, mesmo acessoriamente, nos atos ampliativos de direito.

Primeiro exemplo: um ato administrativo de natureza prestacional por meio do qual a Administração defere e concede auxílio financeiro para famílias carentes, se comprovadas a colocação e a manutenção dos filhos na rede de ensino até a conclusão do ensino médio. A prova exigida, quanto à presença dos filhos na escola, seria feita mediante entrega semestral da carteira de frequência e notas em determinado órgão público, sendo certo que qualquer descumprimento resultaria na suspensão do benefício estatal.

Nessa hipotética situação, a ampliação da esfera jurídica do destinatário se materializaria com o deferimento e o recebimento do auxílio financeiro; porém, tal vantagem ficaria sujeita à submissão do destinatário às seguintes normas: matricular e manter os filhos na rede de ensino (imperatividade) e entregar semestralmente a carteira de frequência e notas da criança (exigibilidade), tudo sob pena de não adquirir ou de perder o benefício (sanção).

Portanto, ao mesmo tempo em que o ato é favorável, também impõe obrigações ao destinatário, além de que, "graças à exigibilidade, a Administração pode valer-se de *meios indiretos que induzirão o administrado a atender ao comando imperativo*".[58]

Segundo exemplo: o Poder Público, com vistas a um novo programa de saúde e a pedido de um hospital privado, emite ato administrativo isentando-o do pagamento de alguns tributos e taxas mediante a condição de que, em cinco anos, 20% da demanda do hospital venham a ser compostos por pacientes do sistema público de saúde, devendo apresentar anualmente à Secretaria de Saúde documentação comprovando o crescimento mínimo anual de 4% dos atendimentos a esse setor.

Em linha com o primeiro exemplo, o ato de subvenção ao hospital é, sem sombra de dúvidas, um ato ampliativo de direitos; entretanto, o destinatário ficará responsável por cumprir todas as condições

---

58. Celso Antônio Bandeira de Mello, *Curso de Direito Administrativo*, cit., 27ª ed., p. 420.

estipuladas (imperatividade), demonstrando o atendimento de todas as obrigações previstas no ato (exigibilidade), sob pena de perder o benefício ou até, em última análise, ser sancionado administrativamente.

Portanto, pela diversidade de natureza dos atos administrativos, em razão da amplitude da atuação estatal, presença constante em todos os setores da vida privada, entendemos não ser possível, sem observar o regime jurídico específico do ato administrativo objeto de análise, discorrer indistinta e genericamente sobre seus atributos.

É sabido que essa conclusão não contribui para a formação de uma concepção clássica da teoria do ato administrativo ampliativo, à semelhança do realizado com a teoria dos atos administrativos (restritivos). Porém, entendemos que essa é a concepção interpretativa que mais se coaduna com o atual estágio da realidade jurídica, razão pela qual, enfim, acreditamos na sua contribuição.

Entretanto, não visualizamos qualquer empecilho em consignar de antemão que somente o atributo da *presunção de legitimidade* pode ser identificado no ato administrativo unicamente ampliativo, aqui compreendido como aquele cujo efeito jurídico próprio visa, exclusivamente, a aumentar a esfera jurídica de seu destinatário, inexistindo contraprestação de qualquer tipo ou natureza.

Com isso, passamos ao estudo de outros pontos frequentemente apontados como diferenças entre os atos ampliativos e os restritivos. São eles: (i) a participação da vontade do administrado na formação do ato; (ii) a importância do processo administrativo; (iii) o dever de motivar; e (iv) o dever de ciência inequívoca do destinatário.

3.3 Principais diferenças quanto à participação da vontade dos administrados

O tema ora em destaque encontra-se aqui topologicamente encartado por estar intimamente ligado aos atributos dos atos administrativos. O grau de importância que a vontade do administrado assume no contexto de emissão do ato administrativo influencia em muito a presença dos atributos descritos, pois, ressalvadas as exceções mencionadas, os atributos da *imperatividade*, *exigibilidade* e *executoriedade* não se amoldam à opção volitiva daquele que – somente querendo – receberá o influxo dos efeitos da declaração jurídica emitida.

A fim de tornar didática a percepção dessa diferença, tracejamos um simples e abstrato roteiro, conduzido e balizado por eventuais nuanças existentes entre os atos ampliativos e restritivos. Decidimos agrupar circunstâncias nas quais a vontade do particular autorizada pelo Direito faz-se marcante, resultando na seguinte divisão:

(A) A vontade do administrado é irrelevante para a formação e/ ou produção dos efeitos do ato administrativo.

(B) A vontade do administrado é relevante para a formação e/ou produção dos efeitos do ato administrativo: (B.1) é imprescindível para a existência ou produção dos efeitos do ato; (B.2) tem importância formal, contudo necessária, para a validade do ato.

Entretanto, consignamos que a separação proposta tem sua utilidade reduzida a fins meramente didáticos, não tendo a pretensão de ser verdadeira ou abarcar todas as hipóteses possíveis de participação da vontade do administrado na formação ou produção dos efeitos do ato administrativo, visto não ser esse o objeto ou o objetivo de estudo.

3.3.1 A vontade do administrado como fator irrelevante para a formação e/ou produção dos efeitos do ato administrativo

Este fator é marcante na diferenciação entre os atos ampliativos e restritivos, sabido que o ponto de divergência reside na ampliação ou redução do patrimônio jurídico do destinatário do ato.

Seguindo a lógica do Direito, a rigor, nenhuma pessoa deseja ter qualquer direito restringido, independentemente de sua natureza ou da possível repercussão econômica. Essa assertiva ganha relevo se a agressão à esfera jurídica deriva de uma conduta estatal marcada, ao menos historicamente, por autoritarismo e arbitrariedades.

No mesmo passo, a Administração Pública, em acordo com ditames normativos, iniciando-se pela Constituição, foi constituída para promover a organização social e a busca pelo interesse público, ora considerado – de maneira singela – como a soma dos interesses imediatos e mediatos dos indivíduos.

Com esse desenho torna-se fácil a constatação do embate central dos atos administrativos restritivos: interesse privado em manter seu patrimônio jurídico e dever estatal de efetivação do interesse público.

Portanto, sendo certo que a emissão do ato administrativo restritivo, fundado no dever de implementar o interesse público, sempre será marcada pelo agravo sobre seus destinatários, a vontade íntima dos particulares não terá o condão de alterar o quadro de formação e produção dos efeitos do ato produzido.

Entendimento em sentido diverso resultaria, sem qualquer dúvida, no enfraquecimento ou até na aniquilação da figura do Estado como instituição jurídica constituída para a realização do bem comum. Conforme comprova a História, é utópica – para não dizer impossível – a regência social pautada exclusivamente pela conciliação ou amparo das vontades hedonistas dos particulares.

Essa natureza egoísta do ser humano impôs a criação de instituições jurídicas hábeis à condução social pacífica, razão que fundamenta a existência e a força atribuída ao princípio da supremacia do interesse público sobre o privado. No tocante aos atos administrativos é revelada por meio das prerrogativas que lhe são próprias e que, em último grau, conferem ao agente estatal instrumentos hábeis confirmatórios da irrelevância da vontade do administrado na concretização de certas funções administrativas marcadas pelo interesse público.

Atribuíram-se aos atos administrativos restritivos meios jurídicos para impor, exigir e, em alguns casos, executar diretamente sua declaração jurídica, sempre independentemente da aquiescência do destinatário do ato.

3.3.2 A vontade do administrado relevante para a formação e/ou produção dos efeitos do ato administrativo

A vontade do particular pode assumir relevância na formação dos atos administrativos ou até na produção dos efeitos para os quais foram criados.

Nessas situações, o Direito determina que a Administração e o particular compartilhem possibilidades participativas semelhantes. Vislumbra-se um equilíbrio entre a atuação estatal e o interesse do indivíduo, substituindo ao menos parcela da imperatividade, em prol da consensualidade.

Retomando o traçado em momento próprio, a consensualidade introduzida dentre as condutas da Administração, característica constante na atuação prestacional do Poder Público criado com o Estado Social e Democrático de Direito, resultou no distanciamento, por consequência, do ideário marcadamente autoritário.

O elemento volitivo e a participação do particular assumem posição perante a conclusão do processo de concepção do ato administrativo e/ou na efetivação dos efeitos potenciais ali descritos, permitindo o alcance do interesse público delineado na declaração jurídica emitida.

Para melhor visualização da participação volitiva do particular, optamos, nesta explanação, por separar os momentos de formação do ato e do início de sua eficácia, entendidos como ocorrências próprias de naturezas distintas mesmo que, eventualmente, ocorram simultaneamente. Visualizamos a possibilidade de a manifestação do particular incidir sobre uma, outra ou em ambas as situações, retendo o ato ou a produção de seus efeitos.

Na hipótese em que a vontade do administrado está normatizada como requisito essencial à atuação administrativa, sua ocorrência revela-se imprescindível à formação ou à realização do ato; ao passo que na outra hipótese a norma jurídica regente da conduta estatal poderá incluir a vontade particular como mera etapa não fundamental do processo de formação do ato, de maneira que o desrespeito a essa disposição resultará numa produção inválida potencialmente convalidável.

No primeiro caso a vontade do administrado estará intimamente ligada a elementos ou pressupostos do ato, que não poderão ser refeitos validamente no tempo presente (convalidados). Comporá, eventualmente, o objeto, o conteúdo, o motivo, a finalidade e a fase procedimental, cuja recuperação atinja prejudicialmente o fim para o qual o ato se presta, ou ainda as circunstâncias em que a manifestação do particular não possa ser expressamente retroativa.[59]

Nos atos em que a falta de manifestação de vontade resulte em vícios sanáveis, tal manifestação é pressuposto de validade do ato, porém, salvo pela ocorrência de eventos que limitem ou impeçam a convalidação, a manifestação ulterior do administrado permitirá a sua ocorrência.

---

59. Weida Zancaner, *Da Convalidação e da Invalidação dos Atos Administrativos*, 3ª ed., São Paulo, Malheiros Editores, 2008, pp. 91 e ss.

As linhas traçadas apontam outro diferencial entre a classe de atos sob investigação. Em síntese, resgatando os termos alinhavados em 3.3.1, supra, cremos que o ordenamento jurídico somente atribui relevância à vontade do administrado quando em pauta um ato ampliativo, de vez que o aumento da esfera jurídica do administrado comumente deriva de seu querer.

3.3.2.1 Vontade do administrado imprescindível para a existência ou produção dos efeitos do ato

Muitos dos atos ampliativos dependem da vontade da parte para completarem seu ciclo de formação, ou seja, para serem reconhecidos como existentes pelo ordenamento jurídico.[60]

A legislação, ao definir as etapas de formação do ato – ou seja, legalmente fixando e encadeando os atos e fatos visando à sua produção –, estabelece passagens cuja realização ficará a cargo do administrado, de maneira que sua manifestação, além de dar sequência à sua materialização, efetivamente passará a compor elementos e pressupostos do ato a ser formado.

Não havendo a conclusão dessa fase, não poderá a Administração dar prosseguimento à formação do ato, deixando-o em seu estado embrionário.

Todavia, indagamos: não deveria a Administração, pelo princípio da oficialidade, dar seguimento?

Entendemos que os atos ampliativos de direitos, por terem o condão de ampliar a esfera jurídica do destinatário, têm o centro de interesses concentrado sobre o particular, deslocando as razões propulsoras da oficialidade (interesse público) do eixo de costume para alocá-las no administrado, que deverá cuidar de seus interesses.

Essa afirmação não objetiva atribuir ao particular obrigação de mover a máquina estatal, que continuará sob o princípio da oficiali-

---

60. Conforme descrito em momento oportuno, seguimos o entendimento de Antônio Carlos Cintra do Amaral, assim sintetizado: "Perfeição e existência são a mesma coisa. Um ato administrativo imperfeito é um ato administrativo inexistente. E um ato administrativo inexistente não é ato administrativo" (*Teoria do Ato Administrativo*, Belo Horizonte, Fórum, 2008, p. 55).

dade. Apenas afirma que, nas ocasiões em que as normas assim estabelecerem, o particular deverá fazer-se presente e ativo, demonstrando sua intenção e querer, de maneira que sua não atuação maculará de maneira insanável o ato.

Como ilustração mencionamos a solicitação de licença municipal para abertura de restaurante. Dentre as hipotéticas normas que regulam a emissão desse ato, constata-se ser obrigação do munícipe agendar a inspeção do local, a ser realizada por funcionário municipal, e durante a qual o interessado deverá estar presente e munido do certificado de vistoria dos bombeiros e da licença da vigilância sanitária competente.

Caso o particular não realize o agendamento, não esteja no local no horário estabelecido ou compareça sem a documentação devida, o ato administrativo final não completará seu ciclo de formação, restando embrionário. Ainda, se o Poder Público insistir em conceder a licença, ela será ilegal, por falta de motivo (não vigilância do local e das condições de prestação dos serviços), descumprimento da finalidade legal (segurança e salubridade públicas) e de procedimento.

Por tais razões, o Direito estabelece tal requisito como essencial à formação ou, mesmo, à validade do ato.

Ademais, ocorrem situações em que, embora tenham tido seu ciclo de formação concluído, os atos ampliativos dependem, para produção de seus efeitos, da concordância ou atuação final do destinatário.

Nesses casos, diferentemente dos primeiros apontados, o ato já existe, e apenas depende da ocorrência de determinada condição essencial, que liberará seus efeitos.

Tais atos dependem de outro ato ou fato jurídico para que possam ser eficazes, como, por exemplo: a anuência do destinatário;[61] a confirmação do interessado; o pagamento de determinada taxa ou emolumento; a comprovação do cumprimento de algum requisito de ordem material – dentre outros.

A nomeação para cargo público é o exemplo corrente de atos ampliativos que dependem da anuência do destinatário.

---

61. Segundo Marcello Caetano, seriam os atos denominados de *receptícios* ou *recipiendos* (*Manual de Direito Administrativo*, cit., 10ª ed., vol. 1, p. 521).

Por meio do ato de nomeação a Administração Pública define que determinado sujeito, se concordar, será investido em certo cargo público. Constata-se ser imprescindível que o indivíduo tome posse para, enfim, ter de se submeter a esse novo *status* normativo. Caso contrário o ato de nomeação será emitido mas não produzirá os efeitos típicos da nomeação, permanecendo vago o cargo.

Concluímos que o ordenamento jurídico não raras vezes elege a manifestação do administrado como imprescindível à formação do ato ou à produção de seus efeitos, vinculando a essa atuação a existência e/ou eficácia da declaração jurídica estatal. No entanto, nem sempre a vontade do particular foi eleita como determinante pelo sistema jurídico, conforme podemos visualizar na sequência.

3.3.2.2 *Importância formal, contudo necessária, para a validade do ato*

O critério norteador desta construção didática reside na potencial possibilidade de convalidação do vício do ato ampliativo. Pauta-se pela natureza da mácula provocada pela falta da manifestação de vontade do particular, concentrando-se sobre a eventual eficácia de sua ocorrência posterior "com a expressa intenção de fazê-la retroagir".[62]

Trata-se, aqui, do caso denominado pela doutrina de *saneamento*[63] do ato administrativo, hipótese em que o vício será suprimido pelo particular interessado, não convalidado pelo Poder Público.

O destinatário do ato produzido sem sua manifestação, por isso invalidável, pratica o ato de vontade, que passará a integrá-lo, extinguindo a mácula inicial e impedindo sua invalidação.

Sempre que a manifestação de vontade do particular originalmente não compuser elemento ou pressuposto essencial do ato administrativo ampliativo, ou a manifestação posterior não for vedada por lei, o *saneamento* deverá ser prestigiado.

---

62. Weida Zancaner, *Da Convalidação e da Invalidação dos Atos Administrativos*, cit., 3ª ed., p. 86.
63. Consideramos que essa denominação diversa tem apenas fins didáticos, pois seus efeitos e consequências jurídicas, fatores relevantes à ciência jurídica, são idênticos aos da convalidação.

Adiantamos que o princípio da segurança jurídica é a razão primeira da prevalência da manutenção dos atos ampliativos sobre sua eventual invalidação. No entanto, esse tema somente será explorado em momento próprio, no trato da invalidação dos atos ampliativos.

Por fim, grifamos que toda esta apresentação pretendeu demonstrar que a vontade do administrado é juridicamente relevante em relação aos atos administrativos ampliativos, mesmo que indiferente aos restritivos – razão, essa, do pouco tratamento que lhe foi conferido pela teoria geral do ato.

No entanto, essa distinção já se faz retratada no regime jurídico-administrativo pátrio, vez que a legislação regente de certos atos impede a conclusão de seu processo de formação ou sua eficácia caso inexista a exigida exposição volitiva do destinatário (*e.g.*, ato de nomeação); situação diversa da dos atos restritivos, que, por força dos princípios da supremacia e indisponibilidade do interesse público, são formados, impostos e exigidos independentemente do querer particular.

3.4 A importância do processo administrativo

É crescente o culto ao *processo* ou *procedimento administrativo*,[64] apontado como a maneira mais eficaz de manter a transparência e o controle dos atos da Administração Pública.

Por meio do processo administrativo, considerado por muitos o modo normal de agir do Estado,[65] permite-se ao administrado identi-

---

64. "A partir de meados da década de 70 assistiu-se a uma verdadeira pregação doutrinária em favor da atuações processualizadas da Administração, com observância das garantias de contraditório e ampla defesa dos particulares, pessoas físicas e jurídicas. A presença do processo administrativo no direito administrativo e na Administração foi crescendo ao longo da década de 80 do século XX e tornou-se muito forte na década de 90 do século XX e nos primórdios do século XXI" (Odete Medauar, *A Processualidade no Direito Administrativo*, 2ª ed., São Paulo, Ed. RT, 2008, p. 146).

65. "Importante perceber a razão de exigência de que os atos estatais sejam fruto de processo. Os agentes públicos exercitam poderes em nome de finalidade que lhes é estranha; desempenham função. Função é o poder outorgado a alguém para o obrigatório atingimento de bem jurídico disposto na norma. A lei, a sentença e o ato administrativo são unilaterais, sua produção não estando condicionada à concordância dos particulares atingidos. Estas duas características das atividades públicas – constituírem função e gerarem atos unilaterais invasivos da esfera jurídica dos indivíduos – exigem a regulação do processo formativo da vontade que expressam"

ficar todas as passagens formadoras das decisões estatais, de modo a tornar sobremaneira evidentes e acessíveis eventuais irregularidades e ilicitudes das atuações.

Demais disso, é instrumento propiciador da busca pelo equilíbrio entre a autoridade estatal e o particular, pois, ao demarcar as fases de atuação das partes envolvidas, contribui para o nivelamento dessas participações.

A fixação dos trâmites e a abertura para a participação do particular, seja meramente opinativa ou, como na maioria dos casos, para efetiva demonstração de suas razões de fato e de direito, acabam por obrigar o Poder Público a atentar para sua conduta nas tomadas de decisões.

Na mesma intensidade, a procedimentalização da vida administrativa implica a constituição de uma *rotina* administrativa, permitindo a constituição de um histórico de condutas manejável como precedente para as atuações privadas, conferindo conteúdo fático à incidência do princípio da proteção à confiança (confiança legítima), reconhecida faceta subjetiva do princípio da segurança jurídica.

As poucas linhas expostas já permitem identificar que a *defesa dos administrados* e o *controle da atuação estatal* formam as principais – mas não as únicas – razões motivadoras do desenvolvimento teórico e prático do processo administrativo.

Sob essa motivação propulsora foram concebidas muitas das teorias e das regras jurídicas pátrias, objetivando predominantemente garantir a existência e a participação saudável do administrado na formação ou defesa de direitos que possam vir a ser prejudicados no exercício, comissivo ou omissivo, da função administrativa.[66]

(Carlos Ari Sundfeld, *Fundamentos de Direito Público*, 5ª ed., São Paulo, Malheiros Editores, 2010, p. 92).

66. "É no *modus procedendi*, é, em suma, na escrupulosa adscrição ao *due process of law*, que residem as garantias dos indivíduos e grupos sociais. Não fora assim, ficariam todos e cada um inermes perante o agigantamento dos poderes de que o Estado se viu investido como consectário inevitável das necessidades próprias da sociedade hodierna. Em face do Estado contemporâneo – que ampliou seus objetivos e muniu-se de poderes colossais –, a garantia dos cidadãos não mais reside sobretudo na prévia delimitação das finalidades por ele perseguíveis, *mas descansa especialmente na prefixação dos meios, condições e formas a que se tem de cingir para alcançá-los*" (Celso Antônio Bandeira de Mello, *Curso de Direito Administrativo*, cit., 27ª ed., p. 490).

Para muitos operadores do Direito os efeitos incidentes sobre a esfera de direitos do administrado são irrelevantes para a definição de um rito procedimental próprio aos atos ampliativos, contrariando, inclusive, o estágio de evolução do sistema jurídico.

Para os mais desavisados ainda prevalece o mito de que o processo administrativo concentra sua importância exclusivamente nos atos restritivos, por ser ele o meio eficaz de cumprimento da ampla defesa e do contraditório – ou seja, de controle da atividade estatal. Em consequência, a formação de um ato ampliativo, por não atingir gravosa e prejudicialmente direito alheio, prescindiria de prévio processo administrativo de constituição.

Contudo, o raciocínio descrito é simplista e carece de maior fundamento.

O processo administrativo tem de ser compreendido como imposição constitucional à Administração Pública – art. 5º, LIV e LV –, razão pela qual jamais poderá ser afastado por sua vontade exclusiva ou, eventualmente, cumulada com a do particular. Não obstante, a própria produção legislativa deverá ser concebida sob esse direito fundamental positivado; e, caso isso não tenha ocorrido, sua interpretação deverá ser feita sempre em conformidade justaposta.

As regras constitutivas do processo administrativo moderno, por exigência da contínua evolução dos tipos de atos administrativos previstos, deverão abranger outros e novos temas além dos prescritos atualmente. O rito procedimental terá de ser concebido e aplicado com vistas à diversidade dos atos, revelando regramento condizente com a natureza ampliativa ou restritiva incidente sobre a esfera jurídica do administrado.

O sistema constitucional impõe ao Poder Público o dever de promover a procedimentalização de sua atuação independentemente do resultado proveniente do processo em si, se favorável ou não ao administrado. Sua efetivação tem como função precípua (i) dar transparências aos atos estatais, permitindo e facilitando o controle sobre os meios, os fundamentos e, por conseguinte, os resultados, e (ii) permitir a adequada participação do interessado, evitando que o ato emitido esteja injustificadamente em descompasso com o querer do destinatário – *v.g.*, concedendo-lhe vantagem superior, inferior ou diversa do requerido.

A distinção entre as espécies de processos decorreria de seu objeto e objetivos finais. Concentrar-se-ia, primordialmente, sobre a formalidade do trâmite, pois o interesse do particular é marcante numa atuação não agressiva da Administração, enquanto o respeito às fases se faz imprescindível nos procedimentos que podem resultar em agravo ao particular.

No caso dos processos geradores de atos ampliativos as regras seriam dispostas com vistas à sua finalidade e ao interesse do destinatário. Essas prescrições contribuiriam para a real flexibilidade das ordens do poder estatal e das obrigações dos destinatários, ressalvados, nesses casos, os procedimentos concorrenciais, a seguir relatados.

Até que as normas estejam em perfeita conformidade com a realidade posta, cremos que a distinção aludida, ao menos interpretativamente, não pode ser ignorada, devendo repercutir nas prescrições contidas na atual legislação.[67]

Essas e outras ponderações ressoam na doutrina mais abalizada – motivo, inclusive, da adoção da distinção traçada por Celso Antônio Bandeira de Mello,[68] na sequência do texto.

Dispõe o jurista que o processo (procedimento) administrativo externo, gerador de efeitos fora do íntimo administrativo, se divide na produção de duas classes de atos, ampliativos e restritivos. Os primeiros poderiam ser classificados quanto ao sujeito que os suscita (por iniciativa do administrado ou da Administração) ou pelo caráter *simples* ou *concorrencial*; enquanto os últimos podem ser classificados como *meramente restritivos* ou *sancionadores*.

Sobre os tipos de processos descritos recai uma série de regras e princípios informadores, alguns de incidência indistinta, outros pertencentes a somente uma das categorias de atos.

As aludidas diferenças materializam-se no específico tratamento jurídico ofertado aos princípios da oficialidade, gratuidade e informalismo constantes de cada específico processo.

---

67. Dentre elas destacam-se a estreante Lei Complementar sergipana 33/1996 (Código de Organização e de Procedimento da Administração Pública do Estado de Sergipe), a Lei de Processo Administrativo paulista 10.177/1998 e a Lei de Processo Administrativo Federal 9.784/1999.
68. Celso Antônio Bandeira de Mello, *Curso de Direito Administrativo*, cit., 27ª ed., pp. 498 e ss.

A *oficialidade* – dever de condução oficial do processo até seu deslinde independentemente da inércia do particular – não se impõe necessariamente nos processos ampliativos, observado que, a rigor, o resultado é de exclusivo interesse do administrado. Sendo assim, a inércia poderá conduzir ao encerramento do processo por abandono, por exemplo.

Prosseguindo, em mesma sintonia, segue a *gratuidade*. Essa característica deve ser marcante apenas nos processos produtores de atos restritivos, vez que, nos termos do art. 5º, LV, da CF, é garantida a defesa do indivíduo independentemente do pagamento de taxas e emolumentos.

A contrario sensu, cremos que a Administração poderá cobrar modicamente do administrado nos processos dos quais resultem atos ampliativos. Essa cobrança teria o fito exclusivo de custear eventuais despesas, pois nesses casos a máquina estatal seria movida para a produção de uma declaração jurídica originada em interesses próprios dos particulares.

O processo administrativo tem no *informalismo* um de seus principais traços. Porém, esse princípio, corretamente seguido e pregado pela Administração, não pode preponderar nos processos *concorrenciais de natureza ampliativa*.

Esses processos viabilizam a disputa de bens ou vantagens escassas, pressupondo-se que somente um ou poucos concorrentes poderão obtê-las. Esse dado implica a concepção de um rito, cuja função precípua é a de proporcionar um inarredável tratamento isonômico a todos, visando a lhes conferir as mesmas chances de participação.

Não olvidemos que o formalismo, quando em linha com os objetivos legislativos e condizente com o alcance do interesse público almejado pela Administração, contribui para o afastamento de eventuais facilitações ou proteções indevidas decorrentes do crescimento do interesse secundário dos agentes estatais, muitas das vezes relacionado diretamente com o interesse hedonista que cerca a ampliação da esfera de direitos dos administrados.

Identificadas algumas – porém relevantes – especificidades que deveriam constituir propriamente cada rito, optamos por realizar uma afirmação prévia e abstrata, porém de relevância: *o procedimento administrativo é imprescindível à formação de todo e qualquer ato administrativo, com especial atenção ao atual estágio de evolução social e ao fim mediato de proteção ao administrado.*

Seguindo o exposto, não havendo rito específico aplicável aos atos ampliativos, caberá ao intérprete conduzir-se pela finalidade abstrata da norma e pela sistemática própria desse ramo do Direito. Isso evitará, ao menos, que o processo seja abstrata e previamente afastado, devido a uma rigidez normativa imprópria.

Concluímos, portanto, que ambas as espécie de atos impõem a preexistência de processo administrativo, ainda que a diferença propulsora de cada uma acabe por conformar a especificidade de seu conteúdo, dotando-o de características similares e distintas a serem reveladas em ritos ou interpretações próprias.

3.5 O dever de motivar

Outra diferença reside no dever de motivação dos atos administrativos, que, segundo alguns entendimentos, ficaria adstrito aos atos restritivos. No entanto, conforme restará configurado, o princípio da motivação incide indiscriminadamente sobre os atos vantajosos e desfavoráveis aos administrados, não obstante existirem diferenças na amplitude e intensidade da sua exposição.

O dever de motivar aplicado aos atos administrativos, derivando diretamente do texto constitucional, tem raiz nos fundamentos de constituição do Estado Democrático de Direito. O controle da atuação estatal está diretamente vinculado às informações que os administrados detêm sobre as atividades executadas.

A averiguação do exercício da função administrativa somente é viabilizada a partir da adequada exposição dos fundamentos jurídicos e fáticos que conduziram o Poder Público. A constatação do respeito à legislação e à vontade funcional está diretamente vinculada ao cumprimento desse dever.

Em suma, o dever de motivação, como direito político dos cidadãos, permite ao Poder Público o "esclarecimento do 'porquê' das ações que gerem negócios que lhes dizem respeito por serem titulares últimos do poder".[69]

Além disso, ocorrida a motivação, são reveladas as razões pelas quais os atos administrativos poderão ser judicialmente sindicáveis, materializando-se em instrumento de proteção dos indivíduos em face das decisões estatais arbitrárias.

Complementa o pensamento Agustín Gordillo:

"O conceito moderno de autoridade já não se contenta com a mera ordem e requer a explicação, que por sua vez é condição de necessário consenso social, determinante de sua plena efetividade. Se falta a motivação que condiciona o consenso, pode afirmar-se que falta um elemento mínimo da Democracia (...).

"Não cumpre os requisitos de uma motivação válida qualquer frase ou conjunto de frases sem compromisso ou de *clichê* referindo empolada ou vagamente o interesse público, as necessidades do serviço, a boa ordem da comunidade, o bem comum, ou as normas aplicáveis; nem, tampouco, uma explicação nebulosa, ininteligível etc. Mas nem sempre a jurisprudência entende assim, o que constitui uma falta de compromisso profundo com o Estado de Direito, uma destorcida e sem hierarquia falta de autopercepção de sua atribuição no sistema de freios e contrapesos."[70]

O ordenamento jurídico pátrio bem incorporou os ensinamentos postos. Todavia, ficou um pouco aquém do grau de importância ora atribuída ao princípio da motivação. Conforme verificaremos, a legislação jogou luz somente sobre os atos restritivos, permitindo a permanência, pelo menos para os mais desatentos, da ideia da dispensabilidade de motivação dos demais atos.

A Lei de Processo Administrativo Federal dispõe:

"Art. 50. Os atos administrativos deverão ser motivados, com indicação dos fatos e dos fundamentos jurídicos, quando: I – neguem, limitem ou afetem direitos ou interesses; II – imponham ou agravem deveres, encargos ou sanções; III – decidam processos administrati-

---

69. Celso Antônio Bandeira de Mello, *Curso de Direito Administrativo*, cit., 27ª ed., pp. 112 e ss.
70. Agustín Gordillo, *Tratado de Derecho Administrativo: el Acto Administrativo*. 6ª ed., vol. 3, Belo Horizonte, Del Rey, 2003, p. X-17.

vos de concurso ou seleção pública; IV – dispensem ou declarem a inexigibilidade de processo licitatório; V – decidam recursos administrativos; VI – decorram de reexame de ofício; VII – deixem de aplicar jurisprudência firmada sobre a questão ou discrepem de pareceres, laudos, propostas e relatórios oficiais; VIII – importem anulação, revogação, suspensão ou convalidação de ato administrativo.

"§ 1º. A motivação deve ser explícita, clara e congruente, podendo consistir em declaração de concordância com fundamentos de anteriores pareceres, informações, decisões ou propostas, que, neste caso, serão parte integrante do ato."

Mesmo destacando a necessidade especial de motivação dos atos restritivos de direito, o mencionado artigo não deveria ter, ao menos aparentemente, limitado tal dever,[71] pois, em respeito aos princípios democrático e republicano, e em prol da sindicabilidade dos atos administrativos, é imprescindível a motivação dos atos ampliativos.[72]

Neste ponto, constatamos que os princípios constitucionais apontados fundamentam e constituem o dever dos agentes estatais de exporem seus atos e suas razões. Os indivíduos têm direito subjetivo público de obter as devidas informações e de poder participar da atividade administrativa, no mínimo para contestá-la perante os órgãos de controle.

Especialmente para esse último aspecto, amparado no art. 5º, XXXV, da CF, somente uma adequada motivação permitirá que o destinatário do ato ou demais interessados, assim como, em último grau, toda a coletividade, possam questionar minuciosamente as razões e/ou seu conteúdo específico.

71. "Conquanto seja certo que o arrolamento em apreço abarca numerosos e importantes casos, o fato é que traz consigo restrição intolerável. Basta lembrar que em País no qual a Administração frequentemente pratica favoritismos ou liberalidades com recursos públicos a motivação é extremamente necessária em atos *ampliativos* de direitos, não contemplados na enumeração. Assim, parece-nos inconstitucional tal restrição, por afrontar um princípio básico do Estado de Direito" (Celso Antônio Bandeira de Mello, *Curso de Direito Administrativo*, cit., 27ª ed., pp. 514-515).
72. Compartilhando de mesmo entendimento, Carlos Ari Sundfeld afirma ser errônea eventual distinção dos atos administrativos como fundamento da sua não motivação, independentemente de expressa previsão legal nesse sentido, pois sua realização é garantia constitucional basilar a todos os administrados ("Motivação do ato administrativo como garantia dos administrados", *RDP* 75/118-127, São Paulo, Ed. RT, julho-setembro/1985).

Somente pelo conhecimento das razões de fato e de direito formadoras do entendimento estatal torna-se possível e viável questionar a finalidade, a proporcionalidade, a razoabilidade e propriamente a legalidade do ato emitido, seja ele ampliativo ou restritivo.[73]

O aludido controle inclusive se espraia sobre a extensão dos efeitos do ato. O destinatário poderia ter imaginado ou solicitado algo diverso, superior ou inferior ao emitido, tencionando, por isso, questionar administrativa e judicialmente a declaração jurídica emitida.

Ademais – repisamos –, os terceiros interessados ou a coletividade também estão autorizados a questionar a legalidade ou o mérito do ato emitido, tanto perante a Administração quanto perante o Poder Judiciário, observado o direito de petição,[74] sob a luz do princípio republicano.

Agustín Gordillo é explícito: "A explicação das razões pelas quais se faz algo é um elemento mínimo a exigir de uma conduta racional em um Estado de Direito: não cremos, em consequência, que a motivação seja exigível só dos atos que afetam direitos ou interesses dos administrados, resolvem recursos etc., como sustenta alguma doutrina restritiva".[75]

Em conclusão sutilmente diversa da posição desse estudo quanto ao dever irrestrito de motivação dos atos ampliativos, porém sob semelhantes premissas, assinala Vladimir da Rocha França: "A moti-

---

73. "Tendo em vista que se reconhece hoje o direito de qualquer cidadão de anular atos lesivos ao patrimônio público (CF, art. 153, § 31), mesmo que não incidam direta e negativamente sobre sua esfera jurídica, não há por que se negar nos atos positivos a obrigatoriedade da motivação. Quando se pensa, por exemplo, nas concessões de licença para instalação de indústrias poluentes, problema palpitante de direito ambiental, não se pode continuar restringindo o dever de justificar aos atos negativos" (Carlos Ari Sundfeld, "Motivação do ato administrativo como garantia dos administrados", cit., *RDP* 75/122).

74. "Se o insurgente não é parte da relação jurídica em cujo bojo foi tomada a decisão, ou não é diretamente afetado pela medida ou, em qualquer caso, se a lei não previu recurso para a hipótese específica, mas o requerente tem interesse individual ou meramente como cidadão em impugná-la, poderá dirigir-se à autoridade competente para apreciar a matéria. Trata-se de manifestação do *direito de petição*, previsto no art. 5º, XXXIV, 'a', da CF. (...)" (Celso Antônio Bandeira de Mello, *Curso de Direito Administrativo*, cit., 27ª ed., p. 148).

75. Agustín Gordillo, *Tratado de Derecho Administrativo: el Acto Administrativo*, cit., 6ª ed., vol. 3, p. X-16.

vação do ato administrativo ampliativo somente é dispensável, por conseguinte, quanto o mesmo não atingir diretamente direitos individuais, coletivos ou difusos. Nesse caso o dever de motivação nos parece manifestamente desnecessário (cf. Andrade, 1992, pp. 118-119; e Carvalho, 1993, pp. 62-63). Se, contudo, a Administração for instada a explicar os fundamentos para expedição do ato, ela deverá fazê-lo em homenagem ao art. 5º, XXXIII e XXXIV, da Lei Maior".[76]

Em conclusão, identificamos que o regime jurídico constitucional impõe o irrestrito dever de motivação dos atos administrativos, embora eventuais textos legais, ao menos expressamente, não observem essa prescrição. No entanto, reconhecemos a possibilidade de variação do alcance, extensão e nível de detalhamento exigidos para os diferentes atos.

Prossegue, agora nesse tópico, Vladimir da Rocha França: "A complexidade da motivação está diretamente relacionada com o grau de relevância que o ato administrativo assume na disciplina jurídico-administrativa da liberdade e da propriedade do cidadão (cf. Andrade, 1992, pp. 240-241). Portanto, deve ser consignado que, *quanto maior o impacto do ato administrativo na esfera de direitos individuais dos administrados, maior demanda haverá por uma fundamentação mais densa desse ato jurídico*".[77]

A diferença apontada deriva diretamente da própria razão de existir do direito administrativo, ou seja, da proteção dos administrados. Por essa razão, segundo o art. 5º, LIV, da CF, ninguém será desprovido de bens e direitos (objeto dos atos restritivos) sem o devido processo legal; bem como, conforme prescreve o inciso seguinte (art. 5º, LV), aos litigantes em processo administrativo são assegurados a ampla defesa e o contraditório, com os meios e recursos a eles inerentes.

No entanto, esses dispositivos apenas terão eficácia material caso o administrado tenha o efetivo conhecimento da realidade e das razões motivadoras da ação do Poder Público. Temos por certo, portanto, que a motivação dos atos restritivos, independentemente de sua natureza e alcance, deverá ser completa e irrestrita, expondo todos os fundamentos fáticos e jurídicos que escoraram a conduta administrativa.

---

76. Vladimir da Rocha França, "Considerações sobre o dever de motivação dos atos administrativos ampliativos", *RTDP* 46/84, São Paulo, Malheiros Editores, 2004.
77. Idem, p. 75.

Por outro lado, não significa dizer que os atos administrativos ampliativos implicam motivação incipiente ou vazia. De maneira alguma o Direito admite a conduta administrativa aquém de seu dever, praticada de maneira a apenas ludibriar o administrado.

Com o fito de contribuir com um limite mínimo que a motivação dos atos favoráveis deverá respeitar, sugerimos a exposição clara e sintética do antecedente de fato (suporte fático), de direito (hipótese normativa) e seu consequente, como resultante da subsunção jurídica realizada, além das devidas razões de mérito.

Respeitados os aludidos postulados, será dado cumprimento ao princípio da motivação e, por via reflexa, às razões constitucionais mais valiosas do Estado Democrático de Direito.

3.6 O dever de ciência inequívoca do destinatário

Muito se debate acerca do momento em que o ato administrativo se torna inteiramente apto a produzir seus efeitos, ou seja, completa seu ciclo de perfeição. Indaga-se: qual é a fase procedimental precedente à produção dos efeitos sobre o administrado?

Para responder à dúvida posta, a doutrina, exclusivamente focada nos atos restritivos, dividiu-se em duas grandes correntes. Cada vertente inclinava-se por um distinto momento como representativo do término da formação do ato e da imediata geração de seus efeitos.

Parcela menor da doutrina sustentava que o ato administrativo estaria apto a produzir seus efeitos jurídicos próprios com a assinatura da autoridade competente (teoria da assinatura).[78]

De outro lado, majoritário grupo de juristas reconhecia tal aptidão somente após a devida publicação da declaração estatal (teoria da publicidade).[79] Consideravam imprescindível a declaração estatal ser de conhecimento externo à Administração para, enfim, ter aptidão jurídica para gerar efeitos sobre a esfera de direitos dos administrados.

---

78. Para aprofundamento, v.: Jean Rivero, *Direito Administrativo*, trad. de Rogério Ehrhardt Soares, Coimbra, Livraria Almedina, 1981, pp. 106 e ss.

79. Doutrina hoje predominante, era liderada por Michael D. Stassinopoulos (*Traité des Actes Administratifs*, Paris, Librairie Générale de Droit et de Jurisprudence/LGDJ, 1973, pp. 222 e ss.).

No entanto, a atualidade fática impõe que a esse debate sejam agregados novos e importantes elementos. Visando à completude da discussão, cremos que atualmente deverá ser tomada em consideração a distinção da espécie e da natureza dos efeitos gerados, se agressivos ou favoráveis aos seus destinatários finais.

Isso se dá porque, dependendo da natureza do ato, o debate terá de voltar-se ao tema do dever de proteção dos particulares em face dos atos restritivos.[80] A mera publicidade não mais se apresenta como suficiente à garantia do devido processo, da ampla defesa e do contraditório, que condicionam a eficácia da declaração jurídica restritiva à ciência efetiva do destinatário final.

A publicação oficial pela imprensa ou nos locais físicos da Administração tornou-se insuficiente, haja vista a grande importância conferida ao direito do destinatário de se defender dos atos que lhe são desfavoráveis.

Coube ao Direito estabelecer novos meios pelos quais fosse *garantida ao destinatário a ciência inequívoca da declaração jurídica gravosa*. Desse modo, somente após a utilização desses meios de comunicação é que tais efeitos seriam deflagrados. No mais, sua inocorrência ou a detecção de algum defeito teriam o condão de macular a atuação estatal, gerando sua invalidade com efeitos *ex tunc*.

A fim de corroborar o alegado, apresentamos algumas normas de processo administrativo vinculantes do exercício da função administrativa.

A Lei 9.784/1999, em seus arts. 26 e 28,[81] estabelece que os atos do processo que resultem para o interessado em imposição de deveres,

---

80. Juan Carlos Cassagne prescreve: "A necessidade de que todo ato administrativo seja conhecido pelo destinatário, naquilo que afetar direitos subjetivos ou interesses legítimos, fez nascer a exigência da publicidade como garantia jurídica para a proteção dos administrados, garantindo a certeza e estabilidade das relações jurídicas" (*Derecho Administrativo*, cit., 8ª ed., vol. 2, p. 206).

81. Lei federal 9.784/1999:
"Art. 26. O órgão competente perante o qual tramita o processo administrativo determinará a intimação do interessado para ciência de decisão ou a efetivação de diligências.
"§ 1º. A intimação deverá conter: I – identificação do intimado e nome do órgão ou entidade administrativa; II – finalidade da intimação; III – data, hora e local em que deve comparecer; IV – se o intimado deve comparecer pessoalmente, ou fazer-se

ônus, sanções ou restrição ao exercício de direitos e atividades e os atos de outra natureza, de seu interesse, *devem ser objeto de intimação*, que poderá ser efetuada por ciência no processo, por via postal com aviso de recebimento, por telegrama ou outro meio que assegure a certeza da ciência do interessado (art. 26, § 3º).

A Lei de Processo Administrativo paulista 10.177/1999 também segue por essa trilha. Dispõe, em seu art. 17,[82] que a regra prevalecente é a da publicação dos atos no *Diário Oficial do Estado*, salvo quando for o caso em que tenha que haver a segurança da comunicação da parte, devendo ela ocorrer via citação, notificação ou intimação do interessado.

Em outras palavras, a mera publicação não ocorrerá nos casos em que o ato emitido possa ser classificado como restritivo de direitos, em regra (i) nos processos sancionatórios (arts. 34, III, e 62 e ss.), (ii) nos processos de invalidação (arts. 34, III, e 55 e ss.), (iii) nos casos em que o indeferimento incida sobre processos que possam gerar a ampliação da esfera jurídica do administrado (arts. 55, II, 78, 83 etc.).

O Direito alienígena[83] segue entendimento semelhante. O debate é de fácil visualização no sistema jurídico dos Países ibéricos, cujos

---

representar; V – informação da continuidade do processo independentemente do seu comparecimento; VI – indicação dos fatos e fundamentos legais pertinentes.

"§ 2º. A intimação observará a antecedência mínima de 3 (três) dias úteis quanto à data de comparecimento.

"§ 3º. A intimação pode ser efetuada por ciência no processo, por via postal com aviso de recebimento, por telegrama ou outro meio que assegure a certeza da ciência do interessado.

"§ 4º. No caso de interessados indeterminados, desconhecidos ou com domicílio indefinido, a intimação deve ser efetuada por meio de publicação oficial.

"§ 5º. As intimações serão nulas quando feitas sem observância das prescrições legais, mas o comparecimento do administrado supre sua falta ou irregularidade.

"(...).

"Art. 28. Devem ser objeto de intimação os atos do processo que resultem para o interessado em imposição de deveres, ônus, sanções ou restrição ao exercício de direitos e atividades e os atos de outra natureza, de seu interesse."

82. Lei paulista 10.177/1999: "Art. 17. Salvo norma expressa em contrário, a publicidade dos atos administrativos consistirá em sua publicação no *Diário Oficial do Estado*, ou, quando for o caso, na citação, notificação ou intimação do interessado".

83. A legislação argentina tem como regra que os atos administrativos de alcance individual deverão ser notificados aos seus destinatários, enquanto a publicação restaria para os regulamentos e atos gerais. Contudo, conforme grafa Juan Carlos Cassagne, é comum a publicação também dos atos individuais, independentemente de ocorrida a notificação (*Derecho Administrativo*, cit., 8ª ed., vol. 2, pp. 207-209).

resultados, como no Brasil, materializaram-se em disposições normativas específicas.

Diogo Freitas do Amaral, ao discorrer sobre o Código de Procedimento Administrativo português, assim afirma: "O art. 132º do CPA dispõe genericamente sobre a eficácia dos atos constitutivos de deveres e encargos. Estes actos, que impõem a alguém uma determinada conduta ou a sujeição a determinados efeitos jurídicos, carecem de ser notificados aos seus destinatários para produzirem efeitos. O regime impõe-se porque o cumprimento voluntário desses deveres ou encargos não é logicamente exigível sem o conhecimento dos mesmos. Por outro lado, a prévia notificação constitui um meio de protecção dos particulares, que poderão recorrer aos meios preventivos para suster a execução do acto".[84]

No Direito Espanhol bem ensinam Eduardo García de Enterría e Tomás-Ramón Fernández:

"A regra geral da eficácia imediata dos atos administrativos admite exceções, segundo a lei.

"(...).

"O art. 58.1-LPC dispõe em caráter geral que 'se notificarão aos interessados as resoluções e atos administrativos que afetem seus direitos ou interesses'."[85]

E prosseguem:

"Deve-se advertir, finalmente, que o rigoroso sistema descrito está configurado pela lei como uma garantia do administrado exclusivamente, e deve ser, em consequência, interpretado e aplicado dessa perspectiva.

"A falta de notificação (ou de publicação, em seus casos) impede a eficácia do ato quando ele é suscetível de produzir um prejuízo ao seu destinatário, mas não em caso contrário. A observação, ainda que óbvia, não é, nem muito menos, desnecessária, pois não faltam situações em que a Administração tem tentado se prevalecer da falta de notificação (isto é, de seu próprio não cumprimento do mandato legal

---

84. Diogo Freitas do Amaral, *Curso de Direito Administrativo*, cit., vol. 2, pp. 371-372.

85. Eduardo García de Enterría e Tomás-Ramón Fernández, *Curso de Derecho Administrativo*, cit., 13ª ed., vol. 1, pp. 584-585.

que a obriga a notificar os interessados das resoluções que afetem a seus direitos ou interesses no prazo máximo de 10 dias: se notificarem, disse o art. 58.1-LPC) para bloquear, reprovar ou, inclusive, retificar, em prejuízo do interessado, os naturais efeitos do ato por ela adotado."[86]

Noutra face, em relação aos atos administrativos ampliativos a formalidade da notificação não figura como elemento essencial à emanação dos seus efeitos. Essa afirmação decorre da lógica do sistema e, principalmente, dos efeitos que provoca.

Sendo favorável ao destinatário, a mera publicação do ato dá início à sua eficácia. Ainda que o interessado não tenha conhecimento imediato do ato, o Poder Público restará imediatamente vinculado à sua declaração e, juntamente com os demais terceiros, proibido de infringir suas disposições.

Como exemplo podemos destacar os atos ampliativos nos quais a aceitação do destinatário deverá preceder a produção de seus efeitos. Mesmo antes de sua aprovação pelo particular, sua mera veiculação ou publicação condiciona o Poder Público àquela conduta, gerando o direito subjetivo de respeito à situação jurídica configurada.

Tudo isso demarcou mais uma distinção de regime relativa à espécie de ato aqui estudada, propriamente quanto ao momento de início da produção de seus efeitos. É certo que, novamente, a diferenciação do regime decorre especialmente do dever da Administração de proteger os administrados.

Este tópico encerra a breve exposição proposta de algumas das diferenças existentes entre os atos ampliativos e restritivos.

Com isso, vem à luz a importância de ingressarmos no efetivo objeto deste estudo, revelando, enfim, o regime próprio de retirada (exclusivamente a invalidação e a revogação) incidente sobre a espécie dos atos ampliativos de direitos, uma vez que – nas palavras de Ramón Parada – "são atos fáceis de ditar, mas difíceis de anular ou revogar".[87]

Ao longo dos próximos capítulos serão delineados os principais aspectos da revogação e da invalidação incidentes sobre os atos admi-

---

86. Idem, p. 589.
87. Ramón Parada, *Derecho Administrativo: Parte General*, cit., 15ª ed., vol. 1, p. 108.

nistrativos ampliativos. Portanto, por opção epistemológica, outras formas de extinção não serão analisadas.

Alertamos desde já, em respeito à natureza do trabalho científico-dogmático, que toda construção a ser feita assim como as eventuais conclusões alcançadas estarão pautadas pelo sistema jurídico pátrio, especialmente pelo regime jurídico-administrativo. Almejamos que os resultados desta investigação reflitam a realidade jurídica brasileira, e não qualquer outra, que não nos pertença.

Apontamos, ainda, que o texto não será pautado por um constante comparativo entre os atos ampliativos e restritivos, mas será desenvolvido exclusivamente à luz do regime jurídico incidente sobre os primeiros. No entanto, manteremos reservada a possibilidade de serem reveladas determinadas circunstâncias cuja distinção seja evidente ou de repercussão deveras importante à investigação, na tentativa de ser evitada qualquer incompletude do estudo.

4
REVOGAÇÃO E INVALIDAÇÃO: PRESSUPOSTOS DE VALIDADE

4.1 A imposição do processo administrativo para revogação e invalidação dos atos administrativos ampliativos. 4.2 O dever de motivação dos atos administrativos de revogação e invalidação. 4.3 Respeito ao princípio da boa administração. 4.4 Respeito ao princípio da segurança jurídica: 4.4.1 Faceta objetiva: direito adquirido – 4.4.2 Faceta subjetiva: princípio de proteção à confiança – 4.4.3 Faceta subjetiva: princípio da boa-fé.

Este capítulo tem por objetivo descrever, pontual e sinteticamente, alguns pressupostos dessas duas formas de retirada do ato administrativo ampliativo.

Serão apontadas normas, etapas e realidades jurídicas de cumprimento inafastável pelo Poder Público nas situações fáticas em que o direito do administrado se encontra sob a ameaça da atuação coercitiva da Administração.

Este tópico revelará a rigidez normativa de institutos voltados quase que exclusivamente à proteção do direito dos administrados. Isso porque, por razões de ordem lógica, temos clara a natureza restritiva dos atos administrativos que efetivam a retirada de atos considerados ampliativos, conforme a noção já posta.

Nesses casos, a mera inobservância ou o frontal descumprimento dos pressupostos abaixo alinhavados terão o fito de macular a revogação ou a invalidação de um ato ampliativo, autorizando, com isso, a invalidação administrativa ou judicial desse segundo ato.

Por isso, o administrado ou o administrador público deverão, antes de analisar propriamente o específico ato de retirada, atentar para o cumprimento desses pressupostos, exigindo a perfeita sobreposição das regras jurídicas a essa realidade. Acreditamos, no entanto, que essas normas poderão incidir de maneira distinta, em decorrência de eventual especificidade do suporte fático.

No tocante às regras a incidência será imediata e irrestrita, por exemplo, quanto ao dever de respeito ao devido processo administrativo e ao de motivação dos atos pelo Poder Público. Relativamente aos princípios – em destaque os da boa administração e da segurança jurídica –, a incidência, mesmo que constante, variará em linha com a circunstância fática, podendo ser irrestrita, determinando a conduta do agente público, ou apenas a irradiando, como postulado a ser considerado na realização de toda e qualquer revogação e invalidação.

Finalmente, resta frisar que a eleição de temas realizada não resulta no afastamento ou opina pela não aplicação de outras normas jurídicas que poderão incidir sobre a revogação ou a invalidação dos atos ampliativos. Esta exposição apenas vislumbra assinalar certas realidades jurídicas, porém não todas, prevalecentes sobre o tema em estudo.

4.1 A imposição do processo administrativo para revogação e invalidação dos atos administrativos ampliativos

O tema ora debatido foi objeto de considerações no capítulo antecedente, razão pela qual será retomado apenas sob o exclusivo prisma de instrumento para proteção dos administrados.

O enfoque eleito, conforme menção feita, é a grande fonte e o maior sustentáculo do ideal da procedimentalização da Administração Pública, posto sua concepção ter sido impulsionada pela atuação coercitiva do Estado, marca dominante de um passado próximo, resgatado neste estudo.

Essa retomada decorre da constatação de que a ação revogatória ou invalidante dos atos ampliativos materializa a produção de atos redutores da esfera jurídica de seus destinatários.[1] Nessas circunstân-

---

1. Mônica Martins Toscano Simões afirma que o procedimento administrativo invalidador tanto poderá ser ampliativo quanto restritivo, dependendo do resultado produzido pela invalidação sobre a esfera jurídica dos administrados (*O Processo*

cias, o processo administrativo antecedente materializa-se em meio de proteção do indivíduo e de controle da atividade estatal.

Do texto constitucional deriva a firmeza do exposto. Sob o manto da imutabilidade[2] de seu conteúdo garantista, a CF de 1988 cravou, no inciso LIV do art. 5º, a imposição do devido processo legal sempre que possa ocorrer restrição à liberdade ou propriedade do indivíduo. Ademais, no inciso seguinte (inciso LV do art. 5º) foi prescrito o dever de respeito à ampla defesa e ao contraditório em todos os processos administrativos litigiosos.[3]

Portanto, muito além de construções doutrinárias ou jurisprudenciais, a fonte normativa primeira do ordenamento pátrio impõe dever de respeito ao devido processo administrativo, garantidos a ampla defesa e o contraditório, nas circunstâncias cuja pauta seja, mesmo que mínima, a restrição do patrimônio jurídico do administrado.

Como síntese desta passagem, formulamos uma primeira conclusão: previamente à ocorrência da revogação ou da invalidação de um ato administrativo ampliativo o Poder Público tem o dever constitucional de instaurar processo administrativo que garanta a efetiva participação do destinatário ou demais terceiros interessados, permitindo o amplo debate e expondo a real conjuntura fática e jurídica condutora de sua atividade.

A respeito pronuncia-se Daniele Coutinho Talamini: "A Constituição Federal determina que ninguém será privado de seus bens sem o devido processo legal. Desta forma, é inevitável a afirmação de que todo ato que venha a atingir a esfera jurídica do administrado deve ser antecedido do devido processo legal, incluindo-se aí, entre outros direitos, o do contraditório e da ampla defesa. Parecem ser hipóteses de instauração obrigatória de processo pela Administração determinadas

Administrativo e a Invalidação dos Atos Viciados, São Paulo, Malheiros Editores, 2004, p. 53).

2. Interpretação do art. 60 da CF: "§ 4º. Não será objeto de deliberação a proposta de emenda tendente a abolir: (...) IV – os direitos e garantias individuais".

3. "Entende-se 'litígio' por: 1. Questão judicial. 2. Discussão formada em juízo. 3. Controvérsia. 4. Contestação. 5. Causa. 6. Conflito de interesses onde há pretensão de uma das partes processuais e resistência de outra" (Maria Helena Diniz, *Dicionário Jurídico*, 2ª ed., São Paulo, Saraiva, 2005, p. 168).

situações que a lei prevê como sendo a motivação obrigatória. Seriam elas: (a) atos que neguem, limitem ou afetem direitos ou interesses; (b) atos que imponham ou agravem deveres, encargos ou sanções; (c) atos que importem anulação, revogação, suspensão ou convalidação de outros atos administrativos (art. 50, I, II e VIII, da Lei federal 9.784/1999)".[4]

Em monografia específica sobre o tema do processo de invalidação, Mônica Martins Toscano Simões conclui: "A invalidação de atos administrativos viciados pela Administração Pública não deve ser pronunciada sem observância do devido processo legal, sob pena de ofensa frontal ao sistema constitucional brasileiro. Com efeito, a autotutela administrativa (Súmula 473 do STF e art. 53 da Lei 9.784/1999) deve ser compreendida na sua devida extensão. Se é verdade que a Administração tem o dever de autotutela, não menos verdadeiro é o fato de que o exercício de tal dever esbarra em limites, quais sejam: formal (resguardo do devido processo legal, mediante instauração de procedimento administrativo invalidador), material (rígida observância, ao longo da tramitação do procedimento administrativo invalidador, da principiologia administrativa e das regras jurídicas pertinentes) e temporal (decadência do 'direito' de invalidar)".[5]

A jurisprudência pátria caminha de maneira convergente ao entendimento delineado pela doutrina.

O STF, em sede de recurso extraordinário, decidiu declarar indevida a anulação de ato administrativo por não ter havido oportunidade para os administrados exercerem a ampla defesa e o contraditório.[6]

---

4. Daniele Coutinho Talamini, *Revogação do Ato Administrativo*, São Paulo, Malheiros Editores, 2002, p. 225.

5. Mônica Martins Toscano Simões, *O Processo Administrativo e a Invalidação dos Atos Viciados*, cit., p. 200.

6. "Ato administrativo – Repercussões – Presunção de legitimidade – Situação constituída – Interesses contrapostos – Anulação – Contraditório. *'Tratando-se da anulação de ato administrativo cuja formalização haja repercutido no campo de interesses individuais, a anulação não prescinde da observância do contraditório, ou seja, da instauração de processo administrativo que enseje a audição daqueles que terão modificada situação já alcançada'* (...)" (STF, RE 158.543-9-RS, rel. Min. Marco Aurélio – grifos nossos).

Esse posicionamento da Corte Suprema foi e é importante para mudança de um hábito estatal comumente transgressor, tendo sido, por isso, reiterado no tempo.[7]

O STJ foi além, ao dispor que: "(...) O poder de a Administração Pública anular seus próprios atos não é absoluto, sob pena de malferir, como na hipótese, os princípios da ampla defesa e do devido processo legal (...) por isso inválido de pleno direito o ato que anula outro sem preceder ao processo administrativo exigido como condição para que o servidor estável possa perder o cargo (...)".[8]

O tema da revogação acompanha e ratifica as razões justificadoras de imposição do processo administrativo. Objetiva, por meio da prefixação de um rito próprio, viabilizar meios adequados à plena participação do interessado previamente à sua decisão impositiva.

Contudo, nessa específica seara, em decorrência da marca discricionária dos motivos que autorizam sua ocorrência, ergueu-se uma

---

7. STF, AgR/RE 210.916-RS, rel. Min. Néri da Silveira j. 19.3.2003 – em que se reverteu a decisão do TJRS, com privilégio da ampla defesa e do contraditório, inexistentes no processo de invalidação original. E também: "Direito administrativo – Anulação de ato administrativo cuja formalização tenha repercutido no campo de interesses individuais – Poder de autotutela da Administração Pública – Necessidade de instauração de procedimento administrativo sob o rito do devido processo legal e com obediência aos princípios do contraditório e da ampla defesa – Existência de repercussão geral" (STF, RE 594.296-MG, rel. Min. Menezes Direito, j. 13.11.2008, *DJe* 12.2.2009).

8. STJ, RMS 928-MG, *RDA* 193/136, Rio de Janeiro, julho-setembro/1993. V. também: "Recurso ordinário – Mandado de segurança – Servidor público – Invalidação de atos de enquadramento – Inobservância do contraditório e da ampla defesa – Invalidade do procedimento de anulação – Recurso provido. 1. Se ilegal [*sic*] os atos de enquadramento dos recorrentes, por se tratar de ato administrativo ampliativo, sua invalidação, repercutindo de forma negativa na esfera patrimonial do servidor, depende da instauração do devido processo administrativo. 2. É imprescindível a instauração do contraditório e observância do direito de ampla defesa para se subtrair direitos concedidos aos servidores públicos. 3. O exercício do poder de autotutela, sedimentado na Súmula n. 473 do STF, urge se dar de forma consentânea à garantia prevista no art. 5º, inciso LV, da Constituição da República de 1988, sob pena de nulidade – Precedentes. 4. Recurso provido" (STJ, 6ª Turma, RMS 13.554-RJ, rel. Min. Paulo Medina, *DJU* 5.6.2006, p. 318); "Embargos de declaração – Recurso ordinário em mandado de segurança – Invalidação pelo Poder Executivo do Estado de Santa Catarina dos atos de remoção dos recorrentes – Inobservância dos princípios do contraditório e da ampla defesa – Ilegalidade – Necessidade de instauração de processo administrativo para invalidação de ato ampliativo de direito – Recurso provido – Embargos de declaração rejeitados" (STJ, 6ª Turma, ED/RMS 12.301-SC, rel. Min. Celso Limongi, *DJe* 7.12.2009).

frágil ideia de que a mera exposição do querer estatal tornaria possível e legítima sua efetivação. Segundo essa malfadada posição, inexistiria razão lógica para a instauração de um processo administrativo e participação do destinatário na revogação, posto ser a mera materialização de uma opção administrativa.

As alegações que fundamentavam essa postura arbitrária não resistiram aos ditames constitucionais aludidos, em especial a ampla defesa e o contraditório. Ademais, sequer fizeram frente à constatação fática de que a participação do interessado pode resultar na demonstração de que a motivação estatal apresentada é insuficiente ou inadequada ao fim proposto.

Por exemplo, somente por meio do processo administrativo torna-se possível demonstrar ao Poder Público, previamente à revogação, situações jurídicas que sejam impeditivas, tal como a existência de direito adquirido.[9]

Além do exposto, grifamos que o processo é meio eficaz para analisar, verificar e controlar a atividade pública, sendo de suma relevância no tema da retirada dos atos administrativos, principalmente na revogação – que, pela historicidade da força a ela atribuída, muitas vezes serve de máscara a uma série de ilegalidades e arbitrariedades estatais (desvio de finalidade, por exemplo). Pronuncia-se, com propriedade, Daniele Coutinho Talamini: "A instauração de um processo administrativo e a observância do contraditório são medidas que conferem transparência à atuação da Administração, além de permitir que seja tomada a decisão mais acertada – o que vale inclusive para os atos de revogação. Daí por que não se pode admitir a opinião de que a revogação consiste em uma 'justiça interna', através da qual a Administração decide acerca da conveniência e oportunidade de seus próprios atos, sem necessidade de contraditório".[10]

---

9. "A necessidade do procedimento com contraditório para a revogação, todavia, pode ser explicada porque a Administração pode se deparar com questões levantadas pelo particular que sejam relativas a aspectos de conveniência e oportunidade da decisão por ela anteriormente tomada. E, quanto a este ponto, deve ser ressaltado que a arguição destas questões pelo administrado pode levar a Administração à revogação de um ato já produzido ou pode levá-la a deixar de extinguir um ato que se encontrava prestes a ser revogado" (Daniele Coutinho Talamini, *Revogação do Ato Administrativo*, cit., p. 226).

10. Daniele Coutinho Talamini, *Revogação do Ato Administrativo*, cit., p. 229.

Pelo somatório dessas razões, outra não poderia ser a postura da doutrina e do Poder Judiciário nacional, constantemente reafirmando o direito do administrado ao devido processo legal, à ampla defesa e ao contraditório também previamente à revogação dos atos administrativos.[11]

Especificamente sobre o tema estudado posicionou-se o STJ. Pela importância, transcrevemos: "Ato de ministro de Estado que revoga decisão anteriormente lançada, sem possibilitar a defesa em processo administrativo – Violação ao *due process of law*. I – Viola o princípio constitucional do devido processo legal a decisão de ministro de Estado que, em procedimento administrativo, revoga provimento por ele anteriormente deferido e surpreende o permissionário do serviço público de transporte coletivo com a extinção de direito previsto em lei (estabelecimento do ponto de apoio)".[12]

---

11. "Mandado de segurança. (...). 2. Cancelamento de pensão especial pelo Tribunal de Contas da União – Ausência de comprovação da adoção por instrumento jurídico adequado – Pensão concedida há 20 anos. 3. Direito de defesa ampliado com a Constituição de 1988 – Âmbito de proteção que contempla todos os processos, judiciais ou administrativos, e não se resume a um simples direito de manifestação no processo. 4. Direito constitucional comparado – Pretensão à tutela jurídica que envolve não só o direito de manifestação e de informação, mas também o direito de ver seus argumentos contemplados pelo órgão julgador. 5. Os princípios do contraditório e da ampla defesa, assegurados pela Constituição, aplicam-se a todos os procedimentos administrativos. 6. O exercício pleno do contraditório não se limita à garantia de alegação oportuna e eficaz a respeito de fatos, mas implica a possibilidade de ser ouvido também em matéria jurídica. 7. Aplicação do princípio da segurança jurídica, enquanto subprincípio do Estado de Direito – Possibilidade de revogação de atos administrativos que não se pode estender indefinidamente – Poder anulatório sujeito a prazo razoável – Necessidade de estabilidade das situações criadas administrativamente. 8. Distinção entre atuação administrativa que independe da audiência do interessado e decisão que, unilateralmente, cancela decisão anterior – Incidência da garantia do contraditório, da ampla defesa e do devido processo legal ao processo administrativo. 9. Princípio da confiança como elemento do princípio da segurança jurídica – Presença de um componente de ética jurídica – Aplicação nas relações jurídicas de direito público. 10. Mandado de segurança deferido para determinar a observância do princípio do contraditório e da ampla defesa (CF, art. 5º, LV)" (STF, MS 24.268-MG, rela. Min. Ellen Gracie, rel. para o acórdão Min. Gilmar Mendes, j. 5.2.2004). V. também: MS 24.927-RO, rel. Min. Cézar Peluso, *DJU* 25.8.2006; MS 24.268-MG, rel. Min. Gilmar Mendes, *DJU* 17.9.2004; RMS 24.699-DF, rel. Min. Eros Grau, *DJU* 1.7.2005; ED/RE 351.489-PR, rel. Min. Gilmar Mendes, *DJU* 9.6.2006; RE 452.721, rel. Min. Gilmar Mendes, *DJU* 3.2.2006.

12. STJ, MS 5.431-DF, rel. Min. Milton Luiz Pereira, *DJU* 17.5.1999.

Com o exposto objetivamos somente tornar assente que, por imposição constitucional, toda e qualquer invalidação ou revogação de ato administrativo ampliativo deve ser precedida de um devido processo administrativo. Essa medida permite que os destinatários dos repudiados atos restritivos manifestem amplamente suas razões de defesa, evitando-se, com isso, uma atividade estatal indevida ou desprovida de controle.[13]

Alertamos apenas para a eventualidade de alguma passagem ter transmitido a aparente e inverídica ideia de entendermos ser prescindível o processo administrativo se em pauta a retirada de atos restritivos de direitos. Tal impressão não é verdadeira e tampouco se sustenta perante o exposto no capítulo antecedente.

4.2 O dever de motivação dos atos administrativos de revogação e invalidação

O princípio da motivação impõe à Administração Pública o dever de fundamentar suas ações, indicando, de maneira clara, suficiente e séria, os fundamentos de fato e de direito que conduziram às suas decisões.

O dever de motivar está completamente entrelaçado à atividade pública, posto ser um dos pilares de sustentação, pedra fundamental[14] do Estado Democrático de Direito. É direito de todos os administrados obterem o efetivo conhecimento da verdadeira motivação daquilo que os obriga, discriminando os fundamentos das atuações que atinjam seus direitos.

A obrigatoriedade de motivação nasce da base do sistema constitucional, diretamente de seu art. 1º, II, e seu parágrafo único. Esses dispositivos indicam, respectivamente, ser a cidadania um dos fundamentos da República e o povo detentor do poder (político).

---

13. "Cabe jamais esquecer: o processo administrativo aberto, visível, participativo, é instrumento seguro de prevenção à arbitrariedade. Dele não se pode abrir mão, minimamente que seja. Até porque, se bem é certo que a função administrativa não se perfaz somente pela via do processo administrativo, inequívoco que essa é a via majoritária" (Sérgio Ferraz e Adilson Abreu Dallari, *Processo Administrativo*, 2ª ed., São Paulo, Malheiros Editores, 2007, p. 24).

14. Lúcia Valle Figueiredo, "Estado de Direito e devido processo legal", *Revista Diálogo Jurídico* 11, Salvador, Centro de Atualização Jurídica/CAJ, fevereiro/2002 (disponível em *http://www.direitopublico.com.br*, acesso em 27.3.2009).

Demais disso, a importância conferida ao dever de motivar complementa-se diretamente por direitos individuais de excelsa importância para a proteção dos administrados. Repisamos: o art. 5º da CF, em seus incisos XXXV, LIV e LV, assegura ao indivíduo socorrer-se judicialmente de qualquer lesão ou ameaça a direito, de somente ver restringidos sua liberdade e bens após um devido processo legal e, em ambos os casos, garantidos sua ampla defesa e o contraditório.

Ora, resta evidente a impossibilidade de efetivação dos direitos constitucionais alinhavados caso o ato administrativo não seja devidamente motivado. Sem a exteriorização dos fundamentos condutores da atividade administrativa não há falar em possibilidade de defesa de seu destinatário, em processamento administrativo ou, no limite, na sindicabilidade judicial.

Esse dever torna-se ainda mais evidente sempre que o conteúdo da ação administrativa residir na invalidação ou na revogação de atos favoráveis, ou seja, na produção de atos restritivos. Nessas circunstâncias a defesa dos administrados assume maior relevo, por materializar oposição e controle em face de eventuais desmandos e arbitrariedades do Poder Público.

Em suma, ao destinatário da atuação estatal agressiva insta possuir todos os meios jurídicos hábeis à sua proteção, demandando a imprescindível identificação de todas as razões motivadoras da restrição.

Essa é a prescrição contida na legislação federal. A Lei 9.784/1999 determinou expressamente, no seu art. 50, I e VIII, o dever de motivação dos atos administrativos que, respectivamente, (i) neguem, limitem ou afetem direitos ou interesses e (ii) importem anulação, revogação, suspensão ou convalidação de ato administrativo.

No ponto descrito a legislação federal cumpriu com seu desiderato constitucional. No entanto, guardemos as críticas quanto à inexistência de imposição expressa da revelação das razões de produção dos atos ampliativos.

A Lei de Processo Administrativo paulista, Lei 10.177, de 30.12.1998, segue em sentido semelhante, ditando que o processo de invalidação terá de ser instruído por *parecer do órgão jurídico* (art. 58, III), além de o *despacho final* dever estar devidamente *motivado* (art. 58, VI).

As disposições legais descritas apenas sacramentaram a posição doutrinária já assente, superando, dessa forma, qualquer debate acerca do dever de motivação dos atos restritivos, especialmente os originados da invalidação ou revogação de atos ampliativos.

De toda sorte, evitando qualquer contratempo interpretativo, adotamos irrestritamente a posição de Maria Sylvia Zanella Di Pietro: "O princípio da motivação exige que a Administração Pública indique os fundamentos de fato e de direito de suas decisões. Ele está consagrado pela doutrina e pela jurisprudência, não havendo mais espaço para as velhas doutrinas que discutiam se a sua obrigatoriedade alcançava só os atos vinculados ou só os atos discricionários, ou se estava presente em ambas as categorias. A sua obrigatoriedade se justifica em qualquer tipo de ato, porque se trata de formalidade necessária para permitir o controle da legalidade dos atos administrativos".[15]

A jurisprudência não destoa do transcrito. O STF desde 1971, fundado na Súmula 21,[16] reitera sua decisão visando a afastar o arbítrio na dispensa imotivada de servidor público,[17] independentemente da natureza vinculante ou discricionária do ato.[18]

---

15. Maria Sylvia Zanella Di Pietro, *Direito Administrativo*, 21ª ed., São Paulo, Atlas, 2008, p. 77.

16. "Servidor público em estágio probatório – Ato administrativo examinado em face de sua motivação – Exoneração fundada na conveniência do serviço – Funcionário em estágio probatório não pode ser exonerado, nem demitido, sem inquérito, ou sem as formalidades legais de apuração de sua capacidade – Súmula n. 21 – Recurso extraordinário não conhecido" (STF, 2ª Turma, RE 61.401-GB, rel. Min. Eloy da Rocha, j. 9.3.1971, *DJU* 3.11.1971).

17. Nessa mesma linha vem se manifestando o TST: "Servidor municipal celetista concursado – Demissão imotivada no curso do estágio probatório. A demissão do servidor celetista concursado no curso do estágio probatório somente é válida quando houver motivação pautada na avaliação de desempenho de que cogita o § 4º do art. 41 da Constituição Federal, pois, do contrário, a simples demissão imotivada de empregado público concursado será arbitrária e contrária ao princípio da motivação dos atos administrativos, podendo se constituir em nítido ato de império, implementando verdadeira denegação do sistema de garantias do cidadão contra o Estado, quando atua à margem do ordenamento jurídico. (...). Neste diapasão o colendo STF já firmou jurisprudência pacífica ao editar a Súmula n. 21, que dispõe: 'Funcionário em estágio probatório não pode ser exonerado, nem demitido sem inquérito ou sem as formalidades legais de apuração de sua capacidade' – Revista provida" (TST, 1ª Turma, RR 570.987/1999, rel. Juiz Vieira de Mello Filho, j. 2.4.2003, v.u., *DJU* 2.5.2003).

18. "Mandado de segurança – Anistia – Magistrado – Reversão ao serviço ativo – Pressupostos negativos do deferimento – Ato administrativo vinculado. Postas, na

O TJRJ manifestou-se propriamente acerca dos atos restritivos, razão pela qual vale consignar o julgamento: "(...) Dever de motivação dos atos administrativos restritivos de direitos. (...) – Concurso público – Reprovação em exame médico – Inaptidão para o ingresso no cargo de professora – Ato imotivado e desproporcional – Liquidez e certeza do direito invocado. Segundo a moderna doutrina administrativista, o dever de motivação da Administração está atrelado não à natureza vinculada ou discricionária do ato, mas à sua repercussão na esfera jurídica do administrado – Observância dos princípios constitucionais da publicidade e da moralidade. A presunção de legitimidade dos atos administrativos é relativa e sucumbe ante a produção de prova contrária pelo particular – Conjunto probatório coeso, que demonstra a inexistência de qualquer óbice ao exercício do cargo, a impor a prevalência do princípio da acessibilidade dos cargos públicos – Laudos médicos que concluem por alterações mínimas e reversíveis, a curto prazo, nas cordas vocais, as quais não obstam ao desempenho normal da atividade. O princípio da separação dos Poderes não impede que o Poder Judiciário afira a legalidade e a razoabilidade dos atos emanados da Administração. A discricionariedade administrativa não há de ser invocada para encobrir arbitrariedades, sob pena de abuso de poder – Reforma parcial da sentença para exclusão da condenação em custas – Recurso provido em parte".[19]

Estabelecido o dever de motivar como imposição jurídica inarredável ao Poder Público, em especial nas atuações que resultam em restrição de direitos aos administrados, resta apenas, para conclusão, sublinhar que tal fundamentação deverá apresentar-se ao menos em sintonia com o prescrito no art. 50, § 1º, da Lei federal 9.784/1999, ou seja, deverá ser "explícita, clara e congruente, podendo consistir em declaração de concordância com fundamentos de anteriores pareceres, informações, decisões ou propostas, que, neste caso, serão parte integrante do ato".

lei, as condicionantes negativas de reversão ao serviço ativo do servidor anistiado, a validade do ato administrativo indeferitório está condicionada, como requisito essencial, aos respectivos motivos determinantes, cuja existência e congruência se submetem ao controle judicial – Invalidade do ato indeferitório que não expressa a necessária motivação legal, igualmente inexistente no processo administrativo que lhe dá suporte – Mandado de segurança concedido, em parte" (STF, MS 20.274-DF, rel. Min. Rafael Mayer, m.v., *DJU* 13.8.1982).

19. TJRJ, ACi 2007.001.63776, rel. Des. Carlos Eduardo da Fonseca Passos.

Posto isso, acreditamos que a motivação apenas estará em conformidade com o sistema jurídico-administrativo se, por exemplo, preencher o conteúdo do art. 9º, *caput*, da Lei paulista 10.177/1998, ou seja, "indicar as razões que justifiquem a edição do ato, especialmente as regras de competência, os fundamentos de fato e de direito e a finalidade objetiva".

Todos os argumentos referidos repisam a razão justificadora da retomada deste tópico, neste momento. Assim, utilizando-nos das palavras de Juarez Freitas,[20] concluímos que os princípios constitucionais, para além das regras, determinam "a obrigação de o administrador público justificar, na tomada das decisões, a eleição dos pressupostos de fato e de direito"; de sorte que a motivação, sob pena de invalidade do ato administrativo, deverá ser constante em todos os atos restritivos de direitos, em especial os originados da invalidação ou revogação[21] dos ampliativos.

4.3 Respeito ao princípio da boa administração

Toda e qualquer conduta estatal nacional deve ser regida pelo princípio constitucional da boa administração pública.

Devemos ressaltar que o sistema constitucional brasileiro impõe uma série de normas regentes dos atos estatais, ganhando destaque o *caput* do artigo 37 da Lei Fundamental, que expressamente determina respeito aos princípios da legalidade, moralidade, impessoalidade, publicidade e eficiência.

Contudo, neste momento, a par dos demais postulados presentes no ordenamento jurídico, elegemos a explanação do princípio da boa administração por duas razões preponderantes: por caracterizar-se como pressuposto essencial à condução das atividades do administra-

---

20. Juarez Freitas, *Discricionariedade Administrativa e o Direito Fundamental à Boa Administração Pública*, 2ª ed., São Paulo, Malheiros Editores, 2009, pp. 9-10.
21. Prossegue, no excerto, Juarez Freitas: "(...). Assim, não se admite, por exemplo, revogar ato hígido por meio de simples alegação de conveniência ou oportunidade, pois, sobremodo se afetados direitos, impõe-se a *consistente (teleologicamente unitária) e coerente (valorativamente harmônica) justificação* do ato administrativo, sob pena de nulidade do ato revogador" (*Discricionariedade Administrativa e o Direito Fundamental à Boa Administração Pública*, cit., 2ª ed., p. 10).

dor público e por entendermos que sua construção e seu conteúdo sintetizam o dever abstrato de respeito a todas as normas do regime jurídico-administrativo.

O princípio da boa administração, textualmente presente na Carta dos Direitos Fundamentais da União Europeia,[22] em simples termos, significa o dever jurídico do Poder Público de sempre objetivar uma solução ótima para todos os seus atos, pressupondo, portanto, uma atuação válida, eficiente, moral, impessoal, adequada, proporcional etc.

Nas palavras de Juarez Freitas, o princípio da boa administração é assim conceituado: "(...) trata-se do direito fundamental à administração pública eficiente e eficaz, proporcional cumpridora de seus deveres, com transparência, motivação, imparcialidade e respeito à moralidade, à participação social e à plena responsabilidade por suas condutas omissivas e comissivas. A tal direito corresponde o dever de a administração pública observar, nas relações administrativas, a cogência da totalidade dos princípios constitucionais que a regem".[23]

Celso Antônio Bandeira de Mello, ao tratar do tema, remete à doutrina italiana, destacando ter Guido Falzone afirmado que o princípio da boa administração "(...) 'não se põe simplesmente como um dever ético ou como mera aspiração deontológica, senão como um dever atual e estritamente jurídico' (...)".[24]

---

22. "Art. 41 – 1. Todas as pessoas têm direito a que os seus assuntos sejam tratados pelas instituições e órgãos da União de forma imparcial, equitativa e num prazo razoável. 2. Este direito compreende, nomeadamente: I – o direito de qualquer pessoa a ser ouvida antes de a seu respeito ser tomada qualquer medida individual que a afecte desfavoravelmente; II – o direito de qualquer pessoa a ter acesso aos processos que se lhe refiram, no respeito dos legítimos interesses da confidencialidade e do segredo profissional e comercial; III – a obrigação, por parte da Administração, de fundamentar as suas decisões. 3. Todas as pessoas têm direito à reparação, por parte da comunidade, dos danos causados pelas suas instituições ou pelos seus agentes no exercício das respectivas funções, de acordo com os princípios gerais comuns às legislações dos Estados-membros. 4. Todas as pessoas têm a possibilidade de se dirigir às instituições da União numa das Línguas oficiais dos tratados, devendo obter uma resposta na mesma Língua."

23. Juarez Freitas, *Discricionariedade Administrativa e o Direito fundamental à Boa Administração Pública*, cit., 2ª ed., p. 22.

24. Guido Falzone, *Il Dovere di Buona Amministrazione*, Milão, Giuffrè, 1953, p. 87, *apud* Celso Antônio Bandeira de Mello, *Curso de Direito Administrativo*, 27ª ed., São Paulo, Malheiros Editores, 2010, p. 122.

A mera transcrição da noção de seu conteúdo denota sua evidente importância como princípio regente do exercício da função administrativa, assumindo caráter de direito fundamental dos administrados. Não obstante, cremos que esse princípio tem ainda maior relevância axiológica quando incidente sobre o tema ora investigado.

A importância mencionada origina-se direta e concomitantemente da propagação dos atos ampliativos de direitos. A natureza de seu conteúdo, somada à força normativa do princípio da boa administração, resulta na ampliação da importância da presunção de legitimidade, uma vez que indiscutivelmente gera no destinatário legítima confiança de que o ato foi praticado em conformidade com o Direito.

Nos campos próprios da invalidação e da revogação esse princípio incide de forma absoluta. Impõe que o agente público aja do modo mais condizente com o interesse público, considerando-se, sempre, a busca pelo meio menos gravoso ao indivíduo.

Sendo assim, cremos, sem qualquer dúvida, que o princípio da boa administração incidirá em todas as situações tratadas neste estudo, pois impende que todo ato estatal respeite as normas prescritas no sistema jurídico, proporcionando credibilidade ao indivíduo que observa e recebe as determinações públicas, não obstante também limite e norteie diretamente a prática da retirada de atos que favoreceram seus beneficiários.

4.4 Respeito ao princípio da segurança jurídica

Intrinsecamente à própria concepção de direito e de Estado de Direito, o princípio da segurança jurídica posiciona-se como categoria lógico-jurídica, atribuindo efetiva finalidade às normas que, enfim, fixarão os confins da conduta dos indivíduos na regência do convívio social.

Os seres humanos estão em constante busca por proteção em face de quaisquer atitudes que possam violar o que se compreendeu, num primeiro momento, por justiça, e agora se designa direito.

Para tanto, é constante a procura por formas e meios que possibilitem aos indivíduos identificar a amplitude de seus direitos e as bordas do direito alheio, sempre acompanhados dos meios de defesa e de preservação desses parâmetros.

Somada a isso, vislumbramos a contrariedade da natureza humana frente às constantes instabilidades, principalmente jurídicas, que repercutem diretamente no seguimento da vida.

Portanto, coube ao Direito, além de conduzir as relações intersociais, promover a previsibilidade das condutas dos indivíduos e a certeza[25] e estabilidade das situações jurídicas, tudo isso em muito traduzido como fundamento de existência do valor juridicamente rotulado como *segurança jurídica*.

Nas palavras de Celso Antônio Bandeira de Mello:

"(...) Por força do sobredito princípio cuida-se de evitar alterações surpreendentes que instabilizem a situação dos administrados e de minorar os efeitos traumáticos que resultem de novas disposições jurídicas que alcançariam situações em curso. (...).

"(...).

"Ora bem, é sabido e ressabido que a ordem jurídica corresponde a um quadro normativo proposto precisamente para que as pessoas possam se orientar, sabendo, pois, de antemão, o que devem ou o que podem fazer, tendo em vista as ulteriores consequências imputáveis a seus atos. O Direito propõe-se a ensejar uma certa estabilidade, um mínimo de certeza na regência da vida social. (...)."[26]

No mais – grifamos –, a contextualização histórica posiciona o princípio da segurança jurídica como pilar máximo de sustentação, verdadeira essência do Estado de Direito, figurando como razão de existência e objetivo de alcance das normas jurídicas.

Essa afirmação é claramente refletida no atual conteúdo atribuído à noção de *Estado de Direito*, que, nas palavras de Almiro do Couto

---

25. "A certeza jurídica, como já se disse, significa o seguro conhecimento das normas jurídicas, condição indispensável para que o homem tenha previsibilidade, podendo projetar sua vida e assim realizar plenamente seus desígnios pessoais. 'Viver é constantemente decidir o que seremos', diz, com inteira procedência, Ortega y Gasset. Nessa frase lapidar se traduz o fato de que o homem, paradoxalmente, é o que ainda não é, ou seja, radica sua existência no futuro, o qual, entretanto, é construído segundo as condições objetivas do presente. Daí, portanto, a exigência de critérios seguros e objetivos, não de aparências, para que o homem projete sua vida. No Direito, eis o que postula a certeza jurídica" (Rafael Valim, *O Princípio da Segurança Jurídica no Direito Administrativo Brasileiro*, São Paulo, Malheiros Editores, 2010, pp. 91-92).

26. Celso Antônio Bandeira de Mello, *Curso de Direito Administrativo*, cit., 27ª ed., pp. 87 e 124.

e Silva, em linha com os ensinamentos de José Joaquim Gomes Canotilho,[27] assume duplo aspecto: o formal, de controle e submissão do Poder Político às prescrições normativas; o material, assim compreendido: "No outro, o conceito de Estado de Direito compreende vários componentes, dentre os quais têm importância especial: (a) a existência de um sistema de direitos e garantias fundamentais; (b) a divisão das funções do Estado, de modo que haja razoável equilíbrio e harmonia entre elas, bem como entre os órgãos que as exercitam, a fim de que o poder estatal seja limitado e contido por 'freios e contrapesos' (*checks and balances*); (c) a legalidade da Administração Pública; e (d) a proteção da boa-fé ou da confiança (*Vertrauensschutz*) que os administrados têm na ação do Estado, quanto à sua correção e conformidade com as leis".[28]

Nosso ordenamento jurídico abarca esse princípio implicitamente na CF, em especial no art. 1º, que descreve os fundamentos da República Federativa do Brasil. Não obstante, seu ideal é revelado por meio de diversos outros preceitos que conferem e garantem direitos fundamentais aos indivíduos, em destaque o art. 5º, XXXV e XXXVI, da Lei Fundamental, não olvidado o referido princípio da legalidade, presente no art. 37, *caput*.

A legislação infraconstitucional positivou o respeito a esse princípio no art. 2º da Lei federal 9.784/1999, impondo a submissão irrestrita da Administração Federal, dentre outros, aos "princípios da legalidade, finalidade, motivação, razoabilidade, proporcionalidade, moralidade, ampla defesa, contraditório, *segurança jurídica*, interesse público e eficiência" (grifamos).

Identificamos, com isso, a finalidade da segurança jurídica de amparar os indivíduos nas mais diversas alterações advindas dos poderes constituídos, tanto na esfera legislativa quanto na administrativa, resultando, por via de consequência, num controle completo da atividade estatal.

27. José Joaquim Gomes Canotilho, *Direito Constitucional e Teoria da Constituição*, 7ª ed., 5ª reimpr., Coimbra, Livraria Almedina, 2003, pp. 243-244.
28. Almiro do Couto e Silva, "O princípio da segurança jurídica (proteção à confiança) no direito público brasileiro e o direito da Administração Pública de anular seus próprios atos administrativos: o prazo decadencial do art. 54 da Lei do Processo Administrativo da União (Lei 9.784/1999)", *Revista Eletrônica de Direito do Estado* 2/13, Salvador, Instituto de Direito Público da Bahia, abril-junho/2005 (disponível em *http://direitodoestado.com.br*, acesso em 24.3.2010).

Nessa senda, para realização de seus fins, esse princípio tem de espraiar-se por campos distintos, ramificando-se em duas principais facetas, definidas pela doutrina como *objetiva* e *subjetiva*.[29]

A faceta objetiva, encampada pelo art. 5º, XXXVI, da CF, visa a impor limite à retroatividade da legislação e dos atos do Estado, compondo-se pelos institutos do direito adquirido, do ato jurídico perfeito e da coisa julgada. Pela importância para esta investigação, o tema do direito adquirido será estudado separadamente, assim como, *a contrario sensu*, não serão pontualmente analisados o ato jurídico perfeito e a coisa julgada.

A noção subjetiva do conceito relaciona-se diretamente com indivíduos destinatários das condutas estatais, materializando-se por meio dos subprincípios da boa-fé e da proteção à confiança, ambos analisados em momento próprio.

Nessa toada, constatamos que esse princípio tem enorme realce perante o tema da retirada dos atos administrativos, seja por interesse público ou legalidade, porque, em contrariedade ao preceito axiológico em destaque, o ato administrativo de revogação ou de invalidação afronta, em último grau, uma situação jurídica favorável constituída; atinge frontalmente o indivíduo e, provavelmente, põe-se em confronto com os institutos do direito adquirido, da proteção à confiança e da boa-fé.

A fim de elucidar o exposto, poderíamos reduzir o que se crê sobre o instituto da segurança jurídica à afirmação apropriada de Cel-

---

29. "A segurança jurídica é entendida como sendo um conceito ou um princípio jurídico que se ramifica em duas partes, uma de natureza objetiva e outra de natureza subjetiva. A primeira, de natureza objetiva, é aquela que envolve a questão dos limites à retroatividade dos atos do Estado até mesmo quando estes se qualifiquem como atos legislativos. Diz respeito, portanto, à proteção ao direito adquirido, ao ato jurídico perfeito e à coisa julgada. Diferentemente do que acontece em outros Países cujos ordenamentos jurídicos frequentemente têm servido de inspiração ao Direito Brasileiro, tal proteção está há muito incorporada à nossa tradição constitucional e dela expressamente cogita a Constituição de 1988, no art. 5º, inciso XXVI. A outra, de natureza subjetiva, concerne à proteção à confiança das pessoas no pertinente aos atos, procedimentos e condutas do Estado, nos mais diferentes aspectos de sua atuação" (Almiro do Couto e Silva, "O princípio da segurança jurídica (proteção à confiança) no direito público brasileiro e o direito da Administração Pública de anular seus próprios atos administrativos: o prazo decadencial do art. 54 da Lei do Processo Administrativo da União (Lei 9.784/1999)", cit., *Revista Eletrônica de Direito do Estado* 2/3-4 (disponível em *http://direitodoestado.com.br*, acesso em 24.3.2010).

so Antônio Bandeira de Mello: "(...) se acaso não é o maior de todos os princípios gerais do Direito, como acreditamos que efetivamente o seja, por certo é um dos maiores dentre eles. (...)".[30]

Revelada a importante finalidade abstrata desse *superprincípio*, cremos ser imprescindível a esta dissertação uma análise detalhada de suas facetas formadoras.

4.4.1 Faceta objetiva: direito adquirido

Muitas são as teorias e as acepções atribuídas ao instituto do direito adquirido, motivo pelo qual se torna inviável pretender expô-las e analisá-las, em vista dos fins propostos nesta dissertação. Pretendemos apenas identificar dentre as teorias, e sobretudo sob o ordenamento posto, o conteúdo e o alcance operativo do instituto, considerado como uma das facetas objetivas do princípio da segurança jurídica.

A figura do direito adquirido surgiu e relaciona-se predominantemente com o tema do direito intertemporal; melhor definindo, com a aplicação e a eficácia da norma jurídica no tempo.

Repercute nos atos administrativos, impedindo que as declarações estatais produtoras de efeitos jurídicos, independentemente do interesse público que as fundamente, descumpram ou aniquilem a proteção jurídica dos indivíduos.

Esse instituto tem *status* constitucional,[31] mais propriamente de direito fundamental pétreo – não passível, portanto, independentemente do fundamento, de ser suplantado por qualquer autoridade, inclusive pelo poder constituinte reformador, conforme se observa dos ditames contidos no art. 5º, XXXVI, cumulado com o art. 60, § 4º, IV, da CF.

Objetiva atribuir certeza e estabilidade ao futuro de situações jurídicas constituídas, ou seja, proteger relações que se formaram no

---

30. Celso Antônio Bandeira de Mello, *Curso de Direito Administrativo*, cit., 27ª ed., p. 87.
31. Nas palavras de Odete Medauar: "(...) a fórmula do direito adquirido, consagrada constitucionalmente, é elemento de tradição jurídica brasileira e tem conteúdo definido em lei. Direito adquirido traz à mente, de imediato, a ideia de 'elemento definitivo do ordenamento jurídico passado', cuja preservação se impõe, em nome da segurança jurídica e da certeza das relações jurídicas" (*Da Retroatividade do Ato Administrativo*, São Paulo, Max Limonad, 1986, p. 130).

passado e cujos efeitos se irradiam no presente e no futuro. Nas palavras de Celso Antônio Bandeira de Mello:

"Entende-se adquirido o direito, consolidado, quando o direito derivado da disposição legal concessiva não tenha outra razão de ser, outra significação lógica, outro conteúdo racional, senão exata e precisamente perlongar-se no tempo, cristalizadamente, pois o dispositivo legal atributivo do direito perderia sentido se não fosse para este fim.

"(...).

"Há leis, como há atos, que delineiam efeitos cujo sentido é a sua projeção no futuro, por ser esta a própria maneira de se expressarem."[32]

Entendemos, assim, que a aquisição do direito ocorrerá sempre que houver a subsunção integral de um suficiente suporte fático a uma declaração jurídica que autorize ou constitua determinado direito, sem a presença de qualquer fragilidade (*diritto affievolito*[33]), e cujo exercício se projete para o futuro.

Francesco Gabba,[34] em sua obra sobre a teoria da retroatividade da lei, estabeleceu, em síntese, ser adquirível o direito originado por meio da incidência de norma jurídica vigente e eficaz sobre fato idôneo, independentemente, portanto, da posterior origem de novo regime constituído para regular fato jurídico semelhante. Em suma: ocorrida a incidência, o direito subjetivo originado passa a integrar o patrimônio jurídico do sujeito.

Sem qualquer pretensão de discutir o efetivo conteúdo desse instituto, adotaremos o critério formulado por Celso Antônio Bandeira de Mello.[35] Somado a ele, somente observamos ser imprescindível a verificação da inexistência de fragilidade no regime regente do direito subjetivo sob aquisição.

---

32. Celso Antônio Bandeira de Mello, *Ato Administrativo e Direitos dos Administrados*, São Paulo, Ed. RT, 1981, pp. 115-116.
33. Renato Alessi, *La Revoca degli Atti Amministrativi*, 2ª ed., Milão, Giuffrè, 1956, pp. 102 e ss.
34. Carlo Francesco Gabba, *Rettroatività delle Leggi*, 3ª ed., Turim, Unione Tipografico-Editrice Torinese/UTET, 1891, p. 191.
35. Celso Antônio Bandeira de Mello, *Ato Administrativo e Direitos dos Administrados*, cit., pp. 113-115.

No mais, pressupondo que o direito subjetivo "deve sua origem e consistência ao direito positivo objetivo",[36] cremos que os efeitos jurídicos protetivos resultantes da aquisição do direito incidem exclusivamente sobre atos jurídicos válidos, emanados em consonância com o sistema normativo.

Em síntese, para fins desta investigação, identificaremos a incidência da proteção do direito adquirido a partir da análise pontual do sentido que a norma confere ao conteúdo da declaração jurídica, a fim de constatar se o direito foi atribuído visando à futuridade, perpetuidade, consolidação (integrando o patrimônio de quem o adquiriu) ou, *a contrario sensu*, de forma transitória, apenas a título precário.

4.4.2 Faceta subjetiva: princípio de proteção à confiança

Esse instituto, ao menos sob a denominação aludida, não está positivado e, por enquanto, tem incipiente repercussão na jurisprudência pátria, apesar de ser constantemente citado pela doutrina publicista. Destoa, inclusive, da tradição constitucional brasileira acerca do prestígio atribuído à faceta objetiva do princípio da segurança jurídica.[37]

Sua origem é germânica, de meados do século passado. A nomenclatura aposta é representativa de seu conteúdo, figurando como elemento subjetivo do princípio da segurança jurídica, sob a perspectiva do administrado.

Nasceu através de construção jurisprudencial. A primeira menção data de 1956, feita pelo Superior Tribunal Administrativo de Berlim. O Tribunal Constitucional alemão fez referência a ele apenas em

---

36. Adolfo Merkl, *Teoría General del Derecho Administrativo*, Granada, Comares, 2004, p. 167.
37. "Eis o que postula o subprincípio da proteção à confiança legítima, de origem alemã e que só recentemente vem sendo incorporado, de modo consciente, na ordem jurídica brasileira. Diversamente do direito adquirido e do ato jurídico perfeito, assimilados à tradição do Direito Brasileiro e em que se cogita de relações jurídicas constituídas validamente e infensas à intromissão de quaisquer normas jurídicas, a confiança legítima ampara a confiança do indivíduo de boa-fé na ação do Estado, a qual pode se traduzir em um direito subjetivo invalidamente constituído ou em uma mera expectativa legítima gerada pelo Estado. Daí a maior abrangência deste subprincípio em relação ao direito adquirido" (Rafael Valim, *O Princípio da Segurança Jurídica no Direito Administrativo Brasileiro*, cit., p. 112).

1970, de sorte que sua positivação ocorreu logo após, em 1976, na Lei de Processo Administrativo alemã.[38]

A difusão pelo Velho Continente ocorreu por meio da jurisprudência do Tribunal de Justiça da Comunidade Europeia. A primeira utilização por essa Corte data de 13.7.1965, no "Caso 111/1963, Lemmers-Werke", amparando determinado administrado que teve violada sua confiança *legítima* (adjetivo anexado à denominação original alemã) pela atuação do Poder Público.[39]

Esse princípio, amparando-se nas razões de existir do direito, volta-se à preservação da estabilidade do indivíduo em relação à atuação da Administração Pública. Sua observância contribui com a previsibilidade e a busca da estabilidade,[40] ideais inerentes à boa atuação estatal, em oposição às indesejadas surpresas, bem como promove a manutenção do *status quo* decorrente de uma intervenção pública aparentemente legítima.

Em vista do exposto, torna-se possível verificar que sua importância surgiu e se elevou em paralelo com o crescimento da agora indissociável presença estatal na vida do administrado. Em oposição ao Estado Liberal, os administrados têm uma relação de dependência material e jurídica com o Poder Público, demonstrada pelo controle, ao menos regulamentar, exercido sobre todos os campos da experiência privada.

Para que o indivíduo possa planejar sua existência e realizar atos em prol de seu desenvolvimento, faz-se mais que imprescindível a proteção do ordenamento contra as intempéries estatais, conferindo alguma margem para a previsibilidade de seu futuro. Em último grau, visa a evitar que mudanças extraordinárias possam efetivar-se sem o

---

38. Almiro do Couto e Silva, "O princípio da segurança jurídica (proteção à confiança) no direito público brasileiro e o direito da Administração Pública de anular seus próprios atos administrativos: o prazo decadencial do art. 54 da Lei do Processo Administrativo da União (Lei 9.784/1999)", cit., *Revista Eletrônica de Direito do Estado* 2/7 e ss. (disponível em *http://direitodoestado.com.br*, acesso em 24.3.2010).

39. Jesús González Pérez, *El Principio General de la Buena Fe en el Derecho Administrativo*, 4ª ed., Madri, Civitas, 2004, p. 60.

40. "A previsibilidade é o que condiciona a ação humana. É ela que enseja projetar e iniciar, consequentemente – e não o mero sabor do acaso, do fortuito, do azar ou da fortuna –, comportamentos cujos frutos são esperáveis a médio e longo prazo. Esta é a normalidade das coisas" (Celso Antônio Bandeira de Mello, "Segurança jurídica, boa-fé e confiança legítima", *RTDP* 51-52/6, São Paulo, Malheiros Editores, 2010).

devido amparo àquele que sofreu seus influxos, contribuindo, no mínimo, com sua recomposição.[41]

O fundamento mediato dessa proteção resulta do próprio regime jurídico-administrativo. Ao prescrever que a função administrativa é norteada minimamente pelos princípios da boa administração, legalidade e moralidade, seu exercício acaba por se revestir de aparente validade, conferindo a imprescindível segurança de que os administrados necessitam.

Esses fatores fomentam indiscutivelmente a confiança legítima do administrado ao qual a atuação foi destinada. Desse modo, sob pena de abalo do próprio Estado de Direito, a crença na atuação pública é o fundamento condutor dos impedimentos jurídicos opostos a qualquer ato jurídico que a ignore ou tencione fulminá-la.

Sua força incide predominantemente sobre as alterações nos efeitos jurídicos produzidos pelos atos, nas promessas lícitas feitas pelo ente público, na alteração de regimes jurídicos diretamente ligados à vida privada – todas circunstâncias em que a confiança no futuro, construída sobre o passado, deve ser juridicamente amparada.

Porém, para que esse princípio tenha aplicação e eficácia imediata, alguns requisitos devem ser preenchidos. Evitando que seu uso seja pervertido e perpetue eventual invalidade, é imprescindível a comprovação da legítima prevalência da segurança jurídica sobre eventual interesse público.

---

41. Jesús González Peréz apresenta jurisprudência do Supremo Tribunal espanhol que bem delineia a importância aludida: "(...) já tendo sido reconhecido implicitamente em S. de 28.2.1989 (art. 1.458) e reproduzido depois em sua última de janeiro de 1990 e cujo princípio, se bem foi acunhado no ordenamento jurídico da República Federal da Alemanha, tem sido assumido pela jurisprudência do Tribunal de Justiça das Comunidades Europeias, da qual a Espanha faz parte, e que consiste no princípio de proteção à confiança legítima, que tem de ser aplicado não somente quando se produza qualquer tipo de convicção psicológica no particular beneficiado, senão mais quando se baixam signos externos produzidos pela Administração suficientemente concludentes para que induzam razoavelmente a confiar na legalidade da atuação administrativa, unido a que, dada a ponderação de interesses em jogo – interesse individual e interesse geral –, a revogação ou retirada sem efeitos do ato faz crescer, no patrimônio do beneficiário que confiou razoavelmente nessa situação administrativa, prejuízos que não tem por que suportar, derivados de gastos ou inversões que só lhe podem ser restituídos com graves prejuízos ao seu patrimônio" (*El Principio General de la Buena Fe en el Derecho Administrativo*, cit., 4ª ed., pp. 61-62).

Jesús González Pérez,[42] com fundamento na jurisprudência espanhola, fixou alguns critérios cuja confirmação, a nosso ver, atestaria a veracidade do pleito e autorizaria a incidência do instituto.

Os critérios foram assim enumerados: (i) confiança do afetado de que a Administração atue corretamente; (ii) confiança do afetado de que seja lícita a conduta que mantém em sua relação com a Administração; (iii) confiança do afetado de que suas expectativas como interessado sejam razoáveis; (iv) geração, pela Administração, de signos externos que, mesmo não sendo vinculantes, orientem o cidadão a ter determinada conduta; (v) existência de ato da Administração que reconheça ou constitua situação jurídica individualizada, em cuja durabilidade é possível confiar; (vi) existência de causa idônea a provocar a confiança legítima do afetado, que não tenha sido gerada por mera negligência, ignorância ou mera tolerância da Administração; e (vii) cumprimento pelo interessado dos deveres e obrigações que, no caso, lhe foram incumbidos.

No entanto, a par de todo o exposto, não podemos imaginar que esse instituto confira amarras irrazoáveis à atividade estatal futura, sem espaços para a realização de ações públicas essenciais. Em verdade, sua função visa somente a impedir a instabilidade do particular perante qualquer Administração que venha a conduzir a vida privada sob a luz da incerteza.

Para concluir, entendemos que a legislação nacional, ao contemplar o princípio da segurança jurídica nas Leis federais 9.784/1999,[43] 9.868/1999[44] e 9.882/1999,[45] o fez no seu sentido subjetivo, amparando tanto o tema da proteção à confiança quanto – e cumulativamente – o da boa-fé, abaixo traçado.[46]

---

42. Jesús González Pérez, *El Principio General de la Buena Fe en el Derecho Administrativo*, cit., 4ª ed., pp. 69-74.
43. Lei de Processo Administrativo Federal, arts. 2º e 54.
44. Lei da Ação Declaratória de Constitucionalidade, art. 27.
45. Lei da Ação Direta de Inconstitucionalidade e Arguição por Descumprimento de Preceito Fundamental, art. 11.
46. Almiro do Couto e Silva, "O princípio da segurança jurídica (proteção à confiança) no direito público brasileiro e o direito da Administração Pública de anular seus próprios atos administrativos: o prazo decadencial do art. 54 da Lei do Processo Administrativo da União (Lei 9.784/1999)", cit., *Revista Eletrônica de Direito do Estado* 2/9 (disponível em *http://direitodoestado.com.br*, acesso em 24.3.2010).

Ademais, nessa mesma toada pronunciou-se a jurisprudência do STF, cuja menção à segurança jurídica remete ao conteúdo aqui desenvolvido, conforme se extrai de vários julgados de relatoria do Min. Gilmar Mendes.[47]

Concluímos que esse postulado é de demasiada importância no sistema jurídico contemporâneo, por constituir instrumento de defesa dos particulares em face da ampliação e da instabilidade das atividades estatais – razão pela qual tem enorme destaque nesta investigação, como revelaremos ao longo da exposição.

4.4.3 Faceta subjetiva: princípio da boa-fé

O princípio da boa-fé teve sua origem e desenvolvimento no direito privado, desde o Direito Romano. No entanto, o correr dos tempos e a evolução das relações sociais ocuparam-se de lhe atribuir caráter geral, elevando-o a princípio geral do Direito.

Com essa qualificação, sua função transcendeu qualquer microssistema, tornando-se prescrição de força múltipla, ao mesmo tempo em que exerce função interpretativa e integradora no sistema jurídico.[48] Norteia, concomitantemente, a conduta dos indivíduos em sua vida privada e a dos agentes no exercício de função pública e no relacionamento público-privado.

Para estudo do princípio da boa-fé no direito administrativo, vale estabelecer a distinção quanto ao sujeito sobre o qual ele incide, realizando a análise sob o prisma do ente público e do particular.

Contudo, antes dessa análise detalhada, cabe fixarmos uma noção desse princípio. Afirma Celso Antônio Bandeira de Mello: *"Princípio*

---

47. STF, MC 2.900-RS (*Informativo STF* 231), 24.268-MG (*Informativo STF* 343) e 22.357-DF (*DJU* 24.5.2009).
48. "Daí a especial importância em direito administrativo de um princípio que constitui causa à integração de todo o ordenamento conforme a ideia de crença e confiança. Como antes dito, o princípio pode contribuir para humanizar as relações entre administradores e administrados. E assim mesmo constituirá um decisivo instrumento para restabelecer a confiança entre esses dois mundos, que hoje nos parecem inconciliáveis" (Jesús González Pérez, *El Principio General de la Buena Fe en el Derecho Administrativo*, cit., 4ª ed., p. 116).

de lealdade e boa-fé, de acordo com o qual a Administração, em todo o transcurso do procedimento, está adstrita a agir de maneira lhana, sincera, ficando, evidentemente, interditos quaisquer procedimentos astuciosos, ardilosos, ou que, por vias transversas, concorram para entravar a exibição das razões ou direitos dos administrados".[49]

Complementa Roberto Dromi: "A boa-fé significa que o homem crê e confia que uma declaração de vontade surtirá em um caso concreto seus efeitos usuais, os mesmos efeitos que ordinária e normalmente tenha produzido em casos análogos".[50]

Não obstante as noções postas e adotadas nesta investigação, temos consciência da dificuldade de sua construção, pelo fato de esse instituto ter conteúdo indeterminado, não havendo necessariamente nenhuma categoria positivada que minore o problema.

Assim, com apoio no sistema posto, entendemos que a boa-fé será detectável pelo cumprimento da regra aparente e da finalidade interna da norma jurídica, sem, de forma alguma, ser cometida ou visada qualquer ilicitude para seu alcance ou em sua decorrência; ou seja, com atuação de forma escorreita, com lisura, sem qualquer promoção de vantagens ou privilégios indevidos ou maquiados.

Esse princípio será frontalmente inobservado caso a conduta praticada não contribua, direta ou indiretamente, para a legalidade, seja por dolo, coação, corrupção ou pela cessão de fatos e dados considerados determinantes para a obtenção de algum benefício, de outra forma inalcançável.[51]

À Administração Pública o princípio da boa-fé é vinculante no cumprimento e aplicação da legislação, pois não basta o mero cumprimento do princípio da legalidade: requer-se que a função administra-

---

49. Celso Antônio Bandeira de Mello, *Curso de Direito Administrativo*, cit., 27ª ed., p. 504.
50. Roberto Dromi, *Derecho Administrativo*, 11ª ed., Buenos Aires, Ciudad Argentina, 2006, p. 1.987.
51. Almiro do Couto e Silva, "O princípio da segurança jurídica (proteção à confiança) no direito público brasileiro e o direito da Administração Pública de anular seus próprios atos administrativos: o prazo decadencial do art. 54 da Lei do Processo Administrativo da União (Lei 9.784/1999)", cit., *Revista Eletrônica de Direito do Estado* 2/37 e ss. (disponível em *http://direitodoestado.com.br*, acesso em 24.3.2010).

tiva seja exercida de maneira leal e moral,[52] visando a atingir sempre o interesse público contido na disposição normativa.

Nas palavras de Lúcia Valle Figueiredo: "Na verdade, a boa-fé é conatural, implícita ao princípio da moralidade administrativa. Não poderá a Administração agir de má-fé e, ao mesmo tempo, estar a respeitar o princípio da moralidade. Deveras, não poderá a Administração desrespeitar a boa-fé do administrado, não lhe dar importância, ignorá-la".[53]

Em complementação ao exposto, resta dizer que esse princípio é deveras relevante para os atos administrativos. De acordo com o sentido da presunção de legitimidade, a validade e a aplicabilidade dos efeitos da declaração jurídica estatal apenas cessarão se contestados. Sendo assim, amparada pelo sistema, a atuação desprovida de boa-fé gerará consequências nefastas, até a eventual retirada do ato jurídico.

52. Mesmo não nos referindo diretamente ao princípio da moralidade administrativa, apenas inferindo este dever sob o rótulo da boa-fé pública, temos por certa e indiscutível a autonomia do instituto jurídico, desvinculado, portanto, de outras normas do sistema. Neste sentido, adotamos integralmente a doutrina de Márcio Cammarosano sobre o tema: "A Constituição de 1988, ao incorporar expressamente um princípio que designa como moralidade, no art. 37, e moralidade administrativa, no art. 5º, LXXIII, reclama da doutrina um esforço para extrair desses dispositivos um sentido que lhes dê utilidade. (...). Na mesma medida em que o próprio Direito consagra a moralidade administrativa como bem jurídico amparável por ação popular, é porque está outorgando ao cidadão legitimação ativa para provocar o controle judicial dos atos que sejam inválidos por ofensa a valores ou preceitos morais juridicizados. São esses valores ou preceitos que compõem a moralidade administrativa. A moralidade administrativa tem conteúdo jurídico porque compreende valores juridicizados, e tem sentido a expressão 'moralidade' moralidade porque os valores juridicizados foram recolhidos de outra ordem normativa do comportamento humano: a ordem moral. Os aspectos jurídicos e morais se fundem, resultando na moralidade jurídica, que é moralidade administrativa quando reportada à Administração Pública". Conclui o autor: "O princípio da moralidade administrativa está referido, assim, não diretamente à ordem moral do comportamento humano, mas a outros princípios e normas que, por sua vez, juridicizam valores morais. (...). Portanto, violar a moralidade administrativa é violar o Direito. É questão de legalidade. A só violação de preceito moral, não juridicizado, não implica invalidade do ato. A só ofensa a preceito que não consagra, explícita ou implicitamente, valores morais implica invalidade do ato, mas não imoralidade administrativa" (Márcio Cammarosano, *O Princípio Constitucional da Moralidade e o Exercício da Função Administrativa*, Belo Horizonte, Fórum, 2006, pp. 113-114).

53. Lúcia Valle Figueiredo, *Curso de Direito Administrativo*, 9ª ed., São Paulo, Malheiros Editores, 2008, p. 54.

Ganha maior relevo a imposição desse princípio na prática de atos resultantes do exercício de competência discricionária, pois nesses casos a Administração desfruta de certa margem de liberdade.[54] Perante esse espaço de ação, a rigidez do instituto impedirá que qualquer atuação nasça desprendida do dever de moralidade e, notadamente, da finalidade contida na legislação que atribuiu tal competência.

Sendo assim, o resultado da incidência dessa faceta do princípio da segurança jurídica é revelado diretamente no exercício da função administrativa, propriamente para a preservação de direitos daqueles que se relacionam com o poder estatal.

O dever de respeito à boa-fé, em sintonia com o princípio da proteção à confiança, gera certeza e estabilidade da atuação pública. Jesús González Pérez bem ilustra esse ponto: "A aplicação do princípio da boa-fé permitirá ao administrado recobrar a confiança de que a Administração não vai lhe exigir mais do que estritamente seja necessário para a realização dos fins públicos que em cada caso concreto persiga. E de que não lhe vai ser exigido no lugar, no momento nem na forma mais inadequados, em atenção às circunstâncias pessoais e sociais, e às próprias necessidades públicas. Confiança, legítima confiança de que não será imposta uma prestação quando somente superando dificuldades extraordinárias poderá ser cumprida. Nem no lugar que, razoavelmente, não caberia esperar. Nem antes que o exija o interesse público nem quando já não for concebível o exercício de prerrogativas [*potestad*] administrativas. Confiança, enfim, de que no procedimento para ditar o ato que dará lugar às relações entre a Administração e o administrado não vá ser adotada uma conduta confusa e equívoca, que mais tarde permita dar fim ou tergiversar suas obrigações. E de que os atos vão ser respeitados, se não exigida sua anulação pelo interesse público".[55]

Noutra mão, como alinhavado, não podemos olvidar que esse instituto é dever capital dos administrados. É vedado ao indivíduo, seja em relação privada e principalmente perante o Estado, agir de

---

54. Celso Antônio Bandeira de Mello, *Curso de Direito Administrativo*, cit., 27ª ed., p. 375.
55. Jesús González Pérez, *El Principio General de la Buena Fe en el Derecho Administrativo*, cit., 4ª ed., p. 116.

má-fé, visando à obtenção de vantagens e privilégios descolados da aplicação adequada da legislação. Reiteramos a posição de Jesús González Pérez: "A aplicação do princípio da boa-fé, por outra parte, resulta na confiança da Administração de que o administrado, que com ela se relaciona, vá adotar um comportamento leal na fase de constituição das relações, no exercício de seus direitos e em cumprimento de suas obrigações frente à própria Administração e frente a outros administrados. Como dito por Sainz Moreno, 'a boa-fé da Administração frente ao cidadão consiste na confiança de que este não só não vai ser desleal ao comportamento honesto da Administração, senão que tampouco vai utilizar a Administração para obter em seu benefício resoluções contrárias à boa-fé de outro cidadão'".[56]

A má-fé do administrado significa o descumprimento, de sua parte, das regras jurídicas, muitas das vezes contaminando o exercício estatal, que, crendo na postura do interessado, age equivocadamente.

Por se tratar de um dever, o ordenamento não deixou de regulamentar o descumprimento dessa norma. Sem trazer regras específicas que sancionam a conduta ilegítima do particular, podemos mencionar que a sanção imediata seria propriamente a falta da proteção conferida pela segurança jurídica, autorizando o Poder Público a rever seus atos sob longos prazos decadenciais sem qualquer ressarcimento do indivíduo.

Essa é a leitura extraída do art. 54 da Lei de Processo Administrativo Federal, repetidora da doutrina majoritária. Segundo esse dispositivo, comprovada a má-fé, pode a Administração rever seus atos no período mais longínquo do sistema normativo,[57] dificultando sobremaneira a estabilização desses ilegítimos direitos.

Pela exposição, concluímos que o princípio da boa-fé tem a função fundamental de proteção dos administrados contra a atuação da Administração, visando a preservar a certeza de que ela agirá em perfeita sintonia com a finalidade legislativa. Em contrapartida, permite que o Poder Público aguarde atitudes legítimas dos particulares frente às relações jurídicas que possam ser formadas.

56. Idem, p. 117.
57. V. Capítulo 6, item 6.5.

Com adição da correção na conduta dos indivíduos, esse princípio, como o da proteção à confiança, conduz a uma série de resultados benéficos aos destinatários da atividade pública, que serão expostos na explanação a respeito da retirada dos atos ampliativos de direitos por razões de mérito ou legalidade.

Terminada esta exposição, concluímos o tratamento dispensado aos elementos eleitos por imprescindíveis a qualquer retirada dos atos ampliativos. Permitimo-nos, assim, prosseguir com a investigação, agora ingressando especificamente na explanação das formas de retirada, sobre as quais nos propusemos a dissertar.

5
REVOGAÇÃO
DOS ATOS AMPLIATIVOS DE DIREITOS

5.1 O instituto da revogação. 5.2 O instituto da revogação no Brasil: 5.2.1 Quem pode revogar – 5.2.2 Efeitos da revogação – 5.2.3 Limites à revogação. 5.3 A revogação e os atos ampliativos: 5.3.1 A natureza do ato ampliativo: 5.3.1.1 Atos ampliativos praticados a título precário: 5.3.1.1.1 O dever de indenizar e a revogação dos atos ampliativos praticados a título precário – 5.3.1.2 Os atos ampliativos estáveis – 5.3.2 Revogação dos atos ampliativos no Direito estrangeiro: 5.3.2.1 Direito Português – 5.3.2.2 Direito Espanhol – 5.3.2.3 Direito Argentino – 5.3.3 Revogação dos atos ampliativos no Direito Brasileiro: 5.3.3.1 Regime jurídico do instituto da revogação – 5.3.3.2 A necessária manutenção do interesse público em face dos efeitos do ato ampliativo estável.

5.1 O instituto da revogação

Muitos foram os debates e diversas as posições doutrinárias defendidas ao longo do tempo nos mais diversos Países. A afirmação mais segura sobre o tema é a de que o instituto nunca foi tratado de maneira equânime.

Seu conteúdo e sua abrangência sempre variaram de acordo com o regime jurídico específico da localidade; e nos casos em que as normas próprias eram incipientes, como ocorreu no ordenamento pátrio, de acordo com a influência dos juristas.

Neste panorama, para melhor compreensão dos propósitos desta investigação, compreendemos relevante a formação de um quadro representativo dos debates que conduziram ao delineamento dos traços atuais da revogação no Direito pátrio. Acreditamos que essa constatação facilitará a compreensão de sua incidência sobre os atos ampliativos de direito.

Destacamos, por primeiro, que a própria noção atribuída ao instituto não é unívoca. Suas mais diversas concepções decorreram da aplicação de variados critérios,[1] formulados, a rigor, em vista da especificidade da legislação do local e sua formulação. Os estudiosos pressupunham – a nosso ver, corretamente – que, na falta de um conceito jurídico-positivo, a identificação de critérios funcionais, formulados com amparo no sistema posto, seria o meio mais apropriado à sua construção.

Esses critérios serão apresentados levando em conta a doutrina de Hugo Augusto Olguín Juarez,[2] em razão da importância e repercussão que tem sobre a construção realizada pelos juristas pátrios. São eles: (i) orgânico ou subjetivo; (ii) o objetivo; e (iii) moderno.

Pelo critério orgânico ou subjetivo, o parâmetro formador da noção deveria fincar-se no sujeito competente para sua execução. Nesse caso, a revogação seria compreendida como a extinção do ato administrativo realizada diretamente pela Administração, independentemente dos seus motivos.

O Direito Português adotou esse critério, conforme demonstram os arts. 138º a 146º – "Secção IV – Da Revogação do Acto Administrativo" – do Código de Procedimento Administrativo. Esse diploma estabeleceu que *revogação* é a extinção dos atos administrativos diretamente pela Administração, independentemente de seu fundamento condutor – legalidade ou mérito.

Essa posição é adotada, dentre outros, por Marcello Caetano,[3] Diogo Freitas do Amaral,[4] Marcelo Rebello de Sousa e André Salgado de Matos.[5]

---

1. Segundo o autor chileno Hugo Augusto Olguín Juarez: "O problema da conceituação do fenômeno revocatório tem sido abordado por meio de diversos critérios, os quais podem ser sintetizados da seguinte forma: (1) orgânico ou subjetivo; (2) objetivo ou casuísta; (3) superveniência; (4) lógico-jurídico italiano; moderno" (*Extinción de los Actos Administrativos: Revocación, Invalidación y Decaimiento*, Santiago do Chile, Jurídica de Chile, 1961, p. 66).

2. Hugo Augusto Olguín Juarez, *Extinción de los Actos Administrativos: Revocación, Invalidación y Decaimiento*, cit., p. 66.

3. Marcello Caetano, *Manual de Direito Administrativo*, 10ª ed., vol. 1, Coimbra, Livraria Almedina, 2005, pp. 531 e ss.

4. Diogo Freitas do Amaral, *Curso de Direito Administrativo*, vol. 2, Coimbra, Livraria Almedina, 2001, pp. 431 e ss.

5. Marcelo Rebello de Sousa e André Salgado de Matos, *Direito Administrativo Geral: Actividade Administrativa*, vol. 3, Lisboa, Dom Quixote, 2007, pp. 189 e ss.

Diz Diogo Freitas do Amaral que a revogação, que "pode basear-se na ilegalidade ou na inconveniência do ato que é seu objeto", apenas poderá ter como autor a Administração Pública, especificamente o "próprio autor do ato revogado ou órgão administrativo diferente".[6]

Semelhante é a posição adotada pela legislação argentina,[7] corroborada pela majoritária doutrina, capitaneada por Rafael Bielsa,[8] Agustín Gordillo,[9] Juan Carlos Cassagne[10] e Roberto Dromi.[11] Destacamos passagem deste último: "Distingue-se entre revogação e anulação conforme o órgão que determina a extinção. Denomina-se revogação a que se opera em sede administrativa, seja em razão de conveniência e oportunidade ou de ilegitimidade do ato. Reserva-se o termo 'anulação' para identificar a extinção do ato ilegítimo levado ao conhecimento do Poder Judiciário".[12]

O critério objetivo – segundo Olguín Juarez – tem como foco principal os motivos que conduzem à extinção do ato administrativo. Ou seja, "nesse sentido se revoga quando há eliminação de um ato por razões de mérito, e se anula quando se retira um ato por motivo de legitimidade".[13]

Portanto, joga-se luz sobre as razões de extinção, singularizando a revogação como a retirada incidente sobre um ato administrativo até então válido, embora contrário a um novel interesse público.

---

6. Diogo Freitas do Amaral, *Curso de Direito Administrativo*, cit., vol. 2, pp. 431-432.
7. Arts. 17 e 18 da *Ley Nacional de Procedimientos Administrativos* 19.549 (Juan Carlos Cassagne (dir.), *Derecho Administrativo*, 8ª ed., vol. 2, Buenos Aires, Abeledo-Perrot, 2006, p. 360).
8. Rafael Bielsa, *Derecho Administrativo*, 6ª ed., Buenos Aires, La Ley, 1964, pp. 121 e ss.
9. "(...) a revogação é a extinção pela própria Administração e anulação a extinção pela Justiça" (Agustín Gordillo, *Tratado de Derecho Administrativo: el Acto Administrativo*, 6ª ed., vol. 3, Belo Horizonte, Del Rey, 2003, p. XII-4).
10. Juan Carlos Cassagne (dir.), *Derecho Administrativo*, cit., 8ª ed., vol. 2, pp. 359 e ss.
11. Roberto Dromi, *Derecho Administrativo*, 11ª ed., Buenos Aires, Ciudad Argentina, 2006, pp. 410 e ss.
12. Idem, p. 411.
13. Hugo Augusto Olguín Juarez, *Extinción de los Actos Administrativos: Revocación, Invalidación y Decaimiento*, cit., p. 68.

Com vista aos dois critérios mencionados, a doutrina espanhola dividiu-se, não obstante a legislação[14] e a jurisprudência terem expressamente adotado o critério orgânico como base da noção constituída.[15]

Em sintonia com a legislação hispânica, Eduardo García de Enterría e Tomás Ramón-Fernández[16] afirmam que a revogação é a extinção do ato administrativo proveniente da Administração, independentemente de ser fundada em razões de ilegalidade do ato (*retirada de atos viciados*) ou promovida por motivos de oportunidade (*retirada de atos perfeitamente regulares, mas inconvenientes em um dado momento*).[17]

Destoantes são as posições de Luciano Parejo Alfonso,[18] Ramón Parada[19] e de Garrido Falla, Palomar Olmeda e Losada González.[20] Os últimos, inclusive, discordam frontalmente do critério orgânico, por crerem em sua inoperância, "até o ponto em que sua escassa virtualidade se produz cabalmente na medida em que a intervenção de um ou outro órgão coincide com o segundo critério apontado".[21]

Para esses autores, conforme ressalta Ramón Parada: "Ao contrário da anulação ou invalidação, que implica a retirada do ato em razão de ilegalidade, por ser contrário ao Direito, a revogação equivale à retirada do ato em função de razões de conveniência e oportunidade. O ato é perfeitamente legal, mas não atende mais ao interesse público, e a Administração decide torná-lo sem efeito".[22]

O critério denominado *moderno* ganha importância por representar a posição do jurista italiano Renato Alessi,[23] provedor de grandes

---

14. Arts. 102 e 103 da Lei do Regime Jurídico das Administrações Públicas e do Procedimento Administrativo Comum/LRJPAC, modificados pela *Ley* 4/1999.
15. Fernando Garrido Falla, Herminio Losada González e Alberto Palomar Olmeda, *Tratado de Derecho Administrativo*, 14ª ed., Madri, Tecnos, 2005, p. 702.
16. Eduardo García de Enterría e Tomás-Ramón Fernandéz, *Curso de Derecho Administrativo*, 13ª ed., vol. 1, Madri, Civitas, 2006, pp. 656 e ss.
17. Idem, p. 657.
18. Luciano Parejo Alfonso, *Lecciones de Derecho Administrativo*, Valência, Tirant lo Blanch, 2007, pp. 493 e ss.
19. Ramón Parada, *Derecho Administrativo: Parte General*, 15ª ed., vol. 1, Madri, Marcial Pons, 2004, pp. 202 e ss.
20. Fernando Garrido Falla, Herminio Losada González e Alberto Palomar Olmeda, *Tratado de Derecho Administrativo*, cit., 14ª ed., pp. 702 e ss.
21. Idem, p. 703.
22. Ramón Parada, *Derecho Administrativo: Parte General*, cit., 15ª ed., vol. 1, p. 202.
23. Renato Alessi, *La Revoca degli Atti Amministrativi*, 2ª ed., Milão, Giuffrè, 1956, p. 55. Essa posição é semelhante à do jurista português José Robin de Andra-

contribuições e esclarecimentos ao tema da revogação e dos efeitos por ela produzidos.

Conforme esse critério, a revogação distingue-se da anulação em relação ao objeto a ser extinto, posto que a primeira incide sobre os efeitos do ato (relação jurídica surgida), enquanto a última se volta direta e exclusivamente à retirada do ato ilegítimo.

Sob tal critério, o instituto se voltava ao implemento da alteração iminente do interesse público, razão pela qual não tinha fundamento ou força para alcançar a manifestação originalmente emitida. Por meio de uma nova declaração estatal cessariam os efeitos do ato revogado, como meio de realização do interesse público iminente.

Nesse sentido, Olguín Juarez expôs que "a revogação não atinge o ato em si, mas os efeitos dele oriundos, ou seja, a relação jurídica que surgiu do ato que se pretende revogar".[24]

O explicitado permite compreender a distinção dos motivos que fundamentaram a original aplicação dos efeitos resultantes da invalidação e da revogação. A primeira visa a alcançar diretamente o ato administrativo ilegal e todos os efeitos por ele gerados, a par da revogação, que, ao satisfazer um atual interesse público, objetiva retirar determinados efeitos agora desinteressantes.

No entanto, o critério supratranscrito, a par de sua enorme consistência lógica, não prevaleceu na doutrina italiana, não obstante servir de referência para as grandes indagações ainda hodiernamente postas.

As informações expostas contribuem para o entendimento abstrato da origem e dos fundamentos da revogação, o que autoriza o ingresso em uma análise própria do instituto, descrevendo-o sob os ditames do ordenamento brasileiro. No mais, assinalamos as divergências identificadas na doutrina estrangeira, de modo que eventual referência guar-

---

de (*A Revogação dos Actos Administrativos*, 2ª ed., Coimbra, Livraria Almedina, 1985, p. 16).

24. Hugo Augusto Olguín Juarez, *Extinción de los Actos Administrativos: Revocación, Invalidación y Decaimiento*, cit., p. 72. Segundo Renato Alessi: "Dobbiamo concludere, cioé, che se entrambi gli istituti si risolvono in una eliminazione del mondo giuridico, la differenza tra essi non sta tanto nei motivi in base ai quali questa eliminazione si produce, quanto nel suo oggetto: mentre l'annullamento elimina addirittura l'atto, *ex tunc*, la revoca ne elimina semplicemente gli effetti, *ex nunc*, in quanto modifica *ex nunc* ulteriormente il rapporto nel senso del ripristino della situazione giuridica antecedente alla emanazione del provvedimento di cui trattasi" (*La Revoca degli Atti Amministrativi*, cit., 2ª ed., p. 56).

dará estreita identidade com a noção atribuída em consonância com o regime jurídico pátrio, salvo se explicitamente exposta com ênfase em sentido diverso.

5.2 O instituto da revogação no Brasil

No Brasil a revogação apresenta-se como uma das formas de extinção provocada dos atos administrativos, figurando, portanto, como exceção ao ideal original de extinção pelo exaurimento de seu objeto, dos efeitos preestabelecidos.[25]

Por ser provocada,[26] a revogação efetiva-se exclusivamente por meio da edição de um novo ato administrativo, que – conforme assinala Antônio Carlos Cintra do Amaral – deve ser emitido pela Administração no "exercício da competência que lhe é assegurada, na falta de norma legal específica, pela regra que lhe confere, no momento da revogação, competência para produzir ato idêntico ao ato a revogar".[27]

A retirada por meio de emissão de um ato próprio posterior é característica dessa espécie de extinção. Além desse traço distintivo, outros devem ser destacados, por comporem os fundamentos propulsores e justificadores da constituição de um instituto jurídico próprio.

O debate doutrinário brasileiro, catalogador das propriedades do instituto reveladas pela doutrina estrangeira, concentrou-se sobre as mencionadas razões de origem dessa forma específica de retirada.[28] Somente após a obtenção de algum consenso no tema é que os estudos, então, se voltaram à definição do conteúdo e do alcance do instituto.

Ultrapassados todos esses embates – cuja exposição não se justifica neste estudo –, passamos diretamente à exposição acerca do conteúdo da revogação. A celeuma residia nas seguintes indagações: A

---

25. Régis Fernandes de Oliveira, *Ato Administrativo*, 5ª ed., São Paulo, Ed. RT, 2007, pp. 121-122.
26. Por essa característica, Celso Antônio Bandeira de Mello agrupa tais formas de extinção sob o rótulo de "retirada", aceito e adotado neste estudo como sinônimo de "extinção" (*Curso de Direito Administrativo*, 27ª ed., São Paulo, Malheiros Editores, 2010, p. 447).
27. Antônio Carlos Cintra do Amaral, *Teoria do Ato Administrativo*, Belo Horizonte, Fórum, 2008, p. 76.
28. Oswaldo Aranha Bandeira de Mello, *Princípios Gerais de Direito Administrativo*, 3ª ed., 2ª tir., vol. I, São Paulo, Malheiros Editores, 2010, p. 632.

revogação traduz a retirada motivada exclusivamente por razões de mérito? Deve ser considerada gênero, no qual se inclui também a retirada por razões de legalidade? Se procedente esta última afirmação, qual a diferença em relação ao instituto da invalidação?

Na esteira dessas questões, verificamos outro critério utilizado como diferencial para delimitação da noção de revogação. Definido como objetivo, conforme lição de Régis Fernandes de Oliveira,[29] concentrou o diferencial entre a revogação e a invalidação na validade ou invalidade do ato a ser retirado.

A respeito de tais indagações, Oswaldo Aranha Bandeira de Mello[30] pronunciou-se, afirmando que a revogação somente operaria sobre atos válidos; portanto, decorreria da inconveniência ou inoportunidade do ato atual.

Para o autor inexiste justificativa lógica ou jurídica para cumular no mesmo instituto jurídico duas espécies de retirada decorrentes de motivos totalmente distintos, sobretudo por observar que o Direito conferiria tratamentos diversos, em razão da especificidade do pressuposto condutor da extinção.

Nesses termos, Oswaldo Aranha Bandeira de Mello delimitou a revogação à "retirada de precedente ato administrativo pela sua inconveniência ou inoportunidade; e como *nulidade* ou *anulabilidade*, pela sua invalidade ou ilegitimidade".[31]

Miguel Reale estabeleceu, em semelhante conclusão, que os termos "revogar" e "revogação" somente seriam por ele empregados "para indicar toda forma de revisão do ato administrativo por motivo de mérito, sem envolver o problema da invalidade ou ilegitimidade".[32]

Celso Antônio Bandeira de Mello assim registrou:

"A revogação tem lugar quando uma autoridade, no exercício de competência administrativa, conclui que um dado ato ou relação jurídica não atendem ao interesse público e por isso resolve eliminá-los a fim de prover de maneira mais satisfatória as conveniências administrativas.

29. Régis Fernandes de Oliveira, *Ato Administrativo*, cit., 5ª ed., p. 126.
30. Oswaldo Aranha Bandeira de Mello, *Princípios Gerais de Direito Administrativo*, cit., 3ª ed., 2ª tir., vol. I, p. 633.
31. Idem, pp. 632-633.
32. Miguel Reale, *Revogação e Anulamento do Ato Administrativo*, 2ª ed., Rio de Janeiro, Forense, 1980, p. 31.

"Pode-se conceituá-la do seguinte modo: revogação é a extinção de um ato administrativo ou de seus efeitos por outro ato administrativo, efetuada por razões de conveniência e oportunidade, respeitando-se os efeitos precedentes."[33]

Nesse diapasão, a revogação acaba por focar-se no mérito do ato validamente emitido, traduzido costumeiramente como conveniência e oportunidade. Seguindo Daniele Coutinho Talamini, "a conveniência diz respeito ao próprio conteúdo da ação da Administração (se deve agir, e de que forma), e a oportunidade está relacionada ao momento de agir".[34]

Nos termos precisos de Odete Medauar, "vários fatores podem levar à revogação: mudança de circunstâncias, advento de novos fatos, reação contrária da população, engano inicial na *apuração* dos fatos".[35]

Segundo as diretrizes do conceito estabelecido, podemos frisar que o instituto jurídico da revogação opera somente a extinção dos atos administrativos válidos, ou seja, em função de mudança do interesse público – portanto, por razões de mérito (oportunidade e conveniência).

Nessa linha segue a majoritária doutrina pátria,[36] conforme constatamos na leitura de Ruy Cirne Lima,[37] Hely Lopes Meirelles,[38] Maria

---

33. Celso Antônio Bandeira de Mello, *Curso de Direito Administrativo*, cit., 27ª ed., pp. 448-449.
34. Daniele Coutinho Talamini, *Revogação do Ato Administrativo*, São Paulo, Malheiros Editores, 2002, p. 255.
35. Odete Medauar, *Direito Administrativo Moderno*, 8ª ed., São Paulo, Ed. RT, 2004, p. 187.
36. "Na doutrina estrangeira, alguns autores admitem dois tipos de revogação, uma por motivos de legalidade e outra por motivos de conveniência e oportunidade; na primeira, a retirada do ato tem como fundamento o vício de legalidade do ato, ao passo que nesta última o motivo seria o interesse da Administração. Não obstante, não é esse o sistema adotado pela generalidade dos estudiosos pátrios. Para vícios de legalidade o instrumento próprio de saneamento é a anulação; a revogação se destina à retirada do ato por razões eminentemente administrativas, resguardado, é claro, o direito adquirido" (José dos Santos Carvalho Filho, *Manual de Direito Administrativo*, 19ª ed., revista, ampliada e atualizada até 10.12.2007, Rio de Janeiro, Lumen Juris, 2007, p. 151).
37. Ruy Cirne Lima, *Princípios de Direito Administrativo*, 7ª ed., revista e reelaborada por Paulo Alberto Pasqualini, São Paulo, Malheiros Editores, 2007, pp. 270 e ss.
38. Hely Lopes Meirelles, *Direito Administrativo Brasileiro*, 36ª ed., São Paulo, Malheiros Editores, 2010, pp. 204 e ss.

Sylvia Zanella Di Pietro,[39] Lúcia Valle Figueiredo,[40] Odete Medauar,[41] Diógenes Gasparini,[42] José dos Santos Carvalho Filho,[43] Antônio Carlos Cintra do Amaral,[44] Régis Fernandes de Oliveira[45] e Daniele Coutinho Talamini[46] – dentre outros.

Portanto, para o cenário nacional a revogação independe e não se relaciona com a existência de qualquer ilegalidade no ato administrativo a ser retirado; ao contrário, pressupõe sua validade, requisito autorizador de sua incidência.

A partir dessa delimitação do instituto da revogação, referente à sua natureza, seu objeto e motivos, devemos buscar o tratamento atribuído pelo ordenamento jurídico a alguns temas de grande relevância para esse estudo, a saber: (i) seu sujeito ativo; (ii) seus efeitos; e (iii) os limites à revogação.

5.2.1 Quem pode revogar

A revogação materializa o exercício típico de função administrativa positiva, exercitável por todos os Poderes constituídos.

Desse modo, sob o princípio da separação de Poderes esculpido no art. 2º da CF, que prescreve a independência recíproca dos Poderes, temos por certo que a revogação apenas será válida se realizada pelo mesmo ente que editou o ato primeiro.

---

39. Maria Sylvia Zanella Di Pietro, *Direito Administrativo*, 21ª ed., São Paulo, Atlas, 2008, p. 222.
40. Lúcia Valle Figueiredo, *Curso de Direito Administrativo*, 9ª ed., São Paulo, Malheiros Editores, 2008, pp. 261 e ss.
41. Odete Medauar, *Direito Administrativo Moderno*, cit., 8ª ed., pp. 187 e ss.
42. Diógenes Gasparini, *Direito Administrativo*, 12ª ed., São Paulo, Saraiva, 2007, pp. 106 e ss.
43. José dos Santos Carvalho Filho, *Manual de Direito Administrativo*, cit., 19ª ed., pp. 151 e ss.
44. Antônio Carlos Cintra do Amaral, *Teoria do Ato Administrativo*, cit., pp. 76 e ss.
45. Régis Fernandes de Oliveira, *Ato Administrativo*, cit., 5ª ed., pp. 121 e ss.
46. Daniele Coutinho Talamini, *Revogação do Ato Administrativo*, cit., p. 41. Segundo a autora: "A doutrina nacional praticamente não diverge quando trata dos motivos da revogação – ou seja, há consenso de que a revogação, no Direito Brasileiro, é a extinção realizada pela Administração do ato administrativo legítimo, por razões de conveniência e oportunidade" (p. 45).

A Administração Pública tem atribuição exclusiva para revogar seus próprios atos. Nesses termos, é vedado ao Judiciário[47] revogar ato administrativo oriundo do Poder Executivo, restando-lhe unicamente a atribuição de invalidá-lo por razões de legalidade.

O agente estatal que revoga o ato administrativo deve ser competente para tanto. A competência, legalmente estabelecida, deve ser atual, podendo ser do mesmo órgão ou agente emitente originário ou, eventualmente, de outra autoridade designada pela legislação.[48]

Além disso, a revogação pressupõe que o ato a ser retirado tenha sido "praticado no exercício de competência discricionária"[49] ou que a legislação expressamente autorize que a situação jurídica antes fixada passe a ser regulada novamente.

A emissão de um ato vinculado, nas palavras de Sérgio Ferraz "emitido por força de dicção normativa expressa",[50] independe de qualquer aferição qualitativa por parte daquele que o emitiu. Preenchida a hipótese normativa pelo suporte fático, torna-se indiscutível o dever de sua emissão.

Realizada a competência vinculada, restaria preenchida a norma e cumprida a função administrativa. Sendo assim, inexistirá margem para cogitar de eventual e futura mudança quanto à conveniência ou oportunidade de produção do ato, hipótese impeditiva de qualquer alteração da relação jurídica firmada.[51]

---

47. O Poder Judiciário poderá revogar seus próprios atos de natureza administrativa quando emitidos no exercício de função administrativa – *v.g.*, a revogação de ato emitido por um tribunal estadual que estabelecera limitação de horário à entrada de advogados nos fóruns.
48. "No tema, questiona-se a respeito da competência do superior hierárquico de revogar ato editado por subordinado. Numa estrutura hierarquizada, de regra, o superior detém poder de modificar ou suprimir decisões dos subordinados, inclusive revogar. O desfazimento efetua-se de ofício ou em virtude de requerimento ou recurso dirigido ao superior. No entanto, se a norma conferir à autoridade subordinada competência exclusiva para editar o ato, descaberá à autoridade superior revogá-lo" (Odete Medauar, *Direito Administrativo Moderno*, cit., 8ª ed., pp. 157-158).
49. Celso Antônio Bandeira de Mello, *Curso de Direito Administrativo*, cit., 27ª ed., p. 430.
50. Sérgio Ferraz, "Extinção dos atos administrativo: algumas reflexões", *RDA* 231/54, Rio de Janeiro, janeiro-março/2003.
51. Nessa linha escreveu Maria Sylvia Zanella Di Pietro: "Nos casos em que a lei preveja impropriamente a revogação de ato vinculado, como ocorre na licença

A situação descrita apenas poderia vir a ser alterada legislativamente, com o transformar da competência dantes vinculada em discricionária, permitindo, enfim, algum juízo qualitativo na apreciação dos novos e dos anteriores atos emitidos. Contudo, sobre essa situação recairia a proteção do afirmado direito adquirido e do ato jurídico perfeito, institutos contrários à instabilidade provocada por alterações legislativas, de sorte a não incidir nas situações jurídicas já constituídas.

Em síntese, a retirada por revogação exige competência atual e discricionária do agente, hipótese em que haverá espaço para que o ente estatal realize o juízo qualitativo sobre o interesse público na emissão do ato administrativo ou na constituição da relação jurídica.

5.2.2 Efeitos da revogação

A revogação é a extinção de um ato válido por meio da emissão de novo ato dotado de natureza jurídica constitutiva.[52] É criadora de situação jurídica nova, representativa de um contemporâneo interesse público condutor da atuação pública.

Nesse caso, seja pela validade do ato revogado ou pela natureza do ato revogador, incidirá o princípio da irretroatividade dos atos administrativos,[53] impondo que os efeitos jurídicos da novel declaração somente se desenvolvam para o futuro, a partir do início de sua vigência.[54]

---

para construir, o que existe é uma verdadeira desapropriação de direito, a ser indenizada na forma da lei" (*Direito Administrativo*, cit., 21ª ed., p. 235).

52. Celso Antônio Bandeira de Mello, *Curso de Direito Administrativo*, cit., 27ª ed., p. 455.

53. Segundo Odete Medauar: "A irretroatividade do ato administrativo pode ser considerada como um daqueles princípios introduzidos no direito administrativo em virtude da consagração em outra área do Direito. Enquanto expressamente particular no direito administrativo de um preceito recebido da Teoria Geral do Direito, dito princípio oferece matizes próprios. Atribuímos, assim, à irretroatividade do ato administrativo a natureza de princípio informativo da eficácia temporal do ato administrativo, integrante, por conseguinte, da teoria do ato administrativo" (*Da Retroatividade do Ato Administrativo*, São Paulo, Max Limonad, 1986, p. 98).

54. "Com o apoio na doutrina e jurisprudência administrativa francesas e nos ensinamentos de Perrone Capano, Lewalle, Flávio Bauer Novelli e Cretella Jr., definimos a retroatividade segundo o critério do efeito no passado, tomando como referência, para separar o passado do futuro, a data de entrada em vigor. Assim, retroatividade do ato administrativo é a produção de efeitos em momento anterior à data do

Isto se dá porque é função do ordenamento promover certeza e estabilidade dos atos e das relações doravante constituídas, mais propriamente das situações jurídicas válidas, criadas e mantidas em perfeita consonância com as normas jurídicas. Permitimo-nos afirmar, nessas hipóteses, ser ofício do ordenamento jurídico proteger os efeitos jurídicos produzidos pelo ato válido até o momento de sua revogação.

Tais pressupostos conduzem ao entendimento inexcedível de que a revogação produz efeitos *ex nunc*,[55] ou seja, a partir do momento do início da eficácia do ato revogador, respeitando os efeitos produzidos até o momento.

Sobre o exposto, ensina Celso Antônio Bandeira de Mello: "Assim, a revogação não desconstitui efeitos passados. Apenas, ao atingir um ato ainda ineficaz, impede que este venha a gerar efeitos. Ou, então, ao atingir efeitos de um ato eficaz, encerra seu prosseguimento. Faz com que termine um ciclo de consequências jurídicas próprias da relação criada pelo ato. Finaliza a sequência de efeitos por ele produzida. Põe um paradeiro neles ao encerrar aquela relação jurídica".[56]

Cumpre dispor, portanto, que a irretroatividade do ato revogador deriva de imposição posta pelo princípio da segurança jurídica. A retroatividade, por força desse princípio e para prestígio e proteção ao direito dos administrados, não é aplicada a esses casos, sendo somente autorizada em ocasiões excepcionais, expressamente descritas pelo Direito.

Para concluir, resta apenas a breve menção de que a eficácia *ex nunc* do ato revogador é critério distintivo perante a invalidação, pois a majoritária doutrina ainda grafa que essa espécie de extinção opera efeitos *ex tunc*.[57]

---

início de sua vigência. A retroprojeção pode ser verificada, então, pela comparação das datas respectivas da entrada em vigor e da ocorrência dos efeitos" (*Da Retroatividade do Ato Administrativo*, cit., p. 32).

55. "En síntesis, podemos afirmar que los efectos del acto revocatorio sólo pueden tener eficacia *ex nunc*, y en ello está de acuerdo la unanimidad de los autores, y es una lógica consecuencia de la función y naturaleza jurídica de la institución en estudio" (Hugo Augusto Olguín Juárez, *Extinción de los Actos Administrativos: Revocación, Invalidación y Decaimiento*, cit., p. 216).

56. Celso Antônio Bandeira de Mello, *Curso de Direito Administrativo*, cit., 27ª ed., p. 454.

57. "(...) a anulação ou anulamento corta o ato cerce, *ex tunc*; a revogação, ao contrário, só priva o ato de efeitos *ex nunc*, sem atingi-lo em suas consequências

5.2.3 Limites à revogação

A extinção de um ato administrativo por meio da revogação exige o cumprimento de certos pressupostos essenciais, cujo descumprimento, voluntário ou não, a rigor, condenará sua ocorrência à invalidação.[58]

Por tal relevância, este tópico sintético se ocupará em expor alguns limites abstratos à revogação dos atos administrativos, independentemente de sua espécie. Inclusive, por enquanto apenas serão noticiadas as circunstâncias afetas direta ou exclusivamente aos atos ampliativos de direitos – tema nevrálgico nesta investigação, que obriga a tratamento detido em momento oportuno.

Nesse diapasão, iniciamos a exposição mencionando o mais importante limite incidente sobre os atos ampliativos, e que será retomado largamente em momento oportuno. Essa limitação advém do prescrito no art. 5º, XXXVI, da CF, corroborado pelo art. 53 da Lei 9.784/1999 e pela Súmula 473 do STF. Tais postulados tornaram irrevogáveis os atos administrativos que tiverem gerado direitos adquiridos para seus destinatários.

Esse limite é cristalino. Mesmo sob uma análise superficial do ordenamento pátrio, temos por pacífico que o respeito aos direitos adquiridos originados de um ato ampliativo da esfera jurídica do administrado é impedimento à sua revogabilidade. Contudo, a efetiva verificação de sua ocorrência requer esforços por revelar especificidades de difícil assimilação, conforme será adiante apresentado.

Outro impedimento à revogabilidade dos atos administrativos decorre diretamente da realidade fática. Para que a revogação possa ocorrer é necessário que existam o ato, os efeitos ou uma relação jurídica a ser interrompida, vez que os efeitos da declaração jurídica posterior não retroagem e não atingem meros fatos.

---

pretéritas" (Miguel Reale, *Revogação e Anulamento do Ato Administrativo*, cit., 2ª ed., p. 58).

58. Sobre o tema, dentre outros, v.: Celso Antônio Bandeira de Mello, *Curso de Direito Administrativo*, cit., 27ª ed., pp. 456-457; José dos Santos Carvalho Filho, *Manual de Direito Administrativo*, cit., 19ª ed., pp. 153-154; e Daniele Coutinho Talamini, *Revogação do Ato Administrativo*, cit., pp. 249-251.

Inexistindo efeito, jurídico ou material, a ser atingido e interrompido, um ato posterior produtor de efeitos futuros nada alcançará. Por exemplo, se a Administração determina a retirada e destruição de material publicitário colocado ao longo de determinada via pública, com a retirada e a efetiva destruição nada haverá para ser revogado. Nessa mesma linha, se certo servidor público é designado para cumprir alguma função extraordinária por 30 dias, o ato se exaure decorrido o período; nenhuma mudança posterior do interesse público atingirá o passado, não restando o que revogar.[59]

Por razões lógicas, muitos dos limites à revogação originam-se diretamente das exigências estabelecidas para a própria revogabilidade dos atos. Por exemplo: se for exigida para a emissão de um ato revogador a existência de competência atual, discricionária ou expressa em lei, sua falta gerará imediato impedimento a essa extinção.

Dentre tais tipos, o mais evidente impedimento é a existência de disposição legal impedindo a revogabilidade do ato – ou seja, hipótese na qual a legislação prescreve expressamente a irrevogabilidade da declaração estatal.[60]

Prosseguindo, identificamos que a discricionariedade é exigida para que o ato possa ser revogado. A vinculação em sua emissão significa a impossibilidade jurídica de existir dissonância entre a atuação do administrador e a prescrição normativa, não havendo qualquer espaço para juízos prévios ou posteriores de oportunidade e conveniência.

Concluímos, assim, serem irrevogáveis os atos administrativos praticados no exercício de competência vinculada.

59. Segundo Maria Sylvia Zanella Di Pietro: "Não podem ser revogados os atos que exaurem os seus efeitos; como a revogação não retroage, mas apenas impede que o ato continue a produzir efeitos, se o ato já se exauriu não há mais que falar em revogação; por exemplo, se a Administração concedeu afastamento, por dois meses, a um funcionário, a revogação será possível enquanto não transcorridos os dois meses; posteriormente os efeitos terão se exaurido. Vale dizer que a revogação supõe um ato que ainda esteja produzindo efeitos, como ocorre com a autorização para porte de armas ou exercício de qualquer atividade, sem prazo estabelecido" (*Direito Administrativo*, cit., 21ª ed., p. 235).

60. Nunca cessa o dever de rememorar a assertiva construída por Miguel Seabra Fagundes de que "administrar é aplicar a lei de ofício" (*O Controle dos Atos Administrativos pelo Poder Judiciário*, 3ª ed., Rio de Janeiro, Forense, 1957, p. 17).

Os atos denominados *de controle*, conforme lição de Celso Antônio Bandeira de Mello,[61] também limitam o poder de revogar, pois a competência para a prática desses atos – dos quais fazem parte os atos *liberadores* e *confirmadores* (como autorização ou aprovação posteriores) – exaure-se com sua emissão, não havendo, portanto, disposição legal autorizadora da revogação. Prossegue:

"É que os efeitos de *criação de utilidade pública advêm do ato controlado* e não do ato controlador. Este apenas permite ou libera tais efeitos. São competências diversas e independentes a de praticar o ato que cria a utilidade pública e a de controlá-lo. A competência de controlar *não é de administração ativa*, e o ato *revogador é o ato de administração ativa*.

"Por isso não há vedação, em tese, à revogação dos efeitos do ato controlado, mas há vedação a revogar os efeitos do próprio ato controlador. Aliás, estes se esgotam *ipso jure* (...). Seus efeitos consistem em criar instantaneamente, sem se protraírem no tempo, uma liberação ou uma confirmação. Por meio deles o ato controlado não vai 'ficando continuamente liberado' ou 'continuamente aprovado'. É liberado ou é aprovado, num só átimo, após o ato controlador; (...)."[62]

São irrevogáveis os atos complexos, cuja formação depende da cumulação de vontades funcionais distintas. Se para emissão é requerida a cumulação de duas vontades, inadmissível sua ocorrência apenas por meio da manifestação de uma vontade isolada, salvo nos casos de prescrição normativa diversa.

O impedimento pode deixar de existir por determinação legal, visto ser possível que a legislação exija a integração de vontades para formar o ato porém somente uma delas para sua retirada.

Os atos expedidos ao longo de procedimento marcado pela legislação não são passíveis de serem revogados após a ocorrência do ato subsequente. A competência para o específico ato procedimental ultrapassado inexistirá no momento posterior, pois, exaurida, passa-se a exigir o ato subsequente.

---

61. Celso Antônio Bandeira de Mello, *Curso de Direito Administrativo*, cit., 27ª ed., pp. 456-457.
62. Idem, p. 457.

Sobre o tema, Maria Sylvia Zanella Di Pietro se pronuncia: "A revogação não pode ser feita quando já se exauriu a competência relativamente ao objeto do ato; suponha-se que o interessado tenha recorrido de um ato administrativo e que este esteja sob apreciação de autoridade superior; a autoridade que praticou o ato deixou de ser competente para revogá-lo".[63-64]

No mais, pela natureza de sua função e objetivo, os atos que encerram os processos do contencioso administrativo são irrevogáveis. Acreditamos que a competência para qualquer emissão de juízo se encerra com a publicação do ato final, em prestígio, inclusive, da aclamada segurança jurídica. Apenas será permitido o controle da legalidade desse ato, não mais da oportunidade e conveniência de seu conteúdo.

Por fim, inexistirá competência para revogar os denominados *meros atos administrativos*. Nessa categoria incluem-se todos aqueles cuja função reduz-se ao *mero* preenchimento de específica disposição de lei, pois os efeitos jurídicos previamente determinados decorrem diretamente do texto normativo.[65]

Expusemos, assim, o quadro de limitações incidentes sobre a revogação dos atos administrativos considerados independentemente dos efeitos provocados sobre a esfera jurídica de seus destinatários. Com isso, encerramos a apresentação dos elementos relevantes para a circunscrição e o entendimento do instituto – o que nos permite iniciar a análise da forma de extinção exclusivamente incidente sobre os atos administrativos ampliativos de direitos.

---

63. Maria Sylvia Zanella Di Pietro, *Direito Administrativo*, cit., 21ª ed., p. 236.

64. Esse posicionamento, entendido por correto, é refutado por José dos Santos Carvalho Filho, que assim afirma: "Se o autor do ato, diferentemente do que decidira, resolve revogá-lo depois da interposição do recurso, nada impede que o faça, pois que o recurso não tem o condão de suprimir-lhe a competência legal. O efeito será apenas o de resultar prejudicado o recurso em virtude do atendimento da pretensão recursal" (*Manual de Direito Administrativo*, cit., 19ª ed., p. 154, nota de rodapé 212).

65. Afirma Maria Sylvia Zanella Di Pietro: "A revogação não pode atingir os meros atos administrativos, como certidões, atestados, votos, porque os efeitos deles decorrentes são estabelecidos pela lei" (*Direito Administrativo*, cit., 21ª ed., p. 236).

5.3 A revogação e os atos ampliativos

Este tópico tenciona contextualizar o instituto da revogação sob a perspectiva dos atos administrativos cujos efeitos se distanciam da atuação coercitiva do Poder Público.

A realização do objetivo proposto será pautada pela atualidade do regime jurídico-administrativo, destacando-se as alterações normativas, jurisprudenciais e doutrinárias originadas do vácuo da derivação e incremento da participação do Estado na vida privada.

Visando à melhor realização do proposto, serão brevemente rememoradas ou, mesmo, estabelecidas algumas premissas teóricas, condutoras dos passos e das conclusões obtidas.

Estabelecemos que o ato administrativo ampliativo é a declaração jurídica cujo objeto imediato é a ampliação da esfera jurídica de seu efetivo destinatário. Esses atos ingressam positivamente no patrimônio jurídico do administrado, sendo-lhe favoráveis e integrando, ao menos em tese, um rol de bens e direitos protegidos pelo Direito contra os demais terceiros, incluindo o Estado.

O instituto da revogação é compreendido como uma forma de retirada provocada dos atos administrativos validamente emitidos, ocasionada por razões de interesse público (conveniência e oportunidade) e com eficácia *ex nunc*.

Não havemos de discutir a legitimidade do ato objeto da revogação, mas somente a alteração do entendimento da Administração quanto à conveniência e oportunidade contidas nos efeitos por ele produzidos, se sua manutenção é desinteressante para o interesse público iminente.

Por essa razão, é indiscutível a eficácia futura do ato revogador, uma vez que a validade do ato objeto da revogação impõe a constante proteção jurídica de seu conteúdo, no mínimo, até o momento de sua retirada.

A afirmada proteção conferida pelo ordenamento às declarações jurídicas válidas, que impede a incidência retroativa dos efeitos do ato revogador, será o principal objeto deste ponto da investigação, uma vez que a especificidade da natureza jurídica ampliativa de direitos do ato sob retirada reforça sobremaneira a intensidade do amparo promovido pelo regime jurídico.

Neste item tentaremos, em suma, revelar o tratamento conferido pelo regime jurídico-administrativo à revogação dessa espécie de atos, sobretudo com o fito de verificar se a teoria desenvolvida sobre o tema se mantém integralmente aplicável e em consonância com a realidade revelada.

Portanto, sob a luz desse regime serão confrontadas algumas realidades impostas pela grande variabilidade de conteúdo dos atos administrativos favoráveis, destacando-se o grau de estabilidade oriundo de sua natureza, a potencialidade da aquisição perene de seu conteúdo jurídico, o dever de manutenção do *status* constituído ou, ainda, a responsabilização estatal advinda de sua retirada, resultante no dever de ressarcimento do administrado.

5.3.1 A natureza do ato ampliativo

Por materializar declaração jurídica cujo objeto é a produção de efeitos favoráveis ao sujeito imediato, a rigor, será rígida a proteção jurídica conferida pelo sistema.

No entanto, a intensidade da proteção normativa deriva em acordo com as prescrições próprias de seu regime jurídico regente. As disposições normativas poderão conduzir à manutenção completa e estabilização do ato estatal ou, ao contrário, somente revelarão a incerteza de sua permanência sob a esfera de direitos dos administrados.

Isso ocorre porque acreditamos que o regime dessa forma de extinção incide de acordo com a específica natureza jurídica, precária ou estável, do ato objeto da revogação, por reflexo da proteção normativa que envolverá seus efeitos. Assim, a verificação da precariedade do ato administrativo figura como critério que diretamente influenciará a potencialidade de sua revogação.

Sob a luz do transcrito, cremos que uma investigação voltada à revogação de atos ampliativos impõe que seu exame se concentre preponderantemente sobre o conteúdo do ato e sua predisposição fática e jurídica à estabilização de seus efeitos. A resposta a essa verificação figurará como elemento condicionador de todo o sistema de proteção jurídica dos administrados, determinante da investigação dogmática proposta.

Portanto, iniciaremos este tópico identificando a revogabilidade dos atos administrativos de natureza precária, declarações estatais marcadas pela instabilidade, para, por derradeiro, seguirmos com a exposição do regime que cremos ser aplicável aos demais atos ampliativos desvinculados dessa fragilidade normativa.

5.3.1.1 Atos ampliativos praticados a título precário

Há uma superficial coesão entre as poucas definições construídas para os atos administrativos praticados a título precário, visto todas partirem, em regra, da premissa de que são declarações jurídicas incapazes de conduzir seu conteúdo a um estado de estabilidade, de fato ou de direito, mantendo-se intrínseca a possibilidade de sua modificação, de acordo com a evolução do interesse público.

Identificamos a fragilidade da relação jurídica gerada como marca dessa espécie de atos. Essa fragilidade impede a constituição efetiva de direito subjetivo de seu destinatário, ensejando apenas um direito enfraquecido, imperfeito; nas palavras de Renato Alessi, *diritto affievolito*.[66]

Fillipa Urbano Galvão, em monografia específica, bem esclarece que "a principal característica deste tipo de ato se consubstancia na incerteza sobre a evolução da situação jurídica e material que serve de base à regulação por ele fixada". Prossegue: "Esta evolução pode levar a que a entidade administrativa entenda que um outro conteúdo regulador é o mais adequado à persecução do interesse público, justificando-se, assim, a precariedade da sua eficácia, ou seja, o fato de a Administração poder decidir substituí-lo por um ato administrativo ulterior de conteúdo diferente".[67]

A par da impossibilidade de constituição de direito subjetivo para seu sujeito, não perdemos de vista que tais atos podem vir a formar relações jurídicas ou constituir direitos não diretamente afeitos ao seu objeto. Nesse caso, esses efeitos adjacentes receberão proteção jurídica própria, diversa da dispensada aos efeitos imediatos decorrentes do ato principal.

---

66. Renato Alessi, *La Revoca degli Atti Amministrativi*, cit., 2ª ed., pp. 102 e ss.
67. Fillipa Urbano Galvão, *Os Actos Precários e os Actos Provisórios no Direito Administrativo*. Porto, UCP, 1998, p. 67.

Até pela circunstância alinhavada, não obstante a apresentação do principal critério discriminador dessa espécie de atos, resiste altamente tormentosa a tarefa de identificação e distinção abstrata dos atos ampliativos praticados a título precário dos demais produzidos com vistas à estabilização e à aquisição definitiva de seus efeitos pelo destinatário.

Contudo, tal identificação, mesmo que apenas realizada concretamente, revela-se essencial. Cremos que a revogabilidade do ato ampliativo deriva da sintonia entre a natureza dos seus efeitos e a propensão à sua estabilização, de forma que a percepção correta e o isolamento do regime jurídico incidente serão determinantes do exame do instituto.

Fixado o problema, buscam-se contribuições para resolvê-lo ou, ao menos, minorá-lo. Por se tratar de questão jurídica, deve o sujeito voltar-se ao Direito posto, às regras e princípios que o conformam.

Como primeira solução, podemos afirmar que os atos praticados a título precário não devem ser revelados pelo seu conteúdo ou objeto, mas através da identificação e interpretação da disposição normativa da qual são decorrentes, sabido que a função administrativa somente é exercitável *secundum legem*.

A legislação com frequência define a natureza do ato, atribuindo-lhe imediatamente a espécie do efeito a ser produzido. Nessas ocasiões, sabido que o regime jurídico é parâmetro e confim do instituto, a lei abstratamente estabelecerá a qualidade do direito ali contido.

No entanto, por vezes as normas jurídicas conferem *nomen iuris*[68] dissonante do estabelecido pelo regime normativo, hipótese em que pouco valerá a qualificação textual, mas, sim, o efetivamente regulado. Desse modo, a qualificação própria derivará diretamente da legislação quando, a par da nomenclatura grafada, o regime oriundo do texto normativo conduzir a essa conclusão.

---

68. "De nada adiante o legislador dar nome diverso às entidades que cria. Os problemas da Dogmática não se resolvem pela taxonomia, advertiu Agostinho Alvim. (...). A designação não confere entidade ao tributo. A circunstância de o legislador tê-lo batizado de taxa não tem a virtude de lhe atribuir tal natureza" (Geraldo Ataliba, *Hipótese de Incidência Tributária*, 6ª ed., 11ª tir., São Paulo, Malheiros Editores, 2010, p. 139).

A confirmação dessa asserção pode ser facilmente obtida com a observância de muitas das denominadas *permissões*[69] previstas no ordenamento pátrio.

O instituto da *permissão* originariamente representava ato administrativo ampliativo praticado a título precário, sem prazo certo e em razão do qual não eram exigidos investimentos vultosos do administrado para fruição de seu objeto. Com isso, seu regime e a realidade de seus efeitos permitiam, sem maiores entraves, sua alteração, de acordo com a evolução do interesse público.

No entanto, tornou-se corrente a aplicação desse rótulo[70] aos atos administrativos sujeitos a prazo e contendo outras condições gravosas para seu destinatário (dever de prestar garantias, por exemplo). Impunham que seu destinatário realizasse dispêndios e investimentos para fruição dos efeitos previstos, aportes então efetivados em virtude de uma fugaz confiança e previsibilidade da atuação pública.

Essa atuação administrativa escorada em diplomas legais não técnicos conduziu ao esvaziamento de parte das características ligadas à precariedade desses tipos de atos. O reflexo imediato foi a constituição ou incremento de barreiras à efetivação dos efeitos ligados à precariedade da declaração, especialmente de disposições contrárias à incidência do instituto da revogação.

Portanto, a par de sua nomenclatura ou classificação, destacamos a importância da análise do regime jurídico atribuído ao ato, única maneira de identificar, com certa margem de acerto, se a conceituação atribuída pela legislação corresponde à regulamentação estabelecida.

69. "Permissão é ato administrativo discricionário e precário pelo qual a Administração consente que o particular execute serviços de utilidade pública ou utilize privativamente bem público" (José dos Santos Carvalho Filho, *Manual de Direito Administrativo*, cit., 19ª ed., p. 130).

70. Constatamos o ocorrido com o instituto da autorização, conforme bem expõe Maria Sylvia Zanella Di Pietro: "Sendo a autorização, por definição, um ato precário, a rigor deve ser outorgada sem prazo, de tal forma que o Poder Público pode revogá-la, a qualquer momento, sem direito a indenização; a fixação de prazo poderá investir o beneficiário em direito subjetivo oponível à Administração, consistente em perdas e danos, em caso de revogação extemporânea" (*Parcerias na Administração Pública: Concessão, Permissão, Franquia, Terceirização, Parceria Público-Privada e Outras Formas*, 5ª ed., São Paulo, Atlas, 2005, p. 153).

Noutra face, insta frisar que a grande diversidade de atos administrativos produzidos no atual estágio social impede, sem qualquer dúvida, a prefixação legal imediata de todos os institutos e condutas administrativas possíveis, razão pela qual a atividade legislativa poderá, dentro do espectro do razoável, conceder certa margem de discrição ao administrador.

Nessas circunstâncias, o ato precário terá sua origem mediata na autorização legislativa e a imediata no exercício, pela autoridade, de sua função, sempre respeitando as normas postas.

A lei, ao estabelecer a competência para a prática do ato, poderá facultar ao agente, se existentes razões justificadoras reveladas em processo administrativo próprio, a inclusão de certa *cláusula* ou *reserva de revogação*.

Nessa hipótese, os atos administrativos que originariamente teriam o condão de gerar situação de estabilidade jurídica, permitindo a imediata aquisição do direito com a subsunção do suporte fático à declaração jurídica, tornam-se instáveis, uma vez que a qualquer tempo pode ser implementada a reserva de revogação.

A *reserva de revogação*, criada pelo Direito alienígena, tem a exclusiva função de conferir fragilidade ao direito contido na declaração jurídica, ao gerar competência para a Administração revogar ato administrativo inicialmente irrevogável. Materializa a possibilidade de retirada de ato válido pela emissão de outro, em virtude de interesse público superveniente e contrário à manutenção do *status quo*.

Eduardo García de Enterría e Tomás-Ramón Fernández[71] bem se pronunciaram sobre este tema ao afirmar que na Espanha essa cláusula (*reserva de revogação*) prolifera pela inexistência de regulação que possibilite a revogação por razões de mérito de atos administrativos ampliativos, é dizer, "que em determinados atos e negócios se incluem cláusulas acessórias que garantam à Administração a possibilidade de revogar o ato quando assim exigir o interesse público".[72]

No Direito Português, bem define Marcello Caetano: "Pelo que toca à reserva de revogação, também nos parece tratar-se de uma cláusula acessória que a Administração pode introduzir num ato dis-

---

71. Eduardo García de Enterría e Tomás-Ramón Fernández, *Curso de Derecho Administrativo*, cit., 13ª ed., vol. 1, p. 672.

72. Idem, ibidem.

cricionário, submetendo assim ao regime da precariedade um ato que, sem ela, seria constitutivo de direitos.[73] Mas, por isso mesmo, cremos que se está aí perante um caso de revogabilidade, não de atos constitutivos, mas de atos precários".[74]

Marcelo Rebello de Sousa e André Salgado de Matos afirmam que a *reserva de revogação*, mesmo sendo cláusula controversa por falta de regulamentação no Direito Lusitano, "é cláusula acessória mediante a qual a Administração salvaguarda a possibilidade de, no futuro, vir a revogar um ato administrativo válido favorável que, por isso, não seria de outro modo passível de revogação".[75]

Tal cláusula poderia apresentar dupla função: uma de, por si, converter o regime de irrevogabilidade de determinada espécie de atos para o de revogabilidade, além de diretamente precaver o administrado contra a instabilidade atual do direito contido na declaração jurídica emitida.

Havendo a predisposição de lei permitindo a inclusão e efetivação da *reserva de revogação*, o ato administrativo ampliativo se torna instável, impedindo a aquisição definitiva do direito atribuído e prevenindo o administrado de tal peculiaridade.

Com o exposto, chegamos a uma assertiva: a revogabilidade é regra nos atos administrativos ampliativos praticados a título precário.

Ora, a precariedade decorre de prescrição normativa especificamente concebida para regulamentar a fragilidade do direito em questão, inclusive alertando previamente o destinatário sobre tal regime, de maneira que o princípio da segurança jurídica, seja em sua faceta objetiva ou subjetiva, fica pontualmente impedido de gerar estabilidade.

A fixação da revogabilidade diretamente pela lei, mesmo que dependente de específica conduta do administrador, acaba por reduzir o campo de incidência completa da segurança jurídica, permitindo a extinção provocada de tais atos.

---

73. Nesse sentido: José Robin de Andrade, *A Revogação dos Actos Administrativos*, cit., 2ª ed., pp. 177-178; Filipa Urbano Galvão, *Os Actos Precários e os Actos Provisórios no Direito Administrativo*, cit., pp. 75 e ss.

74. Marcello Caetano, *Manual de Direito Administrativo*, cit., 10ª ed., vol. 1, p. 542.

75. Marcelo Rebello de Sousa e André Salgado de Matos, *Direito Administrativo Geral: Actividade Administrativa*, cit., vol. 3, p. 147.

No entanto, dois pontos limitadores devem ser fixados.

A incidência do princípio constitucional da segurança jurídica não é integralmente afastada pela previsão legal da precariedade, uma vez ser obrigatório a qualquer intérprete realizar uma interpretação sistemática do ordenamento jurídico. Com isso, identificaremos que esse postulado repercutirá ao menos sobre as consequências decorrentes dessa revogação, em especial sobre eventual dever de indenizar – como será visto no tópico seguinte.

Por fim, mesmo sob a afirmação feita neste tópico acerca da revogabilidade do ato precário, os demais limites descritos em item antecedente[76] permanecem incidentes, visto terem sido formulados sem considerar o conteúdo próprio do ato.

5.3.1.1.1 O dever de indenizar e a revogação dos atos ampliativos praticados a título precário

A desnecessidade de haver qualquer tipo de indenização em decorrência da revogação de ato administrativo praticado a título precário, mesmo que não acertadamente, ressoa sobre a atuação estatal ainda corrente.

O fundamento repetidamente evocado para afastar o dever de indenizar aponta para o fato de o administrado ter, ao menos em tese, o conhecimento prévio da instabilidade do regime do ato. Sua retirada não comporia o campo da incerteza, mas conformaria a realidade jurídica do administrado, que, portanto, deveria precaver-se contra eventuais perdas no caso de sua efetivação.

A teoria referida foi concebida em compasso com a noção abstrata originalmente atribuída ao conteúdo dos atos de natureza precária. Ou seja, refere-se aos atos administrativos de duração efêmera, que dispensam vultosos investimentos materiais para o alcance dos fins almejados pelos seus solicitantes.

Demais disso, é relevante mencionar que o período histórico dessas ocorrências foi notadamente marcado pela atividade estatal agressiva e extroversa, divergente, assim, da novel realidade fática e jurídica.

---

76. V. item 5.2.3.

Salta aos olhos a patente necessidade de atualização das bases formadoras da teoria acerca do dever de indenizar o administrado no caso de revogação de atos ampliativos de natureza precária mesmo que, após esse árduo exercício, eventualmente seja alcançada uma conclusão ainda semelhante à vetusta posição.

Ora, muitos dos novos atos dessa natureza têm longa duração e termo final, além de poucos prescindirem de altos dispêndios à sua fruição. Constatações como estas impactam a teoria mencionada e a afirmação da inexistência de dever de ressarcimento estatal.

Em adendo, o sistema jurídico cercou o administrado de proteções e defesas costuradas desde o texto constitucional. Ao debate foram trazidas novas imposições jurídicas, tais como a proibição de enriquecimento ilícito do Estado e o princípio da boa administração.

Como resultado da cumulação das normas predispostas com a situação fática formada, acreditamos na impossibilidade de qualquer teoria, prévia e abstratamente, pregar a inexistência irrestrita de direito à indenização pela revogação desses atos.

Jogando luz sobre o instrumental do processo administrativo, podemos afirmar que o Poder Público tem meios efetivos de realizar, sempre que pertinente, uma completa análise das circunstâncias fáticas reais. Isso reduziria a importância, muitas vezes equívoca, de alguma previsão de revogabilidade contida na declaração ampliativa sob foco.

Acreditamos que a mera alegação de que a natureza do ato administrativo é impedimento à indenização cede vez às bases de um sistema garantista. Jamais terá força jurídica para afastar o dever de constituição de um processo administrativo específico, por meio do qual seja efetivamente apurado se a revogação, mesmo que autorizada abstratamente, provocaria um real dano ao administrado.[77]

---

77. "Ocupação de área de terreno a título precário – Bens públicos – Regulação pelas normas de direito administrativo, excluídas as regras de direito privado – Usuário simples permissionário. A Administração Pública pode de modo próprio revogar o ato que expediu de simples tolerância – Indenização por benfeitorias feitas de boa-fé – CC, arts. 516 e 547 – Recurso extraordinário não conhecido" (STF, 2ª Turma, RE 50.394-SP, rel. Min. Ribeiro da Costa, *DJU* 3.10.1963, p. 3.327).

"Administrativo – Permissão condicionada – Previsão de termo expresso – Rescisão antecipada unilateralmente pela Administração – Necessidade de indenização ao particular. 1. Hipótese em que particular pactuou com administração de hospital

Temos por certo que a previsão de precariedade somente sublinharia a instabilidade do direito, mas nunca autorizaria o enriquecimento injustificado da máquina pública.

Para completude do exposto, é inevitável anotar que a revogabilidade do ato precário é juridicamente prevista e autorizada, determinando que o dever de ressarcimento decorre da responsabilização estatal por ato lícito. Portanto, é imprescindível que o processo administrativo demonstre cabalmente a ocorrência de lesão efetiva a direito do particular.

Nesse tema, esclarece Celso Antônio Bandeira de Mello: "Pelo contrário, *caberá falar em responsabilidade do Estado por atos lícitos* nas hipóteses em que o poder deferido ao Estado e legitimamente exercido acarreta, *indiretamente*, como simples consequência – não como sua finalidade própria –, a lesão a um direito alheio".[78]

público a utilização, por período determinado, de área do nosocômio para prestação de serviços alimentícios, tendo sido realizados investimentos para desempenho da atividade. 2. A presença de cláusula expressa, no instrumento contratual, dispondo sobre o termo do pacto mitiga a possibilidade de revogação unilateral do ato de permissão – Necessidade de indenização dos lucros cessantes. 3. Correta a sentença que condena a União a ressarcir ao administrado os danos decorrentes de rescisão prematura da avença. 4. Apelação e remessa a que se nega provimento" (TRF-2ª Região, 6ª Turma, ACi 9702346681, rel. Des. federal Benedito Gonçalves, *DJU* 30.6.2008, p. 432).

"Administrativo – Apelação – Termo de permissão remunerada – Revogação – Intimação para desocupação do imóvel – Descumprimento da obrigação – Alegação de prejuízos – Indenização – Possibilidade. 1. Permissão é o ato discricionário e precário pelo qual a Administração consente que o particular execute serviço de utilidade ou utilize privativamente bem público. 'Como regra, a permissão é ato discricionário e precário, no sentido de que o administrador pode sopesar critérios administrativos para expedi-la, de um lado, e de outro não será conferido ao permissionário o direito à continuidade do que foi permitido, de modo que poderá o consentimento ser posteriormente revogado sem indenização ao prejudicado' (*Manual de Direito Administrativo*, 16ª ed., Rio de Janeiro, Lumen Juris, 2006, p. 123). 2. Na permissão, muito embora não tenha o permissionário direito à permanência *ad futurum* do ato, pode o poder permitente cassá-lo, quando assim o recomendar o interesse público. 3. Se o interesse público exigir a revogação ou a alteração de tais permissões, a Administração poderá fazê-lo, desde que indenize o permissionário dos danos que o descumprimento do prazo ou das condições da outorga lhe causar. 4. Restando comprovado que o permissionário efetuou diversos gastos para que a empresa entrasse em funcionamento, é cabível o ressarcimento pelos danos causados. 5. Apelação e remessa improvidas – Sentença confirmada" (TRF-2ª Região, 6ª Turma, ACi 8902005011, rel. Des. federal Frederico Gueiros, *DJU* 3.6.2009, p. 220).

78. Celso Antônio Bandeira de Mello, *Curso de Direito Administrativo*, cit., 27ª ed., p. 995.

Ademais, a lesão a direito deverá ser anormal e especial, de sorte que (i) deverá superar "os meros agravos patrimoniais pequenos e inerentes às condições de convívio social"; (ii) deverá onerar "a situação particular de um ou alguns indivíduos, não sendo, pois, um prejuízo genérico, disseminado pela sociedade".[79]

Existirá o dever de indenizar caso fique comprovada a especialidade do dano, do qual resulte desestabilizado o "princípio da igualdade dos cidadãos perante os encargos públicos".[80]

Nas palavras de Daniele Coutinho Talamini: "Embora se possa, então, conceber esta hipótese de indenizabilidade decorrente de revogação dos atos administrativos (precários ou não), deve-se ressaltar que a situação é de configuração bastante restrita, assim como a indenização se restringe apenas às despesas realizadas pelo particular que visem à execução do ato. Evidentemente, não é qualquer despesa que será passível de compensação. Além disto, o dano deve ter a configuração já mencionada: deve ser especial e anormal".[81]

Não obstante a qualidade indiscutível das linhas citadas, afastamo-nos da conclusão final da autora[82] ao afirmar que, como regra, a revogação legítima não geraria indenização.[83]

Não obstante o respeito a essa posição, frisamos ser equívoca a máxima da "regra da não indenização". Entendemos que o dever de indenizar decorre exclusivamente da apuração casuística via processo administrativo específico, independentemente das teorias abstratamente formuladas. Desta sorte, a resposta quanto à existência desse dever seria deslocada para o momento posterior à realização da aludida verificação.

Em suma, a teoria mais prestigiosa do direito dos administrados, a nosso ver, é aquela que tem como principal premissa a da *dependência de averiguação de existência de um dano anormal e especial que*

79. Idem, p. 1.023.
80. Daniele Coutinho Talamini, *Revogação do Ato Administrativo*, cit., p. 239.
81. Idem, ibidem.
82. Posição em linha com a doutrina majoritária nacional, capitaneada por Celso Antônio Bandeira de Mello (*Curso de Direito Administrativo*, cit., 27ª ed., pp. 457 e ss.).
83. Daniele Coutinho Talamini, *Revogação do Ato Administrativo*, cit., p. 235.

resulte no dever do Poder Público de ressarcir o destinatário do ato ampliativo e precário ora revogado.[84]

5.3.1.2 Os atos ampliativos estáveis

A nomenclatura atribuída – "estáveis" – deriva da oposição semântica proporcionada pelo significado do vocábulo, não sendo, portanto, remissão a algum conceito jurídico-positivo. Desta feita, para fins didáticos, adotaremos essa designação como signo representativo de uma espécie oposta ao ato de natureza precária, concebido em atenção ao critério da segurança conferida pelo direito ao seu destinatário.

Isso ocorre porque estabelecemos que os atos praticados a título precário seriam aqueles não estabilizáveis, haja vista a fragilidade da proteção atribuída pelo ordenamento jurídico ao conteúdo da declaração jurídica.

Em contrapartida, denominamos de atos estáveis todos aqueles desprovidos de qualquer fragilidade passível de minorar a proteção potencial conferida pelo sistema jurídico; portanto, todas as declarações jurídicas não precárias em razão do regime. Elas passariam a integrar a esfera de direitos dos administrados no momento em que o suficiente suporte fático[85] se subsumisse à hipótese de incidência prescrita, configurando um ato jurídico promotor de direito subjetivo.

---

84. Seguimos a linha de Eduardo García de Enterría e Tomás-Ramón Fernández, dispondo especificamente sobre as reservas de revogação, mas cuja conclusão ampla é assumida neste momento: "Se a finalidade das reservas é excluir a indenização e garantir a absoluta liberdade revogatória da Administração (este somente pode ser o caso da chamada cláusula de precariedade que se inclui em ocasiões das concessões de domínio público), só cabe admiti-las em circunstâncias excepcionais quando se tratar de situações efêmeras por sua própria natureza e planejamento, é dizer, naqueles casos em que a finalidade própria do ato, segundo a norma em virtude da qual se editou, não é de outorga de um verdadeiro direito, senão somente de simples tolerância de caráter provisório" (*Curso de Derecho Administrativo*, cit., 13ª ed., vol. 1, p. 672).

85. Será utilizado o conceito de Marcos Bernardes de Mello para a definição de "suporte fático": "Quando aludimos a suporte fáctico estamos fazendo referência a algo (= fato, evento ou conduta) que poderá ocorrer no mundo e que, por ter sido considerado relevante, tornou-se objeto da normatividade jurídica. Suporte fáctico, assim, é um conceito do mundo dos fatos e não do mundo jurídico, porque somente depois que se concretizam (= ocorrem) no mundo os seus elementos é que, pela incidência da norma, surgirá o fato jurídico e, portanto, poder-se-á falar em conceitos jurídicos" (*Teoria do Fato Jurídico: Plano da Existência*, 14ª ed., São Paulo, Saraiva, 2007, p. 41).

Os atos estáveis nascem da perfeita subsunção do fato imponível às determinações do ato, constituindo nova situação jurídica ou declarando uma já existente,[86] sempre com característica de perpetuidade e futuridade. Portanto, diferentemente dos atos de natureza precária, são declarações jurídicas cujo conteúdo é desprovido de qualquer fragilidade que possa gerar insegurança ao mitigar a proteção conferida pelo *dever-ser* em face de eventual alteração do interesse público.

Somado ao exposto, devemos ter em mente que, ao menos potencialmente, o resultado da emissão e juridicização dos atos ampliativos de direito será a geração ou a fruição de direitos subjetivos por seu destinatário, o que lhe permitirá, a rigor, adquirir[87] e exercer as consequências jurídicas ora previstas.

Dentre esses resultados ressaltamos a permissão conferida ao destinatário para proteger os demais efeitos jurídicos favoráveis em face de quaisquer terceiros, inclusive o Estado. Essa atribuição deriva da integralidade funcional do sistema jurídico positivo, sendo representativa de uma das razões de existir do Direito.

Porém, neste estudo, em razão de seu caráter generalista, não serão relatados todos os aspectos da constituição de um ato administrativo ampliativo estável, mas somente as normas jurídicas incidentes e a consequência de sua constituição, sob o prisma do instituto da revogação, ou seja, de uma eventual permissão de retirada por razões de oportunidade e conveniência.

O item seguinte ficará adstrito ao tema da revogabilidade do ato ampliativo estável. Para tanto, num primeiro estágio, e de forma sintética, será relatado o tratamento conferido pelo ordenamento alienígena à revogabilidade dessa classe de atos para, enfim, passar à verificação sob a luz do sistema jurídico pátrio – efetiva proposta de trabalho.

---

86. Oswaldo Aranha Bandeira de Mello, *Princípios Gerais de Direito Administrativo*, cit., 3ª ed., 2ª tir., vol. 1, p. 434.
87. "A *aquisição* dá-se com o nascimento de relação jurídica. (...)" (Oswaldo Aranha Bandeira de Mello, *Princípios Gerais de Direito Administrativo*, cit., 3ª ed., 2ª tir., vol. 1, p. 436).

5.3.2 Revogação dos atos ampliativos no Direito estrangeiro

5.3.2.1 Direito Português

Conforme já destacamos, para o ordenamento luso o instituto da revogação compreende tanto a anulação graciosa (retirada por vício de legalidade efetivada pela via administrativa) quanto a extinção por razões de inconveniência e inoportunidade. Assim, este relato deve ser realizado cuidadosamente, buscando evitar a identificação de qualquer conclusão que, mesmo pautada em realidades e institutos jurídicos distintos, venha a ser equivocadamente importada como verdade para o sistema pátrio.

Estabelecida essa premissa, assentamos que a mera menção ao vocábulo "revogação", sem qualquer remissão expressa às suas razões motivadoras, confirmará seu uso exclusivamente conforme a noção aposta neste texto, quando da explanação do utilizado no sistema pátrio. Essa consideração deve ser aplicada a toda análise da doutrina estrangeira, visto atribuir maior segurança ao prosseguimento da investigação.

Isso posto, continuamos.

Após longa consideração acerca da "enorme importância que para a teoria da revogação reveste a distinção dos atos administrativos em constitutivos e não constitutivos de direitos",[88] Marcello Caetano noticia que o Código de Procedimento Administrativo português apenas autoriza a revogação de atos constitutivos de direitos por razões de legalidade, ainda assim efetivada ao longo do prazo estabelecido para o recurso contencioso, ou previamente à sua interposição.[89]

Dessa afirmação decorre a primeira assertiva sobre o Direito Português, qual seja, que os atos constitutivos de direito são irrevogáveis: "A razão por que se destacam os atos constitutivos de direitos nessa regulamentação é para limitar o poder da Administração, impondo-lhe o respeito a situações jurídicas que ela haja criado em proveito de outrem. Os interesses da Administração nesse caso esbarram perante os interesses dos particulares consolidados juridicamente por um ato

---

88. Marcello Caetano, *Manual de Direito Administrativo*, cit., 10ª ed., vol. 1, p. 536.
89. Idem, p. 540.

anterior. A segurança impõe que o titular de um direito conferido pela Administração possa confiar no título desse direito e sobre este construir novas situações, próprias ou alheias, e travar relações válidas sem perigo de as ver comprometidas por mudança de critério administrativo. Por isso os atos constitutivos são irrevogáveis, salvo quando ocorram certas condições estritamente definidas por lei".[90]

E continua o mencionado autor:

"Mas, como já ficou dito, o obstáculo fundamental à revogação dos atos administrativos está na existência de direitos subjetivos por eles constituídos ou modificados, pelo quê reveste a maior importância saber se o ato que se pretende revogar é ou não constitutivo de direitos.

"(...).

"Antes de mais, os atos constitutivos de direitos, quando definitivos, só são revogáveis se forem ilegais. Mais ainda: a lei deve ser interpretada no sentido de que tais atos só podem ser revogados se a revogação tiver por fundamento a ilegalidade, donde resulta que será inválida a revogação de um ato constitutivo ilegal, fundamentada na inconveniência do ato."[91]

Diogo Freitas do Amaral compartilha de idêntica conclusão. Afirma a irrevogabilidade dos atos constitutivos por razões de mérito; no entanto, complementa as razões jurídicas já mencionadas:

"(...) os atos constitutivos de direitos ou de interesses legalmente protegidos são revogáveis, mas, por respeito ao princípio geral da segurança jurídica e da proteção da confiança, só são revogáveis verificadas determinadas condições (cf., desde logo, o n. 2 do art. 140º[92]).

"(...) A tendencial irrevogabilidade dos atos administrativos constitutivos de direitos ou de interesses legalmente protegidos constitui, pois, refração do princípio da confiança em relação aos atos administrativos."[93]

90. Idem, p. 454.
91. Idem, p. 540.
92. Prescreve o art. 140º, 2, do Código de Procedimento Administrativo português: "Os actos constitutivos de direitos ou interesses legalmente protegidos são, contudo, revogáveis: a) na parte em que sejam desfavoráveis aos interesses dos seus destinatários; b) quando todos os interessados deem a sua concordância à revogação do acto e não se trate de direitos ou interesses indisponíveis."
93. Diogo Freitas do Amaral, *Curso de Direito Administrativo*, cit., vol. 2, pp. 440-441.

Por fim, completa: "(...) assegurar a proteção a situações jurídicas que, à luz do princípio da boa-fé (art. 6º-A do CPA), merecem tutela contra a livre revogabilidade administrativa – mesmo que não sejam recondutíveis, no estrito plano técnico-jurídico, ao conceito de direito subjetivo".[94]

Em complementação da posição firmada, os referidos autores expõem que, se identificada uma completa e imperiosa necessidade de revogação dessa classe de atos, a Administração terá de sacrificá-los, garantindo a devida indenização. Sendo legítimo o direito do particular contido na declaração sacrificada, a mera alteração do interesse público não tem o condão de atribuir ilegitimidade superveniente ao ato sob retirada – razão, essa, que eventualmente extrairia o dever de reparar em decorrência de extinção provocada.[95]

Marcelo Rebello de Sousa e André Salgado de Matos salientam que, a par de a revogabilidade dos atos administrativos ser regra geral, alguns princípios – como o da tutela da confiança e o do respeito às posições jurídicas subjetivas dos particulares – apelam em favor de sua manutenção.[96]

Nessa toada, corroboram a aludida afirmação de a legislação portuguesa (art. 140º do Código de Procedimento Administrativo) proibir a revogação dos atos "que sejam favoráveis aos seus destinatários (...), sob pena de violação dos princípios da tutela da confiança e do respeito pelas posições jurídicas subjetivas dos particulares, bem como da função estabilizadora dos atos administrativos".[97]

Concluímos, enfim, que o sistema jurídico português, apoiado pela majoritária doutrina, proclama a irrevogabilidade dos atos administrativos ampliativos válidos (ora chamados de constitutivos) – ou seja, sua extinção por razões de mérito. Portanto, nesses casos a imposição de alteração da situação jurídica constituída dependeria do sacrifício dos efeitos do ato administrativo, cumulado com o dever de indenizar o destinatário.

94. Idem, p. 445.
95. Diogo Freitas do Amaral, *Curso de Direito Administrativo*, cit., vol. 2, pp. 447-448, e também Marcello Caetano, *Manual de Direito Administrativo*, cit., 10ª ed., vol. 1, p. 543.
96. Marcelo Rebello de Sousa e André Salgado de Matos, *Direito Administrativo Geral: Actividade Administrativa*, cit., vol. 3, pp. 190-191.
97. Idem, p. 195.

5.3.2.2 *Direito Espanhol*

Como no sistema português, o Direito Espanhol abarca sob esse instituto a retirada por razões de ilegalidade e de mérito. Nesse diapasão, este tópico se valerá do que foi dito alhures quanto à abrangência e remissão à noção e ao rótulo da revogação.

No entanto, como reza a ciência jurídica, temos por certo que toda a doutrina mencionada a seguir está condicionada ao regime jurídico espanhol, especificamente ao art. 105.1 da Lei do Regime Jurídico das Administrações Públicas e do Procedimento Administrativo Comum.[98]

Esse motivo permite uma conclusão preliminar. O Direito Espanhol apenas autoriza a revogação dos atos administrativos de gravame ou, *a contrario sensu*, prescreve serem irrevogáveis os atos ampliativos ou favoráveis aos administrados.

Fixada a regra geral impositiva, o espaço dos autores foi reduzido ao estudo e relato das suas razões de existir e das consequências de seu descumprimento.

Nessa senda, Eduardo García de Enterría e Tomás-Ramón Fernández afirmam que os atos administrativos ampliativos (ora denominados de favoráveis) são irrevogáveis em decorrência da aplicação dos princípios da segurança jurídica e da proteção à confiança, ambos protetivos dos particulares: "Um ato que declare direitos em favor de um administrado e que não apresente vícios em sua constituição não pode ser revogado de ofício pela própria Administração a pretexto de que o ato converteu-se em inconveniente ou inoportuno em um determinado momento".[99]

Porém, esses autores creem que a proibição normativa da revogabilidade resultaria numa rigidez demasiada, pois, em último grau, impediria a prevalência, mesmo que imprescindível, do interesse público. No entanto, como o confronto entre os interesses seria iminente,

---

98. Art. 105.1 da LRJPAC: "Las Administraciones Públicas podrán revocar en cualquier momento sus actos de gravamen siempre que tal revocación no constituya dispensa o exención no permitida por las leyes, o sea contraria al principio de igualdad, al interes público o al ordenamiento jurídico".
99. Eduardo García de Enterría e Tomás-Ramón Fernández, *Curso de Derecho Administrativo*, cit., 13ª ed., vol. 1, p. 669.

nos casos extremos, por incidência de outras normas jurídicas, a solução seria a retirada de tais atos como operação materialmente expropriatória, garantida a devida indenização.[100]

Fernando Garrido Falla, Alberto Palomar Olmeda e Herminio Losada González – cuja noção, adotada como correta, restringe o instituto da revogação à retirada por interesse público – caminham no mesmo sentido, afirmando a existência, com fundamento em abundante jurisprudência, do princípio da irrevogabilidade dos atos administrativos declaratórios de direitos.[101]

Em continuidade à explanação sobre a irrevogabilidade desses atos, os autores citados recorrem às circunstâncias traçadas pelo jurista italiano Renato Alessi: "Falta a referência àqueles casos em que o ato administrativo se limita a reconhecer em um caso particular o direito abstratamente estabelecido por uma norma para quem se encontra nas circunstâncias previstas. Estes direitos constituem verdadeiros limites à faculdade de revogação, e aqui está o fundamento da velha doutrina – não em todo inservível – que fazia depender a possibilidade de revogação do ato administrativo de caráter discricionário ou vinculado das faculdades que a Administração exercitou ao ditá-lo".[102]

Ramón Parada, distanciando-se da legislação e dos autores mencionados, conclui pela revogabilidade dos atos favoráveis se garantida a devida indenização. Esta, no caso, assumiria dupla função: a imediata, de compensar os prejuízos sofridos, e a mediata, de prestigiar a confiança do particular na validade do ato administrativo retirado.[103]

100. "Este princípio geral proibitivo é, desde logo, uma importante garantia aos particulares, que, deste modo, estão protegidos das possíveis mudanças de critérios da Administração; mas resulta também demasiado rígido. Uma solução de equilíbrio que garanta tanto o interesse público como o dos particulares seria a de permitir a revogação por motivos de simples oportunidade ou conveniência condicionando-a, sem embargo, ao reconhecimento e pagamento de uma indenização adequada que compensasse a perda dos direitos reconhecidos pelo ato revogado" (Eduardo García de Enterría e Tomáz-Ramón Fernández, *Curso de Derecho Administrativo*, cit., 13ª ed., vol. 1, p. 669).
101. Fernando Garrido Falla, Herminio Losada González e Alberto Palomar Olmeda, *Tratado de Derecho Administrativo*, cit., 14ª ed., pp. 705 e ss.
102. Idem, p. 707.
103.Ramón Parada, *Derecho Administrativo: Parte General*, cit., 15ª ed., vol. 1, pp. 203 e ss.

Diferente é sua posição caso tenham sido gerados direitos adquiridos, então irrevogáveis.[104] Entretanto, a par da firme alegação, o tópico não apresenta continuidade, de modo que inexiste posição acerca de eventual conflito entre o direito adquirido e o interesse público, em especial nos casos em que a manutenção do primeiro se mostre profundamente danosa ao segundo.

Por fim, vale citar a posição de Luciano Parejo Alfonso, síntese da posição majoritária da doutrina espanhola: "Com caráter geral, o art. 105.1 da LRJPAC [*Lei do Regime Jurídico das Administrações Públicas e do Procedimento Administrativo Comum*] habilita as Administrações Públicas a revogar em qualquer momento seus atos não favoráveis ou de gravame, sempre que tal revogação não constitua dispensa ou exceção não permitida pelas leis, nem seja contrária ao princípio da igualdade, ao interesse público ou ao ordenamento jurídico. Conforme a isto nada parece impedir a revogação dos atos desfavoráveis ou de gravame, ou os que não tenham gerado direitos em favor de terceiros e os de caráter puramente organizativo ou interno à Administração. Porém o poder-dever [*potestad*] de revogação, que em qualquer caso tem um limite no ordenamento jurídico, não é exercitável com relação aos atos favoráveis ou declaratórios de direitos, por pugnar abertamente com o princípio da segurança jurídica e da proteção à esfera patrimonial dos cidadãos outorgada pelo art. 33 da CE [*Constituição espanhola*]".[105]

5.3.2.3 *Direito Argentino*

O Direito Argentino, à semelhança do Ibérico, abarca sob o mesmo rótulo a retirada dos atos por ilegitimidade ou mérito diretamente pela Administração.

Independentemente da conceituação própria, a legislação argentina almejou regular especificamente a revogação por razões de mérito. Nessa hipótese, tendo como fundamento primeiro o direito dos administrados e a segurança jurídica, voltou-se à necessidade de estabilização dos atos administrativos, regulamentando a revogabilidade como exceção.

---

104. Idem, p. 202.
105. Luciano Parejo Alfonso, *Lecciones de Derecho Administrativo*, cit., p. 493.

A Lei Nacional de Procedimento Administrativo[106] estabelece que os atos regulares[107] que atribuam direitos subjetivos são em regra irrevogáveis. Sua revogação seria permitida apenas excepcionalmente, caso (i) a revogação fosse favorável e não causasse prejuízo a terceiros ou se (ii) o direito tivesse sido outorgado, expressa e validamente, a título precário.

No mais, observamos que o instituto da revogação foi aproximado ao da expropriação, visto que, em última análise, ambos sacrificariam direitos. Desta sorte, a conduta administrativa ficaria condicionada ao pagamento de indenização.[108]

Juan Carlos Cassagne[109] inicia a análise do tema apontando para suas bases e fundamentos. Acredita na mitigação da regra da revogabilidade, em atenção ao princípio da segurança jurídica dos administrados.

Relata que à época da construção da teoria do ato administrativo como manifestação exclusivamente unilateral, caracterizado como produto de um sujeito dotado exclusivamente de prerrogativas, o ato administrativo poderia ser revogado, independentemente do posicionamento do administrado.[110]

Contudo, como reação ao autoritarismo, somada ao crescimento da proteção aos administrados e à alteração da posição do Estado na

---

106. Art. 18, primeira parte.
107. Pela legislação, essa categoria também inclui os atos maculados por irregularidades sanáveis, que porém não serão considerados, por não serem objeto deste capítulo.
108. Lei Nacional de Processo Administrativo: "Art. 18. **Revogação do ato regular.** O ato administrativo regular de que tiverem nascido direitos subjetivos a favor dos administrados não pode ser revogado, modificado ou substituído em sede administrativa uma vez notificado. Sem embargo, poderá ser revogado, modificado ou substituído em sede administrativa se o interessado tiver conhecido o vício no caso do ato anulável, se a revogação, modificação ou substituição do ato o favorecer sem causar prejuízos a terceiros e se o direito tiver sido outorgado expressa e validamente a título precário. *Também poderá ser revogado, modificado ou substituído em sede administrativa por razões de oportunidade, mérito ou conveniência, indenizando-se os prejuízos que venham a ser causados aos administrados. Esta indenização somente compreenderá o valor objetivo do bem e os danos que sejam uma causa direta e imediata da revogação, excluindo-se o pagamento do lucro cessante"* (grifos nossos).
109. Juan Carlos Cassagne (dir.), *Derecho Administrativo*, cit., 8ª ed., vol. 2, pp. 359 e ss.
110. Idem, p. 362.

vida particular, a regra da revogabilidade deixou de viger com tamanha intensidade. E ressalta: "Robustece nossa interpretação a circunstância de que, como resultado das concepções que aporta o Estado de Direito, exista já a coincidência – ao menos em nosso País – de que a regra do ato administrativo unilateral é a de imutabilidade, irrevogabilidade ou estabilidade, como alguns autores preferem intitulá-la. A revogação constitui um instituto que somente procede em circunstâncias de exceção; o normal é a irrevogabilidade do ato".[111]

Essa situação ainda se acentua quando o ato administrativo atribui direito subjetivo ao destinatário, razão, inclusive, de aproximação da revogação da efetiva expropriação de direito: "A revogação por razões de oportunidade aparece como consequência de uma modificação da situação de interesse público, tendo em conta ao ditar o ato, produzir uma mudança nas condições de fato existentes. Seu fundamento – que é similar ao da expropriação, na qual o interesse privado cede frente ao interesse público por causa de 'utilidade pública' – deu origem à obrigação de indenizar o administrado que tenha sofrido o correspondente menoscabo patrimonial".[112]

Roberto Dromi adota posição idêntica, ressaltando, ainda, a estabilidade dos atos administrativos que criam, reconhecem ou declaram direito subjetivo:

"É a irrevogabilidade do ato pela própria Administração. É a proibição de revogação dos atos que criam, reconhecem ou declaram um direito subjetivo, uma vez que tenham sido notificados ao interessado, salvo se se extinguir ou alterar o ato em benefício do interessado.

"(...).

"Os atos administrativos são, em princípio, irrevogáveis, devido à segurança jurídica e à boa-fé que ampara as situações por eles criadas.

"Que a Administração não possa alterar os atos administrativos que declarem direitos subjetivos encontra apoio nos arts. 17 a 19, 28, 43 e 86-CN [*Constituição Nacional*]."[113]

Essa breve explanação fincou a posição da legislação e da majoritária doutrina argentinas – é dizer, do prestígio da estabilidade dos

---

111. Idem, p. 363.
112. Idem, p. 390.
113. Roberto Dromi, *Derecho Administrativo*, cit., 11ª ed., pp. 394-395.

atos e da defesa dos administrados em frente de eventuais prerrogativas estatais. Em complemento, destacamos que a doutrina argentina não perdeu de vista a importante manutenção do interesse público quando efetivamente necessário à preservação das relações sociais, circunstância em que se buscaria o equilíbrio de forças, através do ressarcimento dos administrados por meio de indenização.

5.3.3 Revogação dos atos ampliativos no Direito Brasileiro

Este item ficará adstrito à verificação do regime jurídico-administrativo posto e, se existente, da interpretação a ele atribuída pela doutrina e jurisprudência.

Sob o regime dos atos ampliativos serão descritas as normas incidentes sobre o instituto da revogação e suas consequências perante o *ser* e, predominantemente, o *dever-ser*.

Rememoramos que os atos praticados a título precário foram tratados noutro item, no qual concluímos que a revogabilidade seria sua característica marcante, independentemente dos efeitos provocados sobre a esfera de direitos dos administrados. Nesse caso, o embate teórico ficaria reduzido ao tópico da juridicidade do potencial dever de ressarcimento decorrente de sua ocorrência.

Com o relato da teoria aplicável aos atos instáveis, o tema da revogabilidade das declarações jurídicas estáveis passou a requerer grande atenção, sendo esse o objetivo precípuo da investigação.

Nessa senda, almejamos delinear um posicionamento interpretativo passível de conduzir, *prima facie*, à aplicação abstrata do instituto da revogação aos atos administrativos ampliativos considerados estáveis, conforme a noção posta. Dessas afirmações ressalvadas somente as circunstâncias propriamente reguladas, cujo regime deverá ser o da legislação específica.

Em função do objetivo alinhavado, também consideraremos ultrapassada a verificação dos limites genéricos à revogação, antes explicitados, salvo se propriamente incidentes, como acontecido com o tema do direito adquirido.

A exposição será iniciada com o detalhamento do regime da revogação, pois somente com seu conhecimento cremos possível a interpretação sistemática do ordenamento, alcançando-se especialmente os temas constitucionais e a iminente adequação das leis aos seus comandos.

5.3.3.1 Regime jurídico do instituto da revogação

Somente a partir do início do ano de 1999, com a promulgação da Lei federal 9.784, é possível afirmar a existência de uma categoria jurídico-positiva abstrata regulamentando o instituto da revogação no ordenamento jurídico brasileiro.

No entanto, é comum que normas específicas, circunscritas a uma única realidade, regulamentem propriamente o instituto, ocasião em que ele incidirá, dotado de características peculiares, exclusivamente sobre os fatos jurídicos regidos pelo respectivo diploma.

Essa tendência legislativa surgiu como aplicação do entendimento de que a autorização para revogar descende direta e intrinsecamente da competência para emissão do ato originário e gestão de específica faceta do interesse público.

Diretamente da competência para editar o ato administrativo remanesceria atribuição para alterá-lo unilateralmente, competência decorrente da aplicação do princípio da supremacia do interesse público sobre o privado – indiscutivelmente um dos pilares de sustentação do regime jurídico-administrativo.

Contudo, a enormidade de conteúdos que um ato administrativo pode apresentar nunca foi acompanhada pela produção legislativa, motivo impositivo de uma predominante normatização abstrata, promulgada apenas no final da década de 90 do século passado.

Em atenção a essa lacuna, coube à jurisprudência pátria, por meio do STF, normatizar originalmente o instituto. Foi concebida a ainda vigente e eficaz Súmula 473, tendo como parâmetro a posição consolidada pela doutrina e corroborada pela prática administrativa: "A Administração pode anular seus próprios atos quando eivados de vícios que os tornam ilegais, porque deles não se originam direitos; *ou revogá-los, por motivo de conveniência ou oportunidade, respeitados os direitos adquiridos e ressalvada, em todos os casos, a apreciação judicial*" (grifos nossos).

Os fundamentos jurídicos para a formação da posição sumulada foram os arts. 150, §§ 2º e 3º, da CF de 1967, 153, §§ 2º e 3º, da CF pós-Emenda 1/1969, além do embate criado em torno da noção de revogação prescrita nos Decretos 52.379/1963 (relativo aos trabalhadores da Vale do Rio Doce) e 53.410/1964, no julgamento do MS 13.942/1964.[114]

No mais, seguindo vasta pesquisa de João Antunes dos Santos Neto,[115] os MS 12.512/1964 (rel. Min. Lafayette Andrada[116]) e 16.935/1968 (rel. Min. Themístocles Brandão Cavalcanti[117]) também contribuíram para a conformação dessa Súmula, aderindo o tema da revogação ao conteúdo da anterior Súmula 356.

Essa norma jurídica de origem judicial, aqui compreendida sob o conceito kelseniano,[118] legitimou a prática da revogação mesmo inexistindo lei específica autorizando sua aplicação sobre determinada classe de atos.

Nessa realidade jurídica foi promulgada a apontada legislação federal, cujo espectro de incidência direta é a União Federal, mas que tem aplicabilidade subsidiária a todos os entes federativos.

Essa regra, dentre outros pontos de relevada importância no exercício da função administrativa, estabeleceu disposições gerais e abstratas acerca da competência do Poder Público para retirar quaisquer atos válidos por razões de interesse público, ressalvando apenas a proteção ao direito adquirido dos destinatários dos atos sob retirada.

Destacamos que esse diploma normativo não fez distinção de regime, para os atos ampliativos e restritivos, quanto à incidência da revogação, mesmo o tendo feito para a invalidação. De forma que, a rigor, suas regras regulamentariam todas as espécies e circunstâncias fáticas.

---

114. *RF* 212/91, Rio de Janeiro, Forense.
115. João Antunes dos Santos Neto, *Da Anulação **Ex Officio** do Ato Administrativo*, 2ª ed., Belo Horizonte, Fórum, 2006, pp. 148 e ss.
116. Indústrias Reunidas São Jorge S/A como impetrante e Presidente da República como impetrado (*DJU* 5.11.1964).
117. Esso do Brasil S/A como impetrante e impetrado o Prefeito de Santos (*DJU* 24.5.1968).
118. Hans Kelsen, *Teoria Pura do Direito*, 3ª ed., São Paulo, Martins Fontes, 1991, pp. 263 e ss.

No entanto, acreditamos que tal indistinção é exclusivamente aparente, sendo facilmente identificadas diferenças de regime na aplicação e interpretação de seu texto no contexto do sistema jurídico pátrio, porque uma gama de outros postulados normativos incide concomitantemente sobre a atuação administrativa abstrata e, propriamente, sobre esse tipo de retirada.

São postulados esparsos de grandeza maior, princípios que propendem à proteção dos administrados, fundamentais ao existir do direito administrativo. Delineiam a existência de um regime jurídico distinto de revogação de atos favoráveis, formadores de restrições e entraves inexistentes à retirada dos atos de gravame.

Diante do exposto, passamos à sua efetiva apresentação, propriamente à demonstração de uma construção interpretativa originada da aplicação conjunta das normas jurídicas mencionadas.

Temos por certo que esta interpretação – como qualquer outra interpretação que pretenda ser jurídica – deve ficar balizada pelo ordenamento posto. Por isso, inclusive, reconhecemos que a existência de uma norma válida e específica sobre determinado ato que acabe por deslocar a fonte normativa da competência para um diploma legal próprio implica a ponderação do aqui tracejado sempre com temperamentos, de modo a não afastar, salvo se por invalidade, o regime competente.

Assinalamos, evitando percalços, que a construção exegética decorre imediatamente da ideologia constitucional assumida pela estrutura do regime jurídico-administrativo pátrio, pautada pela contenção do Poder Político e garantia do direito dos administrados. Pretendemos que essas normas e ideais tomem seu devido posto como regentes da atuação dos agentes executores da função administrativa.

Sob essa luz, uma primeira colocação se faz presente.

Inexistindo limite abstrato ou fático à retirada de um ato restritivo, podemos apontar que todos poderão ser revogados, conscientes de que sua extinção resulta no aumento da esfera de direitos do destinatário.

Em nome da defesa do administrado, nenhuma regra protetiva comunga contra o aumento de sua esfera de direitos; em outras palavras, opõe-se à ampliação de seu patrimônio em face da redução de uma atuação estatal invasiva e prejudicial.

Ultrapassado isso, em sentido diverso, a revogação de atos não agressivos, por conformar-se em limitação de direito, exceção à referida lógica, tem de ser conduzida por normas constitucionais que vinculem seu executor.

O pilar fundamental dentre todas essas normas é o princípio da segurança jurídica, reluzente sobre a integralidade da atuação pública. É norma de incidência constante em todas as suas facetas ou acepções, subjetivas e objetivas, não concedente de qualquer espaço à atuação estatal que não o respeite.

No tema sob investigação esse instituto constitui potencial barreira que, por vezes, impede a revogabilidade do ato, antes obriga ao ressarcimento por sua ocorrência ou a de outro instituto, cujo efeito final seja equivalente.

Sua incidência ocorre por diversas formas e intensidades.

Na emissão do ato administrativo, sendo o suporte fático suficiente, ocorrerá a devida subsunção, recaindo sobre a situação jurídica subjetiva a proteção da segurança jurídica em sua faceta objetiva, referente à inviolabilidade do direito adquirido.

Essa situação ilustra o nascimento do direito adquirido, impedimento intransponível à revogação dos atos administrativos, tendo por fundamento imediato o aludido art. 53 da Lei 9.784/1999, assim como a própria Súmula 473 do STF.

A par da existência dessas normas, a proteção anunciada é mais ampla, apontando a desnecessidade dessa positivação para que seu conteúdo possa irradiar situações jurídicas, uma vez existente prescrição constitucional que expressamente garante a estabilidade do direito adquirido, assim como do ato jurídico perfeito e da coisa julgada.

Constatamos, ademais, que a disposição normativa contida no art. 5º, XXXVI, da Lei Fundamental aplica-se em face de eventuais alterações legislativas que possam prejudicar o direito adquirido; ou seja, vai além de meras alterações jurídicas decorrentes dos efeitos de um ato, por regra, subalterno à lei.

Respeitando a lógica do ordenamento pátrio, a vedação aplicada à legislação impede, com maior força, que um ato administrativo possa atingir o direito adquirido de seu destinatário. Jamais se poderia questionar que uma declaração jurídica inferior e dependente pudesse perverter o sistema e, ao suplantar a legislação, desrespeitar disposição constitucional.

Isso posto, entendemos que a questão latente reside apenas na construção de um critério objetivo que permita aos aplicadores do Direito identificar a ocorrência do direito adquirido originado do ato administrativo.[119] Neste ponto retomamos a exposição feita sobre o conteúdo desse instituto jurídico.

Entendemos que o direito adquirido origina-se da perfeita subsunção do suficiente suporte fático à declaração jurídica contida no ato administrativo, de sorte a formar – não havendo fragilidade em seu conteúdo – uma situação jurídica subjetiva estável.

Contudo, caso a delineação feita não seja reveladora o suficiente, outro elemento pode ser agregado à noção.

A natureza autorizativa ou constitutiva dos atos administrativos ampliativos resulta em atos subjetivos concretos que objetivam assegurar, para o futuro, a consequência jurídica ali presente, implicando o recebimento da proteção da segurança jurídica em sua faceta objetiva. Tal característica justifica, em idêntica proporção, a aquisição do direito e sua proteção: "Com as situações subjetivas, essencialmente, o que se passa é o mesmo fenômeno. Deveras: o único sentido que possuem é aprisionar em uma específica relação aquilo que se pretende assegurar intertemporalmente. O vínculo constituído por um ato subjetivo tem precisamente este significado jurídico: garantir *hic et nunc*, para o porvir, uma certa situação".[120]

Em conclusão, não havendo qualquer elemento no Direito que fragilize a intencionalidade de manutenção perene da relação constituída no futuro, como verificado nos atos precários, o direito é adquirido justamente com a subsunção, tornando, a partir dali, imutável a situação jurídica subjetiva.

---

119. "(...) a solução, juridicamente fundamentada, das hipóteses inicialmente levantadas depende da constatação, em cada caso, da existência ou não de direito adquirido, o que, por sua vez, reclama o estabelecimento de critérios que nos habilitem a assim proceder ou, pelo menos, a formulação de uma definição operativa de direito adquirido, tarefas que não desenvolveremos aqui, condicionados que estamos pelo tempo" (Márcio Cammarosano, "Decaimento e extinção dos atos administrativos", *RDP* 53-54/172, São Paulo, Ed. RT, janeiro-junho/1980).

120. Celso Antônio Bandeira de Mello, *Ato Administrativo e Direitos dos Administrados*, São Paulo, Ed. RT, 1981, p. 117.

Além do exposto – suficiente para alcançarmos a conclusão acerca da irrevogabilidade dos atos ampliativos estáveis –, faz-se importante revelar outra faceta do princípio da segurança jurídica, que também, por si, alcança e justifica o mesmo posicionamento.

Sabido que o ato objeto de revogação é válido, ou seja, produzido de acordo com o ordenamento jurídico, o princípio da proteção à confiança, faceta subjetiva da segurança jurídica, passa a defender seu destinatário em face das mudanças de entendimentos e intenções do Poder Público.

O Direito tem por função constituir e regulamentar as relações intersociais, objetivando, assim, sem margem para questionamento, proporcionar segurança ao agir dos indivíduos. Concede-lhes consciência e previsibilidade da legitimidade de suas ações passadas, próximas e futuras, bem como atribui certeza às relações instituídas e a outras que poderão vir a ser formadas.

Para proporcionar tal previsibilidade e estabilização das relações, tornou-se mais que relevante a positivação de determinadas normas que tenham expressamente a finalidade de evitar ações e medidas impeditivas ou redutoras dessa pedra de sustentação do ideal de um Estado instituído sob normas jurídicas.

Compondo o regime jurídico-administrativo, o princípio da proteção à confiança vislumbra defender esses ideais do Direito, promovendo a segurança da existência e atuação dos particulares frente ao exercício da função administrativa, que hodiernamente se espraia em todos os campos da vida privada, através das mais variadas declarações jurídicas autorizativas ou constitutivas de direitos dos administrados.

Desse modo, com fundamento nesses atos administrativos, o destinatário passa a engajar sua existência, realizar investimentos, estabelecer novas relações, sempre se amparando na crença de que seu *status* jurídico não será alterado por novas ou diferentes declarações concretas provenientes do mesmo ente político.[121]

---

121. "A preocupação com a estabilidade emerge com grande intensidade no direito administrativo com a consagração do Estado Social de Direito, no bojo do qual se introduz a ideia de atos ampliativos, concedentes de vantagens em favor dos administrados, de cuja singularidade de regime jurídico derivará a criação de novos mecanismos para defesa do administrado, bem como a difusão, no âmbito do direito administrativo, de institutos outrora tipicamente privatísticos, como são o direito adquirido

Essa crença justifica-se pelo entendimento de que o Estado deve agir de forma séria e constante,[122] revelando, portanto, mesmo que inconscientemente, o perfeito cumprimento – agora, às avessas – da presunção de legitimidade dos atos estatais, ponto de sustentação da proteção à confiança.

Com o passar dos anos esse atributo teve seu espectro aumentado, pois, além de constituir uma presunção de perfeita consonância com o ordenamento, confere ao administrado a noção de estabilidade do interesse público cravado no comando, sendo, este, refletor do interesse materializado da sociedade.

Esse princípio normatiza a iminência de os destinatários dos atos administrativos confiarem na Administração Pública, fruindo dos efeitos da declaração jurídica sem ressalvas e receios de que o *status quo* seja alterado por mudanças no entendimento do interesse público adotado – ou seja, por meio da revogação. Afirma Celso Antônio Bandeira de Mello:

"Em quaisquer de seus atos, o Estado – tanto mais porque cumpre com a função de ordenador da vida social – tem de emergir como interlocutor sério, veraz, responsável, leal e obrigado aos ditames da boa-fé. De seu turno, os administrados podem agir fiados na seriedade, responsabilidade, lealdade e boa-fé do Poder Público, maiormente porque a situação dos particulares é, em larguíssima medida, condicionada por decisões estatais, ora genéricas, ora provenientes de atos concretos".[123]

O desenvolvimento desse posicionamento adveio juntamente com a ampliação e a alteração da natureza da atuação estatal, somadas à mudança de eixo do Direito. Reduziu-se a possibilidade de o ente estatal, por razão de conveniência ou oportunidade, retirar vantagem

---

e o ato jurídico perfeito" (Rafael Valim, *O Princípio da Segurança Jurídica no Direito Administrativo Brasileiro*, São Paulo, Malheiros Editores, 2010, p. 104).

122. "A Administração não pode ser volúvel, errática em suas opiniões. *La donna è mobile* – canta a ópera; à Administração não se confere, porém, o atributo da leviandade. A estabilidade da decisão administrativa é uma qualidade do agir administrativo, que os princípios da Administração Pública impõem" (Sérgio Ferraz e Adilson de Abreu Dallari, *Processo Administrativo*, 2ª ed., São Paulo, Malheiros Editores, 2007, p. 44).

123. Celso Antônio Bandeira de Mello, "Segurança jurídica, boa-fé e confiança legítima", *RTDP* 51-52/7, São Paulo, Malheiros Editores, 2010.

legitimamente conferida e já inserta na esfera de direitos do destinatário particular.

Diferente seria o posicionamento, em muito ainda evocado, se mantida a predominância da atuação coercitiva do Estado, de vez que, nessas situações, a revogação significa proteção dos administrados.

Em suma, acreditamos hodiernamente que, ao se posicionar o eventual interesse público motivador da retirada do ato ampliativo estável frente à situação constituída e ao princípio de proteção à confiança, prevalecerá o último. A atualidade do sistema jurídico impõe que a função administrativa seja executada em prol da estabilização social, impedindo que o particular, que agiu acertadamente e prevendo seu futuro, confiante na seriedade da declaração jurídica, seja prejudicado.

Essa interpretação, além de relatar o que se compreende do conteúdo e alcance do princípio da segurança jurídica, visa a facilitar a análise do aplicador do Direito. Objetiva retirar a averiguação de revogabilidade da exclusiva constatação de ocorrência da aquisição do direito pelo destinatário do ato, questão da mais elevada complexidade, cuja resposta, dependente da noção adotada pelo operador, é da mais elevada dificuldade.

Ademais, essa hermenêutica afasta outras construções jurídicas cuja aceitabilidade pode ser questionada pela falta de previsibilidade constitucional ou legal, elementar quando posta para cumprimento da função administrativa, vinculada ao princípio da legalidade. No mais, uma investigação dogmática pressupõe que seu objeto seja o Direito posto, os princípios e regras presentes no ordenamento.

Dentre essas teorias figura a da *coisa julgada administrativa*.

Essa teoria, de origem francesa, foi desenvolvida como consequência da dupla jurisdição existente: a administrativa e a judicial. A primeira volta-se ao julgamento de ações decorrentes da atuação administrativa (processos administrativos), enquanto o Poder Judiciário se incumbe da resolução de conflitos privados, de processos judiciais oriundos de relações jurídicas estranhas à atividade estatal.[124]

---

124. "A existência de uma organização jurisdicional especializada no julgamento dos litígios administrativos, separada da jurisdição ordinária, é um dos traços essenciais do sistema francês. Organização jurisdicional: trata-se de verdadeiros tribu-

Com essa configuração, vislumbrou-se criar um mecanismo que impedisse que as decisões tomadas pelos tribunais administrativos fossem rediscutidas no foro judicial, aplicando-se, para tanto, a difundida teoria da coisa julgada às decisões dessa jurisdição. Ou seja, *coisa julgada administrativa* significa dizer que o véu da imutabilidade também recai sobre as decisões finais tomadas na jurisdição administrativa, sendo vedadas sua rediscussão ou alteração por qualquer outro órgão constituído.

Se essa teoria fosse importada sem ressalvas pelo nosso ordenamento, as decisões finais proferidas no exercício da função administrativa, independentemente da origem, seriam inalteráveis, seja pelo agente que detinha competência final para se pronunciar sobre o tema ou por uma autoridade de controle, aqui incluída a judicial.

Contudo, pelo atual ordenamento brasileiro, a impossibilidade de alteração das decisões administrativas sempre será relativa, pois, como sabido, o art. 5º, XXXV, da CF prescreve que Poder Judiciário poderá apreciar todo e qualquer ato, mesmo que oriundo da Administração Pública, caso ele venha a causar lesão ou ameaça a direito. Assim sendo, a imutabilidade mencionada seria parcial, circunscrita à esfera administrativa.

As considerações feitas retiram parcela do conteúdo da teoria, mas não a desabonam integralmente, pois essa imutabilidade ainda remanesceria para as decisões da própria Administração. Entretanto, sabido que as autoridades administrativas devem agir *secundum legem*, acreditamos que seu enfraquecimento deriva da inexistência de previsão normativa específica, cedendo vez perante o conteúdo do art. 53 da Lei 9.784/1999. Por essa regra o agente público tem o dever jurídico de rever seus próprios atos quando contrários ao Direito, a par

nais, que desempenham a função normal de qualquer juiz: dizer o Direito em litígios que lhe são submetidos. Mas tribunais administrativos: do ponto de vista de sua estrutura possuem uma hierarquia própria, sem nenhuma ligação com a hierarquia judicial ordinária; do ponto de vista da sua competência, só conhecem do contencioso administrativo, ou seja, do conjunto das contestações nascidas da atividade administrativa, quando esta se exerce subordinada ao direito administrativo. Existem pois em França duas ordens de jurisdição: a ordem judicial ordinária, que tem no topo o Tribunal de Cassação, e a ordem administrativa, sob a autoridade do Conselho de Estado" (Jean Rivero, *Direito Administrativo*, trad. de Rogério Ehrhardt Soares, Coimbra, Livraria Almedina, 1981, p. 155).

de terem sido emitidos em última instância de competência, ressalvadas apenas as exceções legais e jurisprudenciais.

Superada essa passagem, é factível a fixação de uma conclusão sobre o tema tratado até o momento.

Em suma, para esta investigação os atos administrativos ampliativos estáveis são irrevogáveis, devido à força imperativa do princípio constitucional da segurança jurídica, seja pela aquisição efetiva do direito ou em decorrência do impositivo respeito ao princípio da proteção à confiança.

Ademais, cremos que essa assertiva não afronta o tratado no art. 53 da Lei 9.784/1999, a par de essa norma permitir indiscriminadamente a revogabilidade dos atos administrativos. Em verdade, apenas propomos que seja lida em sintonia com o sistema jurídico, interpretando-o à luz dos aludidos princípios constitucionais. Nessa hipótese, reduzimos sua irradiação aos atos administrativos restritivos de direitos e aos atos ampliativos praticados a título precário, sobre os quais remanesceria a autorização legal de retirada por razões de mérito.

O entendimento exposto é corroborado pela ressalva contida no próprio artigo, ao determinar que a aquisição do direito pelo seu destinatário seria fator impeditivo à revogação. Dessa forma, seja pela aplicação do entendimento alinhavado sobre o processo de aquisição do direito ou dilatando o espectro da mencionada exceção com a aplicação do princípio da proteção à confiança, o fim imediato desta interpretação será o mesmo: o de respeito e efetivação do princípio da segurança jurídica.

Todavia, a conclusão apontada, como praticamente todas as alcançadas na ciência jurídica, gera consequências e questionamentos. Vamos ao principal.

5.3.3.2 *A necessária manutenção do interesse público em face dos efeitos do ato ampliativo estável*

Não discutimos a existência, validade e eficácia do princípio da supremacia do interesse público sobre o privado, reconhecida pedra angular do regime jurídico-administrativo. Contudo, conforme apontado neste item, em determinadas hipóteses sua incidência é diminuída pela aplicação do princípio da segurança jurídica.

No entanto, o princípio da segurança jurídica não tem o condão de imobilizar indiscriminadamente a atividade estatal, impedindo imprescindíveis alterações nas relações ou situações jurídicas constituídas dos particulares.

Constatada a presença de interesse público real que, em vista ao caso concreto, impeça a prevalência e a preservação dos atos administrativos ampliativos, sua efetivação deverá ocorrer, utilizando-se para tanto de instrumentos fornecidos pelo Direito.

Do exposto surge a indagação: partindo do pressuposto de que são irrevogáveis os atos ampliativos estáveis, qual o instrumento jurídico que, comprovada a gravidade de sua manutenção, possibilitará o sacrifício do direito por imposição do interesse público primário?

Pois bem, por ser uma investigação dogmática, a resposta a tal questionamento deve vir do sistema jurídico.

Sua solução obriga o intérprete a se voltar – como sempre deveria ser – ao texto constitucional. Materializando o princípio da supremacia do interesse público sobre o privado, a Constituição elegeu o instituto da expropriação como o instrumento pelo qual o Estado pode sacrificar direitos em conflito com o querer da sociedade, ressalvado, para tanto, o prévio e justo ressarcimento do dano.[125]

Enfim, respondemos: caso a manutenção do direito originado do ato administrativo ampliativo esteja em frontal contrariedade com o interesse público, poderá o administrador público, por disposição constitucional e legal, expropriá-lo, indenizando previamente o administrado.

Nesse sentido Celso Antônio Bandeira de Mello:

"Quando, pelo contrário, inexiste o poder de revogar, mas a Administração necessita, para atender a um interesse público, rever certa situação e afetar relação jurídica constituída, atingindo *direito* de alguém (não meras faculdades ou expectativas), a solução é *expropriá-lo*. (...).

---

125. "Vê-se, portanto, que o direito adquirido, por força da Constituição, está imune à incidência imediata de lei nova ou de qualquer outro ato de produção jurídica. O sacrifício do direito adquirido só é admissível nas hipóteses em que a própria Constituição o admite e na forma por ela estabelecida, tal como a desapropriação" (Márcio Cammarosano, "Decaimento e extinção dos atos administrativos", cit., *RDP* 53-54/172).

"(...).

"A lei prevê o instituto da *expropriação* quando é irredutível o choque entre um interesse público e um *direito* do administrado. (...)"[126]

Daniele Coutinho Talamini afirma que em caso de conflito indissolúvel entre o interesse público e o privado "a solução é a expropriação do direito, cujo regime será o previsto na Constituição, no art. 5º, XXIV". Prossegue: "A supressão de um direito já incorporado ao patrimônio de alguém só se justifica se a reparação do prejuízo for integral e justa e se observar um regime diferenciado, mais vantajoso ao particular".[127]

Nenhum embate jurídico acerca da compatibilização do interesse público e do respeito aos direitos dos administrados resiste ao sistema jurídico, que prevê o instituto da expropriação de direitos como meio de prevalência forçada do bem comum, apto a garantir, sem embates de natureza teórica, o dever de busca pelo equilíbrio patrimonial, em contrapartida ao dano causado à esfera jurídica do particular.

Fica claro que a revogação não é o instituto jurídico correto para a retirada do ato favorável em prol de um prevalecente interesse público. A continuidade de sua aplicação apenas dificultará sua evolução conceitual, bem como, de forma imediata, desprestigiará os administrados.

Diferentemente do regime jurídico da expropriação, conforme disposto ao longo da investigação, muitos são os embates acerca do dever da Administração de tornar indene o administrado lesado pela revogação de ato favorável. Sendo assim, a retirada do ato estatal realizada por meio do instituto jurídico correto reduziria tais questionamentos, privilegiando o administrado.

Inclusive, destacamos que, nesse caso, a indenização deverá ser prévia, justa e em dinheiro, como a mais condizente interpretação do art. 5º, XXIV, da CF, em resposta ao sacrifício do patrimônio jurídico do particular, atuação máxima de agressão estatal.

---

126. Celso Antônio Bandeira de Mello, *Curso de Direito Administrativo*, cit., 27ª ed., p. 458.
127. Daniele Coutinho Talamini, *Revogação do Ato Administrativo*, cit., p. 245.

6
INVALIDAÇÃO DOS ATOS AMPLIATIVOS

6.1 O instituto da invalidação: 6.1.1 Fundamentos da invalidação – 6.1.2 Sujeitos da invalidação – 6.1.3 Efeitos da invalidação – 6.1.4 Objetivos da invalidação. 6.2 A invalidação dos atos administrativos ampliativos: 6.2.1 Breve panorama do Direito estrangeiro: 6.2.1.1 Direito Francês – 6.2.1.2 Direito Espanhol – 6.2.1.3 Direito Português – 6.2.1.4 Direito Argentino. 6.3 A busca pelo dever de convalidar: 6.3.1 Vício de sujeito – 6.3.2 Vício de formalidade – 6.3.3 Vício de procedimento. 6.4 Estabilização dos atos ampliativos viciados. 6.5 O decurso do tempo. 6.6 A efetiva invalidação: efeitos e consequências.

6.1 O instituto da invalidação

O tratamento da invalidação dos atos administrativos decorre diretamente da noção de validade delineada no capítulo antecedente. Considerada como o *status* do ato jurídico em conformidade com as normas jurídicas de certo ordenamento, a noção de invalidade corresponde imediatamente ao inverso.

Desta feita a verificação de validade advém da análise da declaração jurídica estatal com vistas ao Direito posto, propriamente com a legislação condutora do exercício da função administrativa então materializada no ato. A ideia de invalidade resulta diretamente do dever de submissão da função administrativa à lei.

No Brasil essa noção foi importada juntamente com a de Estado de Direito, seguindo a construção teórica e institucional francesa. Inclusive, à época da Constituição Política do Império o sistema administrativo replicou a fórmula da dupla jurisdição, na qual a administrativa ficava sob regência do Conselho de Estado Imperial.[1]

---

1. Carlos Batisde Horbach, *Teoria das Nulidades do Ato Administrativo*, São Paulo, Ed. RT, 2007, p. 223.

Guardando muito das características e peculiaridades da teoria francesa, com a instauração da República o sistema conheceu e recebeu alguns traços de um novo eixo de influência: os Estados Unidos da América do Norte e o seu Constitucionalismo.

Com a nova Lei Fundamental de 1891, que instituiu a Federação e extinguiu a duplicidade de jurisdição, o dever de validade dos atos emitidos pela Administração Pública passou a espelhar-se na teoria motivadora do controle de constitucionalidade e de retirada dos efeitos da legislação tida por inconstitucional. Nas palavras de Carlos Batisde Horbach:

"A influência norte-americana na questão das nulidades do ato administrativo veio, por sua vez, da importação do controle de constitucionalidade das leis, com suas conclusões radicais quanto aos efeitos dos atos legislativos inconstitucionais, que desde Marshall são considerados nulos e írritos, na tradução consagrada por Rui Barbosa. Assim, fazendo um paralelo entre os binômios Constituição/lei e lei/ato administrativo, natural extensão dos efeitos da contrariedade das leis em face da Constituição aos efeitos da contrariedade do administrativo diante da lei.

"Em outras palavras, a importação do sistema norte-americano de controle de constitucionalidade, com seus pressupostos teóricos, gerou o campo propício para que os atos administrativos irregulares, contrários à lei, fossem equiparados aos atos inconstitucionais, ou seja, também eles seriam nulos e írritos."[2]

Tirante a fixação da regra geral de validade, a importação da teoria trouxe consigo outros embates, com mais destaque à aplicação das categorias do direito civil,[3] por muitos considerada propriamente a Teoria Geral do Direito,[4] ao campo do direito administrativo. Foram instituídos níveis e categorias de invalidade, dependentes da eventual

---

2. Idem, p. 224.
3. Idem, pp. 223 e ss.
4. "A distinção entre atos nulos e anuláveis, embora objeto de sistematização pelos civilistas, não envolve matéria jurídica de direito privado, mas da Teoria Geral do Direito, pertinente à ilegitimidade dos atos jurídicos, e, portanto, perfeitamente adaptável ao direito público, especialmente ao direito administrativo. Não se trata, por conseguinte, de transplantação imprópria de teoria do direito privado para o direito público, inconciliável com os princípios informadores do ato administrativo" (Oswaldo Aranha Bandeira de Mello, *Princípios Gerais de Direito Administrativo*, 3ª ed., 2ª tir., vol. I, São Paulo, Malheiros Editores, 2007, p. 656).

gravidade do descumprimento, sendo eles a nulidade, anulabilidade e, em alguns casos, a inexistência.

No entanto, não será objeto deste estudo a análise desses debates, e nem do mérito de cada uma das categorias. Teremos sob foco a retirada ou manutenção dos atos administrativos originados em desconformidade com o prescrito na legislação, sua fonte de validade.

A invalidação será a denominação atribuída à retirada do ato administrativo emitido em contrariedade com a legislação – ou seja, do ato ilegítimo.[5] Desse modo, utilizaremos a potencialidade de convalidação dos atos administrativos como critério distintivo da repercussão normativa ao descumprimento da ordem jurídica, seguindo, assim, os ensinamentos de Celso Antônio Bandeira de Mello[6] e Maria Silvia Zanella Di Pietro,[7] dentre outros.

Diferentemente do instituto da revogação, a invalidação não elimina o ato administrativo[8] por razões de mérito, fundamentado em eventual descompasso com o interesse público.

5. "A doutrina não está de acordo sobre a terminologia que deve ser empregada para concretizar a ideia de extinção por causa de ilegitimidade, e fala indistintamente de anulação de justiça, de anulação por exercício de uma prerrogativa de vigilância ou fiscalização de órgãos superiores sobre os inferiores e de uma anulação pela mesma autoridade que ditou o ato, por ofício ou por petição da parte. Pensamos que em todas aquelas circunstâncias em que a própria Administração é a que extingue um ato seu em razão dos vícios de que adoece estamos em presença de uma retirada administrativa, e, portanto, esta situação apresenta características próprias distintas daquelas que se dão quando é um órgão de jurisdição que anula o ato. Preferimos, em consequência, usar o vocábulo 'anulação' para a remoção de um ato administrativo em sede jurisdicional, e 'invalidação' para designar a retirada de um ato administrativo de estrutura viciada. A anulação se resolve em um ato jurisdicional; a invalidação, por outro lado, constitui um ato administrativo. Esta é a razão de estudo da invalidação, dentro das figuras jurídicas de retirada dos atos administrativos" (Hugo Augusto Olguín Juarez, *Extinción de los Actos Administrativos: Revocación, Invalidación y Decaimiento*, Santiago do Chile, Jurídica de Chile, 1961, pp. 229-230).

6. Celso Antônio Bandeira de Mello, *Curso de Direito Administrativo*, 27ª ed., São Paulo, Malheiros Editores, 2010, pp. 472-473.

7. Maria Sylvia Zanella Di Pietro, *Direito Administrativo*, 21ª ed., São Paulo, Atlas, 2008, pp. 230-232.

8. No presente estudo, por razões didáticas, não trataremos da distinção entre a extinção do ato administrativo ou de seus efeitos, seguindo, portanto, as mesmas considerações de Celso Antônio Bandeira de Mello: "Neste passo, e por razões de ordem didática, deixaremos de lado, por ora, o problema de se saber, em cada caso, se o que se extingue são os efeitos do ato ou o próprio ato. Este debate, encontradiço em autores que trataram aprofundadamente aspectos do tema, prejudicaria a lineari-

Essa espécie efetiva-se com a constatação de descumprimento da norma jurídica na prática do ato;[9] ou seja, ocorre por questões de legalidade. A invalidação é noção antitética à de validade jurídica,[10] de sorte que reporta a retirada do ato ao defeito jurídico.[11]

O autor chileno Hugo Augusto Olguín Juarez grafa, com clareza: "Invalidar um ato significa retirá-lo do mundo jurídico em que tem existência, em atenção aos vícios de que adoece.

"A invalidação é a retirada de um ato inválido, irregular, afetado por um vício invalidante, que se realiza mediante um ato administrativo contrário e posterior."[12]

Weida Zancaner bem define a noção abstrata de invalidação: "*Invalidação* é a eliminação, com eficácia *ex tunc*, de um ato administrativo ou da relação jurídica por ele gerada ou de ambos, por haverem sido produzidas em dissonância com a ordem jurídica".[13]

Fixada a noção de *invalidação* adotada no sistema brasileiro – e, portanto, tomada neste estudo –, mister identificarmos alguns elementos de supino relevo para esta investigação.

---

dade expositiva. Usaremos, então, indiscriminadamente, as expressões 'extinção do ato' ou 'extinção dos efeitos do ato', sem que isso implique compromisso teórico" (*Curso de Direito Administrativo*, cit., 27ª ed., p. 445).

9. "O *motivo* da invalidação é a ilegitimidade do ato, ou da relação por ele gerada, que se tem de eliminar. Enquanto na revogação é a inconveniência que suscita a reação administrativa, na invalidação é a ofensa ao direito" (Celso Antônio Bandeira de Mello, *Curso de Direito Administrativo*, cit., 27ª ed., p. 464).

10. "O acto só é válido quando reúne os requisitos legalmente exigidos para a produção dos seus efeitos específicos, isto é, quando se conforma com o padrão traçado pela lei para o tipo a que corresponde" (Marcello Caetano, *Manual de Direito Administrativo*, 10ª ed., vol. 1, Coimbra, Livraria Almedina, 2005, p. 465).

11. "O ato possui vício se não obedecer, se não se enquadrar às normas que lhe são superiores e lhe servem de fundamento de validade. A constatação de que um ato é portador de vício se dá por um juízo. A invalidação é mais que um juízo verificador de adequação entre as normas. É manifestação normativa também, cujo propósito é a expulsão (retirada do sistema) de norma desconforme ao ordenamento. Esta manifestação advém de um órgão dotado de competência para tanto" (Jacintho de Arruda Câmara, "A preservação dos efeitos dos atos administrativos viciados", *Revista Diálogo Jurídico* 14/4, Salvador, Centro de Atualização Jurídica/CAJ, junho-agosto/2002, disponível em http://www.direitopublico.com.br, acesso em 24.3.2010).

12. Hugo Augusto Olguín Juarez, *Extinción de los Actos Administrativos: Revocación, Invalidación y Decaimiento*, cit., p. 230.

13. Weida Zancaner, *Da Convalidação e da Invalidação dos Atos Administrativos*, 3ª ed., São Paulo, Malheiros Editores, 2008, p. 53.

6.1.1 Fundamentos da invalidação

Dentre os pilares de sustentação do Estado de Direito[14] encontra-se o inafastável dever do Poder Público de respeitar e cumprir as normas jurídicas – melhor dizendo, a lei e os princípios.

Conforme esclarece Ruy Cirne Lima: "(...). Walter Jellinek afirma que o primeiro princípio do Estado de Direito é o da legalidade da Administração. Pretende-se significar com isso, em primeira linha, que nenhum ato administrativo pode violar a lei e que nenhum ato administrativo que imponha encargos pode ser praticado sem fundamento legal. Segundo Walter Jellinek, esse princípio já havia sido definido com indubitável clareza por Montesquieu, quando disse que ninguém pode ser obrigado a fazer alguma coisa a que a lei não o obriga (...)".[15]

A submissão irrestrita da Administração Pública à lei tem colorido constitucional no sistema pátrio, estando o princípio da legalidade consagrado e perpetuado nos arts. 5º, II, 37, *caput*, e 84, IV, da CF.[16]

Nessa toada, conforme descrito por Maria Sylvia Zanella Di Pietro, "a Administração Pública só pode fazer o que a lei permite. (...). Em decorrência disso, a Administração Pública não pode, por simples ato administrativo, conceder direitos de qualquer espécie, criar obrigações ou impor vedações aos administrados; para tanto, ela depende de lei".[17]

---

14. Dispõe Hugo Augusto Olguín Juarez: "No Estado de Direito a Administração deve observar a lei e ajustar sua atividade aos termos em que o ordenamento jurídico a faz procedente. A manutenção dos princípios de juridicidade e de razoabilidade constitui, então, a causa da invalidação. São os vícios do ato administrativo os que movem a Administração a extingui-los, restabelecendo o império da norma quebrada" (*Extinción de los Actos Administrativos: Revocación, Invalidación y Decaimiento*, cit., p. 237).
15. Ruy Cirne Lima, *Princípios de Direito Administrativo*, 7ª ed., revista e reelaborada por Paulo Alberto Pasqualini, São Paulo, Malheiros Editores, 2007, p. 46.
16. "No Brasil, o princípio da legalidade, além de assentar-se na própria estrutura do Estado de Direito e, pois, do sistema constitucional como um todo, está radicado especificamente nos arts. 5º, II, 37, *caput*, e 84, IV, da CF. Estes dispositivos atribuem ao princípio em causa uma compostura muito estrita e rigorosa, não deixando válvula para que o Executivo se evada de seus grilhões. (...)" (Celso Antônio Bandeira de Mello, *Curso de Direito Administrativo*, cit., 27ª ed., p. 102).
17. Maria Sylvia Zanella Di Pietro, *Direito Administrativo*, cit., 21ª ed., p. 63.

Miguel Seabra Fagundes ensina: "Todas as atividades da Administração Pública são limitadas pela subordinação à ordem jurídica, ou seja, à legalidade. O procedimento administrativo não tem existência jurídica se lhe falta, como fonte primária, um texto de lei. Mas não basta que tenha sempre por fonte a lei. É preciso, ainda, que se exerça segundo a orientação dela e dentro dos limites nela traçados. Só assim o procedimento da Administração é legítimo".[18]

Sobre o conteúdo do princípio da legalidade, afirma Jean Rivero: "A Administração é uma função essencial executiva: encontra na lei o fundamento e o limite da sua actividade. Isso não exclui, em relação a ela, a faculdade de estabelecer, tal como o legislador, regras gerais, na medida que tais regras sejam necessárias para precisar as condições da execução das leis; mas as regras gerais de origem administrativa, ou regulamentos, estão inteiramente submetidas às leis".[19]

Podemos extrair que o dever de restabelecimento e manutenção da legalidade sintetiza o fundamento-base da invalidação, de modo que, não havendo outros valores que exijam conduta diferente do Poder Público, o ordenamento imporá o dever de retirada.

Nesses termos, o fundamento mediato da invalidação é contemporâneo da própria teoria de submissão do Estado à lei. De nada valeria a construção de um sistema fundado nesse ideal se inexistissem meios de controle, reversão e punição em face de uma atuação ilegítima materializada no ato administrativo.

Com origem francesa, o regramento-base da invalidação foi desenvolvido pela jurisdição administrativa, predominantemente pelo Conselho de Estado francês. Por meio da interposição do recurso de excesso de poder, o debate centrou-se sobre os possíveis vícios que atingiriam o ato e sustentariam sua retirada, em destaque os relacionados à incompetência do agente, à mácula na forma, à violação de lei e ao abuso de poder.[20]

---

18. Miguel Seabra Fagundes, *O Controle dos Atos Administrativos pelo Poder Judiciário*, 3ª ed., Rio de Janeiro, Forense, 1957, p. 115.
19. Jean Rivero, *Direito Administrativo*, trad. de Rogério Ehrhardt Soares, Coimbra, Livraria Almedina, 1981, p. 20.
20. "Resulta daí que é no quadro do recurso por excesso de poder que foram definidas e classificadas as formas de ilegalidade que podem viciar a decisão. As suas condições de validade deduzem-se a contrário: é legal a decisão que não está maculada por um dos vícios que o juiz do excesso de poder sanciona com a anulação. A teoria

Acerca desse tema, contribui Marcello Caetano:

"O acto administrativo não pode contrariar a legalidade, isto é, as disposições genéricas que obrigam os órgãos da Administração. Quanto um acto administrativo carece de qualquer dos requisitos legais de validade, diz-se *ilegal*.

"Poderia então falar-se unicamente na *ilegalidade do acto*. Mas a prática conduziu à análise das várias modalidades que a ilegalidade pode revestir consoante o elemento ou requisito do acto por ela afectado. Deste modo, nasceu a concepção dos *vícios do acto administrativo*, que outra coisa não são senão designações específicas dos modos de ilegalidade do acto."[21]

Pela mesma linha seguiu o entendimento influenciado pelo Direito Norte-Americano, por meio do qual se acreditava ser inócua a fixação de uma regra jurídica predominante sobre outra se não fosse possível o controle da segunda em vista da primeira. Noutras palavras – agora trazido ao nosso sistema –, o conteúdo do princípio da legalidade seria esvaziado caso os atos estatais que lhe fossem subalternos não fossem controláveis, de nada valendo a rigidez imposta pelo Estado de Direito.

Sob as influências expostas, também no Brasil o regime normativo imediato da invalidação teve sua origem em construção doutrinária e jurisprudencial.

O STF, seguindo o debate nacional e estrangeiro acerca da autotutela administrativa, em 1963 editou a Súmula 346,[22] que assim prescrevia: "A Administração Pública pode declarar a nulidade dos seus próprios atos".

Essa Súmula teve como paradigma de origem o julgamento da ACi 7.704-DF, cujo Relator foi o Min. Orozimbo Nonato, e do qual se transcreve importante trecho: "(...) e a autoridade que tem compe-

---

da validade da decisão executória confunde-se, pois, quanto ao fundo, com a dos casos de anulação em matéria de recurso por excesso de poder, tal como será exposta (infra, ns. 252 e ss.); tais como são a incompetência, o vício de forma, a violação de lei e o desvio de poder" (Jean Rivero, *Direito Administrativo*, cit., pp. 125-126).

21. Marcello Caetano, *Manual de Direito Administrativo*, cit., 10ª ed., vol. 1, p. 495.

22. Súmula publicada no *Caderno de Súmulas da Jurisprudência Predominante do STF*, Anexo ao *Regimento Interno da Corte*, edição da Imprensa Nacional de 1964.

tência expressa para prática de um ato tem-na, extensivamente, para anulação desse ato. (...). Assentado que pode a Administração anular seu ato contrário à lei, salvo à parte recurso à Justiça, esta é a questão fundamental dos autos – é certo que, na órbita administrativa, não oferece dúvidas a proposição de que à autoridade, a que compete a prática de um ato, compete a de sua anulação, se cabível e quando cabível".[23]

Passados poucos anos, já em 1969 o STF editou nova Súmula, de n. 473,[24] ampliando o conteúdo da anterior, incluindo a previsão de a Administração revogar seus atos por razões de mérito.

No tocante à invalidação, vale destacar que a nova redação apenas objetivava reafirmar os princípios da Súmula anterior, "assim como se posicionar pela não geração de direitos adquiridos desde atos manifestamente viciados, invalidados por esta razão como regra geral a observar-se".[25]

23. João Antunes dos Santos Neto, *Da Anulação "ex officio" do Ato Administrativo*, 2ª ed., Belo Horizonte, Fórum, 2006, p. 145-146. Seguindo esse julgamento destacam-se outros: RE 9.830/1948, *RDA* 20/40; RE 26.565/1957, *RTJ* 3/655; MS 4.609/1957, *RTJ* 3/651; RMS 7.983/1961, *RTJ* 19/41.
24. "Súmula n. 473. A administração pode anular seus próprios atos, quando eivados de vícios que os tornem ilegais, porque deles não se originam direitos; ou revogá-los, por motivo de conveniência ou oportunidade, respeitados os direitos adquiridos, e ressalvada, em todos os casos, a apreciação judicial."
25. João Antunes dos Santos Neto, *Da Anulação **Ex Officio** do Ato Administrativo*, cit., 2ª ed., p. 149.
"Isenção fiscal. Concedida por certo prazo com caráter contratual, não pode o Governo suprimi-la invocando nova lei. Mas isso no pressuposto de que a isenção tenha sido concedida licitamente, sem ofensa à lei então vigente – Anulação e revogação de ato administrativo. É facultada a anulação ao Governo se a lei não foi obedecida ao ser praticado o ato, cabendo ao Poder Judiciário, sempre que oportunamente provocado, dizer a palavra derradeira: através do mandado de segurança, se admissível; quando não, pela via ordinária. *Os atos administrativos não podem ser revogados, mesmo quando discricionários, se deles nasceu um direito público subjetivo, salvo se o ato não obedeceu à lei. Porque, então, já não se trata de revogação, mas de anulação, com efeitos **ex tunc**, pois do ato nulo, em regra, não nasce direito – Caso em que a anulação depende de processo administrativo, no qual haja defesa.* Mesmo havendo falha no processo administrativo, não se anula o ato por falta de processo quando na própria ação movida pelo interessado se apura o motivo que justifica o ato impugnado (a impetrante declara ser empresa comercial e a lei em questão protege indústrias) – Segurança negada" (STF, Pleno, RMS 14.101, rel. Min. Luís Gallotti, j. 29.4.1965 – grifos nossos).

Por muito tempo a posição do Pretório Excelso norteou a conduta da Administração Pública, sendo fundamento normativo de sua atuação, sempre amparada pelos princípios da legalidade e da supremacia do interesse público sobre o privado.

Com a edição da Lei de Processo Administrativo Federal (Lei 9.784/1999) normatizou-se o postulado jurisdicional. Conforme dispõe o art. 53 desse diploma, é dever da Administração anular seus próprios atos quando eivados de vício de legalidade.

Esse dispositivo rege toda a conduta da Administração Federal e, subsidiariamente, dos demais entes federativos.

De toda sorte, nessa norma se registra o fundamento legal imediato da invalidação, que, pela importância no sistema – e especialmente neste estudo –, será detidamente analisado na sequência.

6.1.2 Sujeitos da invalidação

A extinção do ato administrativo por razões de legalidade pode ser promovida diretamente pela Administração Pública e pelo Poder Judiciário, quando provocado. Não obstante, como objeto desta investigação, o vocábulo "invalidação" será utilizado para designar a espécie de retirada realizada diretamente pela primeira, não se referindo, salvo se expressamente, à extinção do ato via ação judicial.

O dever de busca do interesse público está intrinsecamente ligado ao de manutenção da ordem jurídica, razão pela qual se afirma que inexiste interesse público fora da lei. Assim sendo, o sistema jurídico-administrativo atribui à Administração Pública o dever[26] de constante vigilância de seus próprios atos.

Executando a aludida prerrogativa da autotutela,[27] confirmada a inexistência de impedimentos próprios, caberá à Administração inva-

---

26. Adota-se posição de Weida Zancaner quanto à discussão acerca do dever ou poder da Administração de invalidar seus atos, considerando ser dever do agente público, salvo a *hipótese dos atos discricionários exarados com vício de competência* (*Da Convalidação e da Invalidação dos Atos Administrativos*, cit., 3ª ed., pp. 55-56).
27. Rememorando: "A autotutela se caracteriza pela iniciativa de ação atribuída aos próprios órgãos administrativos. Em outras palavras, significa que, se for necessário rever determinado ato ou conduta, a Administração poderá fazê-lo *ex officio*, usando sua autoexecutoriedade, sem que dependa necessariamente de que alguém o solicite" (José dos Santos Carvalho Filho, *Manual de Direito Administrativo*, 19ª ed., revista, ampliada e atualizada até 10.12.2007, Rio de Janeiro, Lumen Juris, 2007, p. 145).

lidar seus próprios atos eivados de nulidade. Essa competência pode ser entendida como o dever de retirada *sponte propria* de atos administrativos emitidos em contrariedade à ordem jurídica, caso o ordenamento não impeça sua ocorrência.

Ademais, o agente estatal competente terá de invalidar seus atos em razão de provocação do administrado. O fim almejado nessa hipótese é exatamente o mesmo da autotutela; no caso, a busca intermitente pelo respeito à legalidade.

A competência judicial tem *status* constitucional. Ao Poder Judiciário foi atribuído o dever de proteger a ordem jurídica em face de toda e qualquer medida que a infrinja, bem como figurar como meio de proteção do indivíduo contra toda e qualquer lesão ou ameaça a direito, conforme prescrição exponencial contida no art. 5º, XXXV, da CF.

Contudo, por razões epistemológicas, nos termos aqui postos, este estudo ficará circunscrito à análise da invalidação, ou seja, da retirada realizada diretamente pela Administração Pública. Todavia, cabe alertar que muitas das eventuais conclusões obtidas, ao menos potencialmente, poderão ser aplicadas em ambas as searas, haja vista a generalidade de seus termos.

6.1.3 Efeitos da invalidação

Como regra geral, sedimentou-se o entendimento de que a invalidação, por decorrer da ilegalidade do ato, opera com eficácia *ex tunc*, ou seja, fulmina o ato e seus efeitos, retroagindo à data em que ele foi praticado.

Melhor explicando. Por meio da invalidação nega-se no presente a eficácia do ato inválido desde a sua origem, com fulcro em uma suposta vedação sistêmica à manutenção dos efeitos originados de atos emitidos em contrariedade à legislação.

A princípio, portanto, os efeitos da invalidação constituem outro elemento que a diferencia da revogação, uma vez que nesta a eliminação do ato viciado ocorrerá a partir do ato revogador, ou seja, *ex nunc*, respeitados todos os efeitos produzidos entre a emissão e a revogação do ato.

O conhecimento da regra geral há muito difundida pela doutrina e jurisprudência permite-nos enfatizar a necessidade de sua iminente releitura, proposta por muitos autores,[28] razão que impõe a esta investigação a obrigação científica de se aprofundar nessa seara que em muito – conforme poderá ser identificado abaixo – se confunde com a revisão da amplitude dos objetivos próprios da invalidação.

Tal análise tratará propriamente dos atos administrativos ampliativos, haja vista que a teoria originária, além de pouco ter considerado o inafastável princípio da segurança jurídica, foi formulada em momento fático e jurídico antecedente, distante da realidade prestacional praticamente onipresente do Estado.

6.1.4 Objetivos da invalidação

A invalidação, consistindo na retirada de atos praticados em dissonância com o Direito, objetiva restaurar a ordem jurídica, realinhando a conduta estatal ao que determina o sistema posto.

Com fulcro em tais considerações, acreditou-se originalmente que apenas a efetiva retirada do ato ilegal teria o condão de restabelecer o ordenamento, sendo, portanto, a decretação da nulidade, com efeitos *ex tunc*, o meio pelo qual o Poder Público alcançaria esse desiderato.

Esse entendimento, acolhido pelas Súmulas 346 e 473 do STF e posteriormente pelo art. 53 da Lei 9.784/1999, ainda predomina, porém hodiernamente com menor força, porque, conforme pretendemos demonstrar, é apenas aparente a noção de que o restabelecimento da ordem jurídica somente advirá da efetiva retirada dos atos desconformes e da desconstituição de seus efeitos.

O Direito pátrio é composto por um emaranhado de normas que formam um todo inicialmente não hermético, de sorte que a interpre-

---

28. Dentre os quais se destacam: Celso Antônio Bandeira de Mello, *Curso de Direito Administrativo*, cit., 27ª ed., pp. 478 e ss.; Weida Zancaner, *Da Convalidação e da Invalidação dos Atos Administrativos*, cit., 3ª ed., pp. 81 e ss.; Almiro do Couto e Silva, "Princípios da legalidade da Administração Pública e de segurança jurídica no Estado de Direito contemporâneo", *RDP* 84/61, São Paulo, Ed. RT, outubro-dezembro/1987; Mônica Martins Toscano Simões, *O Processo Administrativo e a Invalidação dos Atos Viciados*, São Paulo, Malheiros Editores, 2004, pp. 152 e ss. – dentre outros.

tação sistêmica da atualidade do ordenamento jurídico, buscando equilibrar e compatibilizar os princípios constitucionais, demonstra que muitas vezes a manutenção do ato ou dos efeitos jurídicos produzidos (aplicação de efeitos *ex nunc*), ao invés de sua retirada, comunga com o restabelecimento do sistema.[29]

29. "Ação direta de inconstitucionalidade – Portaria n. 954/2001 do TJAM, ato normativo que disciplina o horário de trabalho dos servidores do Judiciário – Vício de natureza formal – Ofensa ao art. 96, I, 'a' e 'b', da CF – Ação julgada procedente com efeitos *ex nunc*. I – Embora não haja ofensa ao princípio da separação dos Poderes, visto que a portaria em questão não altera a jornada de trabalho dos servidores e, portanto, não interfere com o seu regime jurídico, constata-se, na espécie, vício de natureza formal. II – Como assentou o Plenário do STF, nada impede que a matéria seja regulada pelo Tribunal, no exercício da autonomia administrativa que a Carta Magna garante ao Judiciário. III – Mas a forma com que o tema foi tratado, ou seja, por portaria ao invés de resolução, monocraticamente e não por meio de decisão colegiada, vulnera o art. 96, I, 'a' e 'b', da CF. IV – Ação julgada procedente, com efeitos *ex nunc*" (STF, ADI 2.907-AM, rel. Min. Ricardo Lewandowski, j. 4.6.2008, *DJe* 162, 28.8.2008).

"Recurso extraordinário – Municípios – Câmara de Vereadores – Composição – Autonomia municipal – Limites constitucionais – Número de vereadores proporcional à população – CF, art. 29, IV – Aplicação de critério aritmético rígido – Invocação dos princípios da isonomia e da razoabilidade – Incompatibilidade entre a população e o número de vereadores – Inconstitucionalidade, *incidenter tantum*, da norma municipal – Efeitos para o futuro – Situação excepcional. 1. O art. 29, inciso IV, da CF, exige que o número de vereadores seja proporcional à população dos Municípios, observados os limites mínimos e máximos fixados pelas alíneas 'a', 'b' e 'c'. 2. Deixar a critério do legislador municipal o estabelecimento da composição das Câmaras Municipais, com observância apenas dos limites máximos e mínimos do preceito (CF, art. 29), é tornar sem sentido a previsão constitucional expressa da proporcionalidade. 3. Situação real e contemporânea em que Municípios menos populosos têm mais vereadores que outros com um número de habitantes várias vezes maior. A ausência de um parâmetro matemático rígido que delimite a ação dos Legislativos Municipais implica evidente afronta ao postulado da isonomia. 4. Princípio da razoabilidade – Restrição legislativa. A aprovação de norma municipal que estabelece a composição da Câmara de Vereadores sem observância da relação cogente de proporção com a respectiva população configura excesso do poder de legislar, não encontrando eco no sistema constitucional vigente. 5. Parâmetro aritmético que atende ao comando expresso na Constituição Federal, sem que a proporcionalidade reclamada traduza qualquer lesão aos demais princípios constitucionais nem resulte em formas estranhas e distantes da realidade dos Municípios brasileiros – Atendimento aos postulados da moralidade, impessoalidade e economicidade dos atos administrativos (CF, art. 37). 6. Fronteiras da autonomia municipal impostas pela própria Carta da República, que admite a proporcionalidade da representação política em face do número de habitantes – Orientação que se confirma e se reitera segundo o modelo de composição da Câmara dos Deputados e das Assembleias Legislativas (CF, arts. 27 e 45, § 1º) – In-

A interpretação sistemática do Direito demonstra ser sobremaneira restritiva a ainda majoritária posição no sentido de que a retirada do ato inválido com efeitos *ex tunc* é o único meio hábil à manutenção e cumprimento do princípio da legalidade. Inclusive, cremos que essa postura é inaplicável nos casos em que o ato ilegítimo é ampliativo da esfera de ação jurídica dos administrados de boa-fé.

O disposto confirma-se a partir da constatação de que, juntamente com o princípio da legalidade, o princípio da segurança jurídica figura como um dos pilares do Estado de Direito constituído pela Constituição Federal de 1988. Sendo assim, a aplicação do primeiro, essencial à efetivação da certeza e estabilidade jurídicas (segurança jurídica), jamais será legítima se demandar o aniquilamento do segundo.

Por essa razão, a aplicação do princípio da legalidade, quando comprovada a boa-fé do destinatário do ato ampliativo de direitos sob invalidação, revelará outras possibilidades de restauração do ordenamento jurídico distintas da retirada agressiva.

O detalhamento dessas soluções jurídicas será realizado em momento próprio. Contudo, vale sua breve menção: (i) se juridicamente permitido, por meio da correção do ato com efeitos retroativos – convalidação; (ii) em decorrência da incidência desses e outros princípios gerais do Direito, estabilizando-o; (iii) por meio da manutenção de seus efeitos, caso ocorrido o decurso do tempo cumulado com a inércia da Administração; (iv) se efetivada sua extinção, resguardando os efeitos produzidos (*ex nunc*); (iv) comprovada a má-fé do administrado, em última circunstância, retirando-o com efeitos *ex tunc*.

Portanto, hodiernamente, a teoria da invalidação, principalmente no tocante ao ato ampliativo, deve ser revisitada, permitindo a adequada observância do princípio da segurança jurídica. Pela atualidade do sistema, ao mesmo tempo em que o Direito repudia a ilegalidade, também busca afastar a hermenêutica ou a prática jurídica que não observe ou acabe por fulminar qualquer princípio constitucional.

---

constitucionalidade. 7. Efeitos – Princípio da segurança jurídica – Situação excepcional em que a declaração de nulidade, com seus normais efeitos *ex tunc*, resultaria em grave ameaça a todo o sistema legislativo vigente – Prevalência do interesse público para assegurar, em caráter de exceção, efeitos *pro futuro* à declaração incidental de inconstitucionalidade – Recurso extraordinário não conhecido" (STF, RE 199.522-SP, Pleno, rel. Min. Maurício Corrêa. j 31.3.2004, *DJU* 11.6.2004, p. 5).

Insta grafar que o fundamento da invalidação não se resume à observância única do princípio da legalidade, mas advém da sua conjugação com – no mínimo – o princípio da segurança jurídica, de modo a que sejam efetivamente respeitados o sistema jurídico pátrio e o Estado de Direito.

Por conseguinte, a evolução do sistema promoveu – e terá de seguir promovendo – alterações nos meios para serem atingidos os objetivos da invalidação.

Nessa seara reside o objeto desta investigação. As relevantes alterações concentram seus fundamentos nos atos administrativos ampliativos, pois, diferentemente do ocorrido com os restritivos, o dever estatal de proteção ao direito dos administrados reclama a estabilização da declaração jurídica. Desse modo, preenchido o pressuposto de boa-fé de seus destinatários, poder-se-á exigir a convalidação do ato ou a manutenção dos efeitos produzidos.

Identificados os objetivos da invalidação, torna-se cientificamente viável o ingresso na análise desse instituto, voltada especificamente para os atos administrativos ampliativos.

6.2 A invalidação dos atos administrativos ampliativos

A visão simplificada dos efeitos dos atos administrativos revela que sua incidência atinge de duas maneiras distintas a esfera de ação jurídica dos administrados, ora a ampliando, ora a restringindo.

Concentrando-se nos atos administrativos ampliativos, verificamos que seus efeitos incrementarão o patrimônio jurídico de seus destinatários, na mesma medida em que os atos administrativos desfavoráveis o diminuirão.

Por tais razões, a eventual invalidação de determinado ato administrativo, dependendo da natureza dos efeitos por ele produzidos, irá configurar específica reação do administrado atingido – positiva ou negativa.

Nesse sentido, sabendo-se que a defesa dos administrados é função basilar do direito administrativo, o ordenamento jurídico terá de tutelar tais reações, de maneira a que a interpretação e a aplicação das normas jurídicas apontem, quando em acordo com o interesse público, para o prestígio do particular.

Ao tema da invalidação é trazido o princípio da segurança jurídica como novel pilar de sustentação, com função determinante da tutela dos direitos dos administrados. Essa constatação resulta em outra de maior impacto e relevância: a incidência desse princípio impõe a reavaliação e reconstrução da teoria de invalidação dos atos ampliativos porque da faceta subjetiva desse princípio, especialmente da proteção à confiança, sob uma situação jurídica favorável ao administrado de boa-fé, decorre a obrigação do Poder Público de agir prestigiando o direito dos administrados, atribuindo, inclusive, novas consequências à invalidação das declarações jurídicas favoráveis.

Em vista do exposto, o primeiro aspecto a ser observado pelo administrador será a inversão da ordem de ação. O agente estatal será regido pelo dever de manter os efeitos favoráveis produzidos sobre a esfera jurídica do administrado. A convalidação tornar-se-á regra e a retirada com efeitos retroativos secundária, presente a impossibilidade de realização da primeira.

Destarte, a segurança jurídica e o princípio da supremacia do interesse público sobre o privado corroboram o traçado. No momento em que o regime jurídico estabelece que o respeito à sua ordem é pilar irremovível, restará ao administrador não somente cumpri-lo, mas fazê-lo com perfeição. Portanto, caso a manutenção do *status quo* originado de um ato inválido se apresente como a solução mais adequada em vista do caso concreto, será esse o dever do agente estatal.

O dever jurídico do administrador de alcançar a melhor aplicação do Direito permite-nos realizar uma imprescindível ressalva de ordem científica. As conclusões obtidas nesta investigação não poderão ser indiscriminadamente aplicadas a toda potencial situação de invalidação sem a devida análise do caso concreto, pois sua má utilização terá o condão de promover a perpetuação de arbitrariedades estatais e de atividades guiadas pela má-fé dos particulares.

Desse modo, por razões epistemológicas, caso não existam ressalvas em sentido contrário consignadas no texto, as afirmações feitas pressupõem que os atos administrativos sob invalidação tenham sido produzidos por administrados de boa-fé.[30]

---

30. "Uma vez que a manutenção de determinadas situações geradas com vício volta-se à proteção da confiança dos administrados, acaso tenham estes agido de má-fé e ludibriado a Administração não haverá o que se proteger" (Clarissa Sampaio

Escorando-nos no exposto, será traçado um singelo panorama da invalidação incidente sobre os atos administrativos ampliativos, iniciado pela explanação acerca do dever de convalidar – hipótese em que a tutela dos interesses dos administrados figurará como parâmetro de constante observação. Para isso, apontaremos previamente o posicionamento da doutrina estrangeira sobre o tema, a fim de ser revelado o alinhamento comum existente em prol dos administrados, a par das diferenças entre os regimes.

6.2.1 Breve panorama do Direito estrangeiro

Este tópico não almeja tornar a doutrina estrangeira algum tipo de parâmetro ou verdade, sabido que o diagnóstico da atuação estatal pátria tem como único paradigma o regime jurídico nacional.

Somente tencionamos apresentar a evolução da teoria externa, em vista da crescente proteção dos administrados e da estabilização das relações sociais, tomando-as como pauta mínima para uma reflexão crítica, assim como eventual tendência à interpretação de conceitos jurídicos cujo conteúdo não foi estritamente positivado.

Elegemos alguns regimes jurídicos pela proximidade com o nacional, não quanto à configuração da Administração Pública, mas destacadamente acerca da crescente proteção ao administrado em face da restrição contínua imposta pelos Poderes estatais. Esses sistemas, de maneira célere, anteciparam o que acreditamos que serão as futuras regras e interpretações predominantes no regime jurídico pátrio.

6.2.1.1 Direito Francês

O Direito Francês denomina a invalidação realizada pela Administração como *revogação*, considerada como a retirada de atos inválidos com efeitos retroativos.[31]

Especificamente sobre a revogação das decisões executórias, constata-se que, segundo a doutrina majoritária, suas regras há muito

---

Silva, *Limites à Invalidação dos Atos Administrativos*, São Paulo, Max Limonad, 2001, p. 116).
31. Jean Rivero, *Direito Administrativo*, cit., p. 124.

variam em função de um elemento distintivo específico: a potencial criação de direitos pelo ato administrativo irregular.

Segundo Jean Rivero,[32] o ato que não criou direitos pode a todo o momento ser retirado pela Administração, por qualquer motivo. Continua o jurista:

"Entre os atos criadores de direito é preciso distinguir: os que são regulares não podem constituir objeto da revogação. Os que são irregulares, pelo contrário, podem ser revogados por via dessas irregularidades; quer permitir-se à Administração corrigi-los tal como o juiz poderá fazê-lo. Mas não pode evidentemente reconhecer-se-lhe um poder superior ao do juiz: assim o seu direito de revogar modela-se no tempo pelo poder de anulação por via contenciosa; a revogação é possível enquanto um recurso contencioso pode ser interposto, isto é, durante dois meses a contar da decisão, e, se um recurso foi efetivamente interposto, até que o juiz tenha decidido. Para além disso a decisão é irregular: a decisão, mesmo ilegal, está definitivamente adquirida.

"(...).

"A jurisprudência considera a segurança jurídica mais importante que a própria legalidade (CE, 3.11.1922, 'dame Cachet', *Gr. Ar.*, p. 170)."[33]

Da clara exposição observamos que tanto o regime jurídico quanto a vetusta jurisprudência do Conselho de Estado francês estabelecem dois pontos de grande interesse para este estudo.

Primeiro, o tema da invalidação dos atos administrativos é tratado de maneira distinta, dependendo da espécie de ato sob retirada: ao ato restritivo (não criador de direitos), é autorizada a retirada a qualquer tempo; ao ampliativo (criador de direitos), a invalidação é autorizada se realizada ao longo do exíguo prazo prescricional de dois meses, tempo semelhante conferido à possibilidade de ingresso com recurso contencioso perante a jurisdição administrativa.[34]

Segundo, conferem à segurança jurídica – ou seja, à estabilidade dos atos – enorme importância quando em pauta os atos ampliativos

32. Idem, ibidem.
33. Idem, ibidem.
34. Michel D. Stassinopoulos, *Traité des Actes Administratifs*, Paris, LGDJ, 1973, pp. 259 e ss.

(criadores) de direitos, muitas vezes prevalecendo perante a legalidade formal.

No mais, mesmo não havendo pronunciamento quanto à possibilidade de alteração dos efeitos da invalidação ou à possibilidade de ressarcimento do administrado de boa-fé, constatamos que o regime de invalidação dos atos favoráveis é sobremaneira rígido em comparação ao dos atos restritivos, dada a relevância do princípio da segurança jurídica e da proteção dos indivíduos.

6.2.1.2 Direito Espanhol

Assim como na França, o termo "revogação", apesar das críticas de muitos juristas, conforme visto em passagem antecedente,[35] também é utilizado na Espanha para designar a retirada dos atos viciados diretamente pela Administração.

Nesse País a separação entre os atos ampliativos e restritivos há muito marca as regras de invalidação, chegando ao limite de num momento histórico antecedente ser vedado à Administração invalidar diretamente os atos favoráveis ou declarativos de direitos.[36]

"Tratando-se de atos declarativos de direitos, o princípio básico é o da sua irrevogabilidade. A Administração não poderia, em consequência, apartar-se de seus próprios atos declarativos de direitos, salvo por um procedimento excepcional, à margem de seus privilégios de autotutela, o recurso de lesividade. Era, pois, necessário que a Administração figurasse como demandante ante os tribunais da jurisdição contencioso-administrativa, solicitando a retirada de seus próprios atos, para o quê se entendia necessário o requisito chamado de dupla lesão (*doble lesión*), é dizer, que o ato, cuja revogação se postulava, tivesse infringido o ordenamento positivo (lesão jurídica) e, ademais, fosse economicamente prejudicial ao interesse público (lesão econômica)."[37]

---

35. V. item 5.3.2.2.
36. Segundo a jurisprudência do Conselho de Estado espanhol, os atos declaratórios de direitos seriam todos os atos passíveis de enriquecer o patrimônio de seus destinatários com um direito novo ou libertar eventual limite que gravasse um direito preexistente (Eduardo García de Enterría e Tomás-Ramón Fernández, *Curso de Derecho Administrativo*, 13ª ed., vol. 1, Madri, Civitas, 2006, p. 662).
37. Eduardo García de Enterría e Tomás-Ramón Fernández, *Curso de Derecho Administrativo*, cit., 13ª ed., vol. 1, pp. 657-658.

A Administração Pública, em nome do princípio da segurança jurídica, estava impedida de per si (autotutela) de retirar os atos viciados, tendo de se submeter ao juízo da jurisdição administrativa, após cumprido o dever de comprovar que o ato atacado infringia a legislação e gerava lesão econômica ao interesse público.[38] Tais regras tornaram-se barreiras intransponíveis à invalidação, de sorte que – como relatam Eduardo García de Enterría e Tomás-Ramón Fernández[39] – era recorrente a constatação de graves prejuízos ao interesse público, muitas das vezes em prol de uma aparente defesa do administrado.

Essa realidade conduziu à alteração do sistema em 1958. Revigorou-se a permissão da Administração de retirar diretamente alguns atos declarativos de direitos; porém, por materializar exceção à regra de prestígio ao indivíduo, somente se comprovada a plena nulidade do ato.[40]

Com o transcorrer dos anos e o aumento das atividades estatais atributivas de direitos, nova mudança marcou o sistema jurídico espanhol. Vige, agora, a regra estabelecida pelo art. 102 da Lei de Procedimento Comum/LPC, prescrevendo que a invalidação administrativa dos atos favoráveis eivados de nulidade absoluta depende de prévio acatamento do Conselho de Estado ou de outro órgão consultivo equivalente das Comunidades Autônomas.

A par da discussão de fundo quanto à equiparação do órgão de cúpula da jurisdição administrativa espanhola aos órgãos consultivos das Comunidades Autônomas, observa-se a retomada da imprescindibilidade de participação da autoridade jurisdicional frente à invalidação desses atos, revigorando a prevalência do prestígio à segurança jurídica.

Demais disso, esse sistema, ao fixar tais postulados, conduz à conclusão de ser defeso à Administração invalidar diretamente quais-

---

38. Ramón Parada, *Derecho Administrativo: Parte General*, 15ª ed., vol. 1, Madri, Marcial Pons, 2004, p. 200.
39. Eduardo García de Enterría e Tomás-Ramón Fernández, *Curso de Derecho Administrativo*, cit., 13ª ed., vol. 1, p. 658.
40. Sobre o tema: Fernando Garrido Falla, Herminio Losada González e Alberto Palomar Olmeda, *Tratado de Derecho Administrativo*, 14ª ed., Madri, Tecnos, 2005, p. 594.

quer outros atos favoráveis cujo vício não seja de tal gravidade (nulidade plena).

A premissa formulada foi positivada pelo art. 103.1 da LPC. Segundo esse dispositivo, a Administração Espanhola somente está autorizada a apontar como lesivos os atos considerados anuláveis para, enfim, proceder à impugnação perante os órgãos da jurisdição contenciosa-administrativa e à sua eventual retirada.

Mesmo sob a limitação apontada, as normas foram além, estabelecendo que a autorização para a Administração emitir a declaração de lesividade – requisito essencial ao ingresso perante a jurisdição – decai no prazo de quatro anos, contado da edição do ato viciado. Transcorrido esse prazo o ato não poderá mais ser atacado, mantendo-se perante a ordem jurídica.[41]

No mais, mesmo se declarada a nulidade do ato favorável, é recorrente a posição da jurisdição administrativa no sentido de limitar os efeitos típicos daquela declaração, perante o caso concreto, se for identificada a concorrência de outros "princípios jurídicos de obrigatória observância (proteção da boa-fé do terceiro inocente ou da confiança legítima gerada pelo ato viciado etc.)".[42]

Sobre o tema, diz Ramón Parada: "Quando a anulação prossegue, tem que considerar os possíveis efeitos invalidatórios sobre os direitos reconhecidos ou as prestações efetuadas, questões não resolvidas pela nossa lei, mesmo tendo sido pela Lei de Procedimento alemão. Prescreve esta que, se o ato anulado reconhecia direitos ao exercício de atividades ou ao percebimento de prestações únicas ou periódicas, a indenização pelo desconhecimento da autorização para o futuro ou a devolução das prestações recebidas devem depender de que o titular desses direitos tenha confiado de boa-fé na validade do ato e que sua confiança seja digna de proteção, salvo se

---

41. "Antes de recorrer à jurisdição, a Administração deve, pois, cumprir com o requisito da declaração de lesividade, declaração que não poderá ser adotada uma vez transcorridos quatro anos desde que se editou o ato administrativo e que exigirá a prévia audiência de quantos apareçam como interessados no mesmo" (Ramón Parada, *Derecho Administrativo: Parte General*, cit., 15ª ed., vol. 1, p. 200).
42. Eduardo García de Enterría e Tomás-Ramón Fernández, *Curso de Derecho Administrativo*, cit., 13ª ed., vol. 1, p. 667.

tiver provocado o ato administrativo mediante engano, ameaça ou coação, informações falsas ou incompletas, ou conhecido a ilegalidade daquele. Esta solução é prevista também em nosso Direito em analogia com o disposto no Código Civil sobre as consequências da anulação dos contratos em que a boa-fé e a falta de culpa são critério determinante para decidir sobre a devolução das prestações recebidas (arts. 1.300 e 1.314)".[43]

Em linha com esse entendimento, não podemos deixar de mencionar que, além da dificuldade para a efetivação da invalidação dos atos ampliativos, seja pela Administração ou mesmo pela jurisdição administrativa, a legislação sob análise ainda prescreve que, se a nulidade for declarada, a Administração estará autorizada a reconhecer o dever de indenizar o administrado na mesma resolução, ressarcindo eventuais prejuízos resultantes da atuação pública.

Em síntese, identificamos um regime de enorme rigidez e proteção dos indivíduos quando os atos administrativos ampliativos estão em pauta, visto o enorme prestígio atribuído aos princípios da segurança jurídica e da boa-fé: "A defesa da invariabilidade dos atos administrativos é feita com argumentos que, em termos gerais, partem do princípio da segurança jurídica e da boa-fé que ampara as situações a partir deles criadas: o Direito exige permanência (*quieta non mover*)".[44]

Ao final, para conclusão, trazemos a transcrição de excerto de autoria de Eduardo García de Enterría e Tomás-Ramón Fernandez que sintetiza a questão nuclear do tema sob investigação: "O enfrentamento entre os princípios jurídicos básicos, de legalidade e de segurança jurídica, exige uma grande ponderação e cautela na hora de fixar o concreto ponto de equilíbrio, que evite tanto o erro de consagrar situações ilegítimas de vantagem como o perigo oposto a que alude a velha máxima *summum ius, summa injuria*".[45]

---

43. Ramón Parada, *Derecho Administrativo: Parte General*, cit., 15ª ed., vol. 1, p. 201.
44. Fernando Garrido Falla, Herminio Losada González e Alberto Palomar Olmeda, *Tratado de Derecho Administrativo*, cit., 14ª ed., p. 703.
45. Eduardo García de Enterría e Tomás-Ramón Fernández, *Curso de Derecho Administrativo*, cit., 13ª ed., vol. 1, pp. 657-658.

6.2.1.3 Direito Português

A retirada do ato administrativo em decorrência de sua ilegalidade é denominada *revogação anulatória*; quando feita pela jurisdição administrativa ou mesmo judicial, é chamada de *anulação* ou *declaração de nulidade*.[46]

Assim como no Direito Espanhol, a natureza ampliativa ou restritiva dos efeitos gerados pelo ato administrativo objeto da revogação anulatória determinará o seu regime.

Originalmente o art. 18 da Lei Orgânica do Supremo Tribunal Administrativo estabelecia distinção entre os atos constitutivos e não constitutivos de direitos. Todavia, hodiernamente, o Código de Procedimento Administrativo ampliou o conteúdo da distinção, assemelhando os atos constitutivos de interesses legítimos aos atos constitutivos de direitos, para fins de definição do regime de retirada.

Nessa toada, tendo como base a exceção dessa retirada, a doutrina majoritária tem por certo que a invalidação da espécie ampliativa dos atos apenas poderá ocorrer ao longo da duração do prazo legal previsto para a interposição de recurso contencioso, pois só tem sentido que ela possa ter lugar enquanto essa invalidade puder ser invocada.[47]

Prossegue Diogo Freitas do Amaral: "Ora, decorrido o prazo para o recurso contencioso sem que do ato inválido haja sido interposto o recurso adequado, a invalidade fica sanada, e, portanto, deixa de poder ser alegada; o órgão administrativo deixa, consequentemente, de poder invocar o fundamento do exercício de sua competência revogatória, que é a invalidade".[48]

Marcello Caetano assevera:

"Quanto aos actos constitutivos de direitos, quando sejam definitivos, vigora no Direito Português o princípio de que só são revogáveis quando ilegais e, mesmo nesta hipótese, apenas dentro do prazo fixado na lei para o recurso contencioso ou até a sua interposição.

"(...).

---

46. Diogo Freitas do Amaral, *Curso de Direito Administrativo*, vol. 2, Coimbra, Livraria Almedina, 2001, pp. 401-432.
47. Idem, p. 450.
48. Idem, pp. 450-451.

"Mas não basta que o acto constitutivo de direitos, definitivo, seja ilegal para que a Administração o possa revogar. É preciso, ainda, que a revogação tenha lugar dentro do prazo fixado na lei para o recurso contencioso do acto em causa ou até a interposição efectiva de tal recurso."[49]

A despeito da regra protetiva aludida, devemos considerar que, em virtude do princípio da segurança jurídica, condutor da diferenciação de regimes, a regra preponderante no Direito Português é a da anulabilidade com eficácia *ex nunc*,[50] sendo exceção a declaração de nulidade com eficácia retroativa:

"Noutros termos: a regra do direito administrativo português é de que todo o acto administrativo inválido é anulável; só excepcionalmente é que o ato inválido é nulo.

"Por quê?

"Por razões de certeza e de segurança da ordem jurídica."[51]

Não obstante, conforme expõe Marcello Caetano, mesmo nos casos de nulidade a tendência da jurisprudência lusitana é de temperar o rigor da possibilidade de aniquilamento a todo o tempo das situações de fato constituídas à sombra do ato nulo, admitindo sua transformação em situações de direito por efeito de usucapião.[52]

Marcelo Rebello de Sousa e André Salgado de Matos relatam os motivos impulsionadores da doutrina e jurisprudência portuguesas: "Os princípios da legalidade e da prossecução do interesse público são os fundamentos últimos do instituto da revogação de actos administrativos (supra, 19-290), mas isto não significa que sejam os únicos princípios fundamentais da actividade administrativa com relevo em

---

49. Marcello Caetano, *Manual de Direito Administrativo*, cit., 10ª ed., vol. 1, pp. 540-541.
50. "O regime dos actos anuláveis (previsto em termos muito parcos no art. 136º-CPA e decorrentes de outras disposições dispersas do Código) decorre da compatibilização entre a necessidade de reintegração da ordem jurídica violada pelo acto ilegal, por um lado, e preocupações de segurança jurídica e tutela da confiança, por outro" (Marcelo Rebello de Sousa e André Salgado de Matos, *Direito Administrativo Geral: Actividade Administrativa*, vol. 3, Lisboa, Dom Quixote, 2007, p. 175).
51. Diogo Freitas do Amaral, *Curso de Direito Administrativo*, vol. 2, Coimbra, Livraria Almedina, 2001, pp. 408-409.
52. Marcello Caetano, *Manual de Direito Administrativo*, cit., 10ª ed., vol. 1, p. 517.

matéria de revogação. Com efeito, se os princípios da legalidade e da prossecução do interesse público favorecem *prima facie* a revogação dos atos administrativos ilegais ou tidos por inconvenientes, os princípios da tutela da confiança (supra, I, 10-33 ss.) e do respeito pelas posições jurídicas subjectivas dos particulares (supra, I, 10-8 ss.) podem apelar à manutenção dos mesmos actos; no mesmo sentido depõe, aliás, a função estabilizadora dos actos administrativos (supra, 19-34). O regime jurídico da revogação constante do CPA visa, precisamente, atingir um ponto de equilíbrio entre a necessidade de reintegração da legalidade e da boa administração e as exigências de estabilidade, segurança e previsibilidade da actuação administrativa, o que só pode atingir-se através de uma limitação, em determinadas circunstâncias, dos poderes revogatórios da Administração (infra, 19-301)".[53]

Esta exposição revela a importância conferida pelo Direito Lusitano aos atos cujo objeto irá favorecer a esfera de direitos do administrado – fator, esse, que, ao elevar o princípio da segurança jurídica, acaba por conformar todo o regime jurídico incidente, constituindo imposições próprias e rígidas em prol da preservação do ato sob retirada.

6.2.1.4 *Direito Argentino*

O Direito Argentino, em linha com o praticado na Península Ibérica, inclui a retirada por razões de legalidade praticada pela Administração sob o rótulo da *revogação*. Além disso, o grau da irregularidade é considerado para fins de retirada, havendo diferenças de efeitos e ações entre os atos nulos e anuláveis.

No entanto, tirante o breve quadro traçado, acreditamos que o fator de maior destaque do Direito Argentino reside na escala da importância atribuída à relação entre o exercício da função administrativa dotada de prerrogativas, portanto, autorizada a retirar suas declarações a qualquer tempo por razões de mérito ou legalidade, e a opção do ordenamento por proteger o administrado e a situação jurídica posta.

---

53. Marcelo Rebello de Sousa e André Salgado de Matos, *Direito Administrativo Geral: Actividade Administrativa*, cit., vol. 3, pp. 190-191.

Nesse cenário observa-se que o Direito Argentino optou por prestigiar os administrados – portanto, a estabilidade das relações jurídicas que lhes são favoráveis –, em detrimento de eventual característica de revogabilidade atribuída ao ato administrativo:

"Neste sentido, sustentou Linares que, 'ao contrário do que vem sendo repetido pela doutrina dominante como consequência da análise fragmentada do problema, a regra é que o ato administrativo é em princípio 'irrevogável', principalmente se reconhece ou afeta direito subjetivo'; em critério similar sustentou Marienhoff que 'a 'revogabilidade' do ato administrativo não pode ser inerente à sua essência, nem pode constituir o 'princípio' nesta matéria'. 'A revogação do ato administrativo é uma medida *excepcional*, verdadeiramente 'anormal'.' É óbvio, por estas afirmações, que estamos nos referindo não aos atos chamados de agravo (multas, sanções etc.) ou que limitam direitos ou os denegam, senão aos atos favoráveis ou ampliativos de direitos e faculdades dos interessados".[54]

Juan Carlos Cassagne posicionou-se sobre o tema: "Robustece nossa interpretação a circunstância de que, como resultado das concepções que aporta o Estado de Direito, existe a coincidência – ao menos em nosso País – em que a regra para o ato administrativo unilateral é a da imutabilidade, irrevogabilidade ou estabilidade, como alguns autores preferem titulá-la. A revogação constitui um instituto que só procede em circunstâncias de exceção; o normal é a irrevogabilidade do ato".[55]

Essa característica do regime desenvolve-se a partir da jurisprudência da Corte Suprema de Justiça da Nação datada de 1936, conforme lembra Roberto Dromi:

"Em 1936, a partir do caso 'Elena Carman de Cantón c/Nación s/ pensíon' (CSJN, 14.8.1936, *Fallos* 175/368), se produz um vácuo jurisprudencial, assentado na construtiva tese da estabilidade do ato administrativo que limita o poder de revogação administrativa. Construiu-se assim uma aplicação específica da garantia da 'propriedade' e dos direitos adquiridos.

---

54. Agustín Gordillo, *Tratado de Derecho Administrativo: el Acto Administrativo*, 6ª ed., vol. 3, Belo Horizonte, Del Rey, 2003, p. VI-1-2.
55. Juan Carlos Cassagne (dir.), *Derecho Administrativo*, 8ª ed., vol. 2, Buenos Aires, Abeledo-Perrot, 2006, p. 363.

"A Administração não deve 'fazer justiça por si mesma', revogando *per se* atos administrativos que considera irregulares."[56]

Esse traço da estabilidade, especialmente do ato irregular, não está apenas no discurso da doutrina e jurisprudência apoiadoras do princípio da segurança jurídica, mas expressamente positivado no art. 17 do Decreto-lei nacional 19.549/1972: "**Revogação de ato nulo.** O ato administrativo afetado de nulidade absoluta se considera irregular e deve ser revogado ou substituído por razões de ilegitimidade ainda em sede administrativa. Não obstante, se o ato estiver firme e consentido e tiver gerado direitos subjetivos que se estão cumprindo, somente se poderá impedir sua subsistência e a dos efeitos ainda pendentes mediante declaração judicial de nulidade, salvo se o interessado tivesse conhecimento do vício do ato no momento de sua emissão, em cujo caso esta limitação será inaplicável".

Observamos que a regra geral aplicada aos atos restritivos eivados de nulidade absoluta é a de permissão de retirada diretamente pela Administração. Todavia, o regime da invalidação dos atos favoráveis, mesmo nos casos de nulidade absoluta, é distinto. Optou-se pelo prestígio à estabilidade, de modo que nos casos em que o administrado estiver de boa-fé será defeso à Administração invalidar o ato ampliativo, cuja competência passa a ser exclusivamente da autoridade judicial.[57]

É evidente a distinção marcada do regime jurídico em vista da espécie do ato administrativo expedido. Constata-se que para o Direito Argentino esse diferencial se posta como um efetivo divisor de águas para a teoria da extinção dos atos, ficando a estabilidade como um elemento jurídico concebido em prol do administrado.

Sobre o tema, dispõe Agustín Gordillo: "Em terceiro lugar, e segundo já dissemos, funciona a favor do administrado, na parte em que se reconhece ou cria um direito, porém não contra, enquanto por erro

---

56. Roberto Dromi, *Derecho Administrativo*, 11ª ed., Buenos Aires, Ciudad Argentina, 2006, p. 395.
57. "Pois bem, o decreto-lei estabelece agora que o ato nulo – entenda-se, de gravame – não tem estabilidade e deve ser revogado ou substituído por razões de ilegitimidade ainda em sede administrativa, esta é a regra geral do ato de gravame; porém, se o ato é favorável ou ampliativo de direitos, então, somente pode ser declarada sua nulidade, se existir, em sede judicial" (Agustín Gordillo, *Tratado de Derecho Administrativo: el Acto Administrativo*, cit., 6ª ed., vol. 3, p. VI-11).

se tenha reconhecido um direito menor que a ele deveria corresponder. Em tal aspecto, o ato pode e deve modificar-se para reconhecer ao interessado toda a plenitude de direitos que lhe seja devida. Em efeito, o que esta construção quer lograr é a estabilidade dos direitos adquiridos à raiz de um ato administrativo, e assim tem dito a Corte Suprema que, não pertinente a invocação da coisa julgada para não rever uma decisão administrativa que impôs sanções a um particular, é então lógico concluir que a estabilidade do ato existe somente à medida que outorga um direito, não à medida que o nega".[58]

No mais, o disposto refere-se aos atos nulos, ou seja, aos vícios considerados graves pelo sistema jurídico argentino. Portanto, no tocante aos atos tidos por anuláveis a restrição à retirada será maior que a prevista para os atos nulos; caso contrário restará identificada uma flagrante inconsistência do sistema.

Neste caso, a doutrina argentina vai além. Entende que os atos anuláveis favoráveis aos administrados de boa-fé devem submeter-se ao regime dos atos regulares.[59] Portanto, é vedada sua retirada pela Administração, não obstante o órgão judicial também ter de respeitar os efeitos produzidos, bem como, em vista do caso concreto, até os efeitos futuros.[60]

---

58. Agustín Gordillo, *Tratado de Derecho Administrativo: el Acto Administrativo*, cit., 6ª ed., vol. 3, p. VI-7.

59. O regime dos atos regulares está descrito no art. 18 do Decreto-lei nacional 19.549/1972: '**Revogação do ato regular.** O ato administrativo regular do qual tiverem nascido direitos subjetivos a favor dos administrados não pode ser revogado, modificado ou substituído em sede administrativa uma vez notificado. Sem embargo, poderá ser revogado, modificado ou substituído em sede administrativa se o interessado tiver conhecido o vício em caso de ato anulável, se a revogação, modificação ou substituição do ato o favorece sem causar prejuízo a terceiros e se o direito tiver sido outorgado expressa e validamente a título precário. Também poderá ser revogado, modificado ou substituído por razões de oportunidade, mérito ou conveniência, indenizados os prejuízos que causar aos administrados. Esta indenização somente compreenderá o valor objetivo do bem e os danos que sejam uma causa direta e imediata da revogação, excluindo-se o pagamento de lucros cessantes".

60. "Assim, a estabilidade do ato se conecta com a classificação das nulidades, aspecto complexo acerca do qual não existia, nesse momento da evolução histórica de nosso direito administrativo, uniformidade doutrinária e jurisprudencial. De todas as maneiras, uma coisa resulta clara na sistematização dos casos de corte que leva a cabo Linares e a proteção que brinda a coisa julgada administrativa aos atos regulares compreende tanto os atos válidos como aqueles que adoecem de um vício de nulidade relativa (anuláveis, na terminologia usual)" (Juan Carlos Cassagne (dir.), *Derecho Administrativo*, cit., 8ª ed., vol. 2, p. 379).

Em síntese, observa-se que a espécie do ato administrativo sob retirada é fator diferencial do regime jurídico e da postura da jurisprudência argentina. O regime aplicado aos atos ampliativos prima pela sua estabilidade e manutenção, em sintonia com o conteúdo do princípio da segurança jurídica, posição contrária à incidente sobre os atos restritivos, cuja retirada é favorável ao administrado.

6.3 A busca pelo dever de convalidar

Conforme bem sustentado por Weida Zancaner,[61] a Administração tem o dever de convalidar os atos administrativos nos casos em que isso seja faticamente possível e juridicamente permitido.

A autora afirma que o fundamento para a invalidação – ou seja, o restabelecimento da legalidade por respeito ao seu princípio regente – tem de ser analisado em conjunto com o princípio da segurança jurídica, de sorte que o ordenamento possa ser restaurado, quando possível, sem prejuízo à esfera de ação jurídica dos administrados.[62] De forma precisa, sintetiza: "Por sua vez, a convalidação se propõe como obrigatória quando o ato comportá-la, porque o próprio princípio da legalidade – que predica a restauração da ordem jurídica, inclusive por convalidação –, entendido finalisticamente, demanda respeito ao capital princípio da segurança jurídica. (...)".[63]

Todas essas afirmações não merecem reparo.

No entanto, insta ressaltar que essas considerações protetivas dos administrados foram elaboradas independentemente da distinção existente entre atos administrativos ampliativos e restritivos, descritas, portanto, como regra geral nos casos de invalidação – algo que acreditamos estar em perfeita consonância com o regime jurídico-administrativo pátrio.

Inclusive, frisamos a importância das conclusões ora alcançadas, ainda mais relevantes quando aplicadas aos casos de invalidação dos atos ampliativos. O princípio da segurança jurídica requer maior aten-

---

61. Weida Zancaner, *Da Convalidação e da Invalidação dos Atos Administrativos*, cit., 3ª ed., pp. 55 e ss.
62. Idem, p. 67 (v. pp. 64 e ss.).
63. Ibidem, p. 67.

ção nessas situações, posto que a estabilização das relações jurídicas e a proteção à confiança legítima têm incidência imediata sobre a ampliação de direitos experimentada pelo particular.

Assim sendo, com segurança podemos afirmar que a convalidação deve ser promovida pela Administração Pública toda vez que autorizada pelo sistema normativo; imprescindível somente identificar em quais ocasiões, fáticas ou jurídicas, essa permissão se confirma.

Segundo Celso Antônio Bandeira de Mello, "só pode haver convalidação quando o ato *possa ser produzido validamente no presente*. Importa que o vício não seja de molde a impedir a reprodução válida do ato. Só são convalidáveis atos que podem ser *legitimamente produzidos*".[64]

Em síntese, a aceitabilidade da convalidação reside na possibilidade de o ato ser atualmente reproduzido sem a ilegalidade que originalmente o maculava.

Amparando-se em tal premissa, a doutrina buscou sistematizar os tipos de vícios que comportariam correção, concluindo pelo seguinte grupo: vícios de (i) competência, (ii) formalidade e (iii) em casos específicos, de procedimento[65] – sinteticamente descritos abaixo.

Antes de expormos brevemente os vícios aludidos, destacamos outros elementos impeditivos da convalidação. Segundo parcela majoritária da doutrina,[66] as ditas *barreiras* à convalidação reduzem-se a (i) oposição, expressa ou tácita, do interessado e (ii) decurso do tempo.

A impugnação do ato viciado pelo interessado[67] imprime à Administração o dever de retirá-lo. Atuação diversa denotaria a inutilidade da arguição, atribuindo falsos tons de discricionariedade ao exercício

---

64. Celso Antônio Bandeira de Mello, *Curso de Direito Administrativo*, cit., 27ª ed., p. 474 (v. pp. 466 e ss.).
65. Weida Zancaner, *Da Convalidação e da Invalidação dos Atos Administrativos*, cit., 3ª ed., pp. 84 e ss.
66. Idem, pp. 72 e ss.
67. Afirma Celso Antônio Bandeira de Mello: "(...). Há, entretanto, uma exceção. É o caso da 'motivação' de ato vinculado expendido tardiamente, após a impugnação do ato. A demonstração, conquanto serôdia, de que os motivos preexistiam e a lei exigia que, perante eles, o ato fosse praticado com o exato conteúdo com que o foi é razão bastante para sua convalidação. Deveras, em tal caso, a providência tomada *ex vi legis* não poderia ser outra (...)" (*Curso de Direito Administrativo*, cit., 27ª ed., p. 474).

dessa parcela da função administrativa, cujo dever de cumprimento do regime jurídico é prevalecente.[68]

Jacintho de Arruda Câmara vai além em sua argumentação: "Se alguém se insurge contra a ilegalidade consubstanciada num ato e busca, administrativa ou judicialmente, a desconstituição dos efeitos produzidos por este ato viciado, cai por terra todo o fundamento da manutenção dos efeitos produzidos por este ato como forma de preservar a segurança jurídica e a estabilidade das situações constituídas. A confiança que se tem nos atos administrativos, por derivarem do Estado e gozarem de presunção de legitimidade, é sobreposta pela confiança que se tem na lei, amparada pela garantia constitucional de que não serão criados direitos nem obrigações senão em virtude de lei. O mesmo fundamento que sustenta a convalidação – qual seja, a manutenção da segurança jurídica – veda a sua aplicação para os atos que já tenham sofrido impugnação".[69]

Por fim, estipulado que a impugnação deverá advir do interessado, e não de qualquer administrado,[70] cremos numa diminuta ocorrência quanto aos atos ampliativos, por se postar contra os próprios interesses daquele a quem os efeitos favoráveis foram direcionados.

O *decurso do tempo* – cuja análise será retomada em momento posterior – configura-se como uma das formas da contenção do dever de convalidar. Verificado – em virtude da presunção de legalidade dos atos administrativos, partidária da proteção à confiança do administrado de boa-fé –, o transcurso do tempo implicará a manutenção do ato viciado, independentemente da emissão de um novo ato de convalidação.

Pontuada a existência dessas *barreiras*, passemos propriamente aos vícios que admitem ocorrência da convalidação.

---

68. Têm posicionamento diverso, dentre outros: Sérgio Ferraz, "Extinção dos atos administrativo: algumas reflexões", *RDA* 231/47-66, Rio de Janeiro, janeiro-março/2003, pp. 47-66; Mônica Martins Toscano Simões, *O Processo Administrativo e a Invalidação dos Atos Viciados*, cit., pp. 144 e ss.
69. Jacintho de Arruda Câmara, "A preservação dos efeitos dos atos administrativos viciados", cit., *Revista Diálogo Jurídico* 14/8 (disponível em http://www.direitopublico.com.br, acesso em 24.3.2010).
70. Weida Zancaner, *Da Convalidação e da Invalidação dos Atos Administrativos*, cit., 3ª ed., pp. 72-73.

6.3.1 Vício de sujeito

Em breve síntese, sem pretensão crítica, seguindo definição doutrinária, esse vício pode ocorrer, *v.g.*, quando inexistente a atribuição legal para o exercício do ato, caso o sujeito não mais esteja devidamente investido na atribuição ou se a execução for praticada com excesso de poder.[71]

A doutrina afirma que os vícios de competência – ou seja, relativos ao sujeito que emitiu o ato – impõem o dever de convalidação nos casos em que a produção do ato ocorreu no exercício de atividade vinculada. Em outras palavras, "na medida em que neles não se cogita da questão de vontade".[72]

A prática dos atos administrativos de natureza vinculada independe de qualquer juízo de quem os exara. Sua formalização decorre da subsunção direta do elemento fático ao prescrito na norma.

Portanto, constatada a vinculação da atuação administrativa, a convalidação se impõe, por refletir mera aplicação da lei. Por exemplo, deve ser convalidado o ato administrativo emitido por autoridade desprovida da competência específica, que expede determinada licença para construir, após os reclamos legais terem sido efetivamente preenchidos. Ou seja, cumpridos os requisitos impostos à sua emissão, pouco importa a autoridade da qual emanou o ato, pois inexiste qualquer abertura para discrição da autoridade estatal.

Todavia, a conclusão é diversa nos casos dos atos produzidos no exercício de competência discricionária, nos quais a vontade do agente compõe sua formação.[73] A autoridade competente não pode ser com-

---

71. Marçal Justen Filho, *Curso de Direito Administrativo*, 4ª ed., São Paulo, Saraiva, 2009, pp. 327 e ss. Maria Sylvia Zanella Di Pietro aponta as seguintes regras que se aplicam ao tema da competência: "(1) decorre sempre de lei, não podendo o próprio órgão estabelecer, por si, as suas atribuições; (2) é inderrogável, seja pela vontade da Administração, seja por acordo com terceiros; isto porque a competência é conferida em benefício do interesse público; (3) pode ser objeto de delegação ou de avocação, desde que não se trate de competência conferida a determinado órgão ou agente, com exclusividade, pela lei" (*Direito Administrativo*, cit., 21ª ed., p. 193).
72. Mônica Martins Toscano Simões, *O Processo Administrativo e a Invalidação dos Atos Viciados*, cit., p. 141; Carlos Ari Sundfeld, *Ato Administrativo Inválido*, São Paulo, Ed. RT, 1990, p. 61.
73. A discricionariedade deve existir em abstrato e em concreto para que a ressalva descrita opere, uma vez que os fatos existentes podem tornar vinculada a atua-

pelida a produzir o ato – razão que impede a obrigatoriedade de sua convalidação. O mesmo ocorre quando constatada a invasão de função exclusiva, na qual a reprodução do ato revela-se impossível, vez que o vício sempre será repetido.

6.3.2 Vício de formalidade

O ato administrativo é, em regra, revestido de forma. Esclarece Diógenes Gasparini que "a forma, como requisito de validade do ato administrativo, não deve ser confundida com a formalidade exigida para o ato".[74] É o *revestimento*[75] imposto pelo Direito para extroversão do conteúdo da declaração jurídica, enquanto a formalidade refere-se às especificidades prescritas para a materialização completa da primeira.[76]

Os vícios de formalidade são aqueles que incidem sobre a forma pela qual o ato deve ser exteriorizado para ter validade. Por tal razão, a rigor, apresentam-se como mera irregularidade da norma jurídica emitida, incapazes de causar lesão significativa ao Direito;[77] motivo pelo qual é possível o refazimento, praticando-se novamente o ato, com obediência aos requisitos formalísticos.[78]

Tal vício pode ser identificado, por exemplo, quando determinado ato é expedido por meio de decreto mas a legislação estabelece que sua emissão deve ser via portaria. A formatação jurídica de expedição em nada influi sobre o conteúdo do ato ou impacta o dever da Administração de atingir a finalidade contida na norma jurídica – sendo, portanto, completamente sanável.

Mais evidente é o dever de convalidação tratando-se de atos administrativos ampliativos. O amparo conferido pelo princípio da se-

ção administrativa, identificando somente uma conduta como a correta para a ação do administrador.
    74. Diógenes Gasparini, *Direito Administrativo*, 12ª ed., São Paulo, Saraiva, 2007, p. 64.
    75. Hely Lopes Meirelles, *Direito Administrativo Brasileiro*, 36ª ed., São Paulo, Malheiros Editores, 2010, pp. 156 e ss.
    76. Carlos Ari Sundfeld, *Ato Administrativo Inválido*, cit., pp. 60-61.
    77. Celso Antônio Bandeira de Mello, *Curso de Direito Administrativo*, cit., 27ª ed., p. 412.
    78. Carlos Ari Sundfeld, *Ato Administrativo Inválido*, cit., p. 61.

gurança jurídica impede a Administração Pública de privilegiar o formalismo frente aos direitos dos administrados.

Nesta hipótese, portanto, a convalidação apresenta-se como meio de efetivação do princípio da segurança jurídica, protegendo o administrado prestigiado pelo conteúdo do ato emitido.

6.3.3 Vício de procedimento

Conforme preceitua Hely Lopes Meireles, *procedimento* "é a sucessão ordenada de operações que propiciam a formação de um ato final objetivado pela Administração. É o *iter* legal a ser percorrido pelos agentes públicos para a obtenção dos efeitos regulares de um ato administrativo principal".[79]

Em sintonia, complementa Maria Sylvia Zanella Di Pietro: "Nem sempre a lei estabelece procedimentos a serem observados necessariamente pela Administração; nesse caso, ela é livre na escolha da forma de atingir os seus objetivos, o que normalmente ocorre quando se trata de fase interna de desenvolvimento do processo, não atingindo direitos dos administrados. Em outras hipóteses a lei estabelece uma sucessão de atos preparatórios que devem obrigatoriamente preceder a prática do ato final; nesse caso, existe o procedimento, cuja inobservância gera a ilegalidade do ato da Administração. Em regra, o procedimento é imposto com maior rigidez quando esteja envolvido não só o interesse público, mas também os direitos dos administrados, como ocorre na licitação, nos concursos públicos, nos processos disciplinares".[80]

Conforme constatado, o procedimento administrativo é formado por uma série de atos concatenados, permitindo que o descumprimento do ordenamento possa incidir diretamente sobre um elo específico, incapaz, eventualmente, de contaminar o todo ou a finalidade para a qual foi concebido.

Portanto, os vícios originados no procedimento de constituição do ato administrativo podem ser convalidáveis nos casos em que a razão de sua existência ou a finalidade almejada pelo ato não fiquem

---

[79]. Hely Lopes Meirelles, *Direito Administrativo Brasileiro*, cit., 36ª ed., p. 160.
[80]. Maria Sylvia Zanella Di Pietro, *Direito Administrativo*, cit., 21ª ed., p. 589.

comprometidas.⁸¹ Ou seja, a convalidação ocorre quando a ausência ou a falha de determinado requisito procedimental não venham a comprometer o resultado da prática do ato administrativo, ou aquilo que se almejava com o procedimento em si.

Para melhor esclarecimento, seguem as palavras de Weida Zancaner: "Assim, todas as vezes em que a Administração Pública puder convalidar um ato, dos que se encadeiam no procedimento, deverá fazê-lo. Fica-lhe, todavia, vedado convalidar qualquer ato, no decorrer ou após o procedimento, se da convalidação gerar desvirtuamento da finalidade em razão da qual o procedimento foi instaurado".⁸²

Portanto, caso o descumprimento verificado tenha incorrido na etapa fundamental para o preenchimento da finalidade para a qual o procedimento foi concebido, a convalidação jamais poderá satisfazer o objetivo de prestígio ao Direito, uma vez que o descumprimento não haverá de ser afastado, prevalecendo apenas o vício.⁸³

Sob o mesmo contexto incluem-se os atos procedimentais que deveriam ter sido realizados pelos particulares mas não o foram. Nesses casos a convalidação exige a prática do ato saneador pelo administrado, objetivando sua retroação, para correção da imperfeição original.

Como exemplo do afirmado observamos a hipótese em que deva ser exigida a participação do interessado previamente à emissão de certo ato por determinada autoridade, situação na qual a declaração estatal é emitida sem a mencionada participação, porém integralmente favorável ao requerimento feito. Crê-se que nessa ocasião, inexistindo prejuízo ao direito ou a terceiros, ao indivíduo é facultado apresentar

---

81. "Isso se dá nas hipóteses em que a ausência ou falha do requisito procedimental não compromete a finalidade da atuação administrativa, quando, então, a invalidação não faria qualquer sentido" (Mônica Martins Toscano Simões, *O Processo Administrativo e a Invalidação dos Atos Viciados*, cit., p. 142).

82. Weida Zancaner, *Da Convalidação e da Invalidação dos Atos Administrativos*, cit., 3ª ed., p. 89.

83. "Veja-se, pois, se a Administração não observar fielmente o prazo legal mínimo estará descumprindo requisito procedimental que está indiscutivelmente ligado às finalidades precípuas do procedimento licitatório. Em situações como esta não é dado à Administração convalidar: a única alternativa para restaurar a legalidade é a invalidação do procedimento" (Mônica Martins Toscano Simões, *O Processo Administrativo e a Invalidação dos Atos Viciados*, cit., p. 149).

posteriormente sua manifestação, a fim de, por meio da retroação, ser sanada a falha e mantido o ato administrativo ampliativo.

Concluímos que a convalidação é regra a ser respeitada pela Administração. No entanto, a circunstância fática própria deverá ser considerada, evitando que alguma arbitrariedade seja perpetuada em nome de um inexistente princípio jurídico de maior ordem.

6.3.4 Vícios não convalidáveis

Em contraposição ao tópico supra, remanesceriam os vícios impeditivos à convalidação, em destaque: (i) o motivo; (ii) o conteúdo; (iii) a causa; (iv) a finalidade; e (v) o procedimento, se a mácula incidir em elemento essencial justificador da sua constituição e instauração.[84]

A eleição desses vícios resulta da oposição perante a justificativa então autorizativa da convalidação, ou seja, da impossibilidade jurídica e material de o ato administrativo ser atualmente produzido sem a invalidade original.

Seguindo essa classificação, o primeiro vício apontado é o de *motivo*.[85] Parafraseando Celso Antônio Bandeira de Mello, *motivo* é o pressuposto de fato que, verificado no mundo fenomênico, desencadeia a incidência da norma que dá supedâneo à produção do ato administrativo.[86]

Pois bem. Para que a declaração jurídica emitida seja válida é imperiosa a real ocorrência do suposto de fato descrito na norma abstrata. Sua ausência, portanto, obsta à convalidação do ato, uma vez não ser possível constituir artificialmente fatos inexistentes em momento pretérito de sua edição.[87]

---

84. Weida Zancaner, *Da Convalidação e da Invalidação dos Atos Administrativos*, cit., 3ª ed., pp. 88-92 e 95.
85. Maria Sylvia Zanella Di Pietro afirma: "Motivo é o pressuposto de fato e direito que serve de fundamento ao ato administrativo. Pressuposto de direito é o dispositivo legal em que se baseia o ato. Pressuposto de fato, como o próprio nome indica, corresponde ao conjunto de circunstâncias, de acontecimentos, de situações, que levam a Administração a praticar o ato. (...). Ausência de motivo ou indicação de motivo falso invalidam o ato administrativo" (*Direito Administrativo*, cit., 21ª ed., p. 199).
86. Celso Antônio Bandeira de Mello, *Curso de Direito Administrativo*, cit., 27ª ed., p. 397.
87. "Quanto ao *motivo* e à *finalidade* nunca é possível a convalidação. No que se refere ao motivo isto ocorre porque ele corresponde a situação de fato que ocorreu

Acrescenta Maria Sylvia Zanella Di Pietro: "Considerando o motivo como pressuposto de fato que antecede a prática do ato, ele pode ser vinculado ou discricionário".[88] No exercício de competência discricionária a legislação confere margem para que o agente eleja o motivo-base à edição do ato, impondo-se, portanto, a realização da opção ótima e real. Aliás, segundo Weida Zancaner,[89] o motivo de fato "é condição indispensável à validade do mesmo".[90]

José dos Santos Carvalho Filho corrobora esse entendimento, ao afirmar:

"Motivo, com vimos, é a situação de fato (alguns denominam de 'circunstâncias de fato') por meio da qual é deflagrada a manifestação de vontade da Administração. (...).

"Quanto ao motivo, dúvida não subsiste de que é realmente obrigatório. Sem ele o ato é írrito e nulo. Inconcebível é aceitar-se o ato administrativo sem que se tenha delineado determinada situação de fato."[91]

O segundo tipo de vício impeditivo à convalidação é o de *conteúdo*.

Para sua correta análise rememoremos o ensinamento de Celso Antônio Bandeira de Mello, para quem o *conteúdo do ato* é um de seus elementos e consiste naquilo "que o ato dispõe, isto é, o que o ato decide, enuncia, certifica, opina ou modifica na ordem jurídica. Em última instância, é o *próprio ato*, em sua essência".[92]

ou não ocorreu; não há como alterar, com efeito retroativo, uma situação de fato. Em relação à finalidade, se o ato foi praticado contra o interesse público ou com finalidade diversa da que decorre da lei também não é possível a sua correção; não se pode corrigir um resultado que estava na intenção do agente que praticou o ato" (Maria Sylvia Zanella Di Pietro, *Direito Administrativo*, cit., 21ª ed., p. 234).

88. Maria Sylvia Zanella Di Pietro, *Direito Administrativo*, cit., 21ª ed., p. 204.

89. "A teoria dos motivos determinantes está a demonstrar que o administrador se vincula ao motivo por ele descrito – o que mostra que o refazimento, com efeito retroativo, do ato eivado por essa espécie de vício é impossível" (Weida Zanacaner, *Da Convalidação e da Invalidação dos Atos Administrativos*, cit., 3ª ed., p. 93).

90. Weida Zanacaner, *Da Convalidação e da Invalidação dos Atos Administrativos*, cit., 3ª ed., p. 93.

91. José dos Santos Carvalho Filho, *Manual de Direito Administrativo*, cit., 19ª ed., pp. 104-105.

92. Celso Antônio Bandeira de Mello, *Curso de Direito Administrativo*, cit., 27ª ed., p. 393.

Esclarece Diógenes Gasparini: "Assim, o conteúdo pode ser a aquisição, o resguardo, a transferência, a modificação, a extinção, a declaração de direitos ou a imposição de obrigações aos administrados ou ao próprio Estado. O conteúdo do ato administrativo, vê-se, é aquilo para que o ato se preordena ou a que se destina. Em última análise, é a modificação do ordenamento jurídico".[93]

O conteúdo é por muitos autores tratado por *objeto*,[94] e deve ser lícito, possível, moral e determinado.[95] Nesses casos, ocorrido o vício, torna-se materialmente impossível a convalidação do ato. Se incidente sobre o objeto ou a providência almejada pelo ato, por sua natureza, repetido o ato, repetida a ilegalidade.[96] A impossibilidade jurídica ou a inexistência do objeto do ato manter-se-ão no presente – portanto, conservado o vício sempre que houver nova tentativa de sua edição.

Ato contínuo, necessário breve apontamento acerca dos vícios incidentes sobre o *procedimento*, cuja noção genérica foi aludida quando do trato dos vícios abstratamente convalidáveis.

Os vícios de procedimento são usualmente convalidáveis, não o sendo, porém, quando apontadas falhas de maior gravidade, que venham a culminar em mácula, no desvirtuamento do fim para o qual o ato ou o procedimento foi constituído.[97]

Se, ao longo da cadeia de atos que compõem o procedimento administrativo, algum elo deixar de ser produzido ou for realizado em desconformidade com o prescrito em norma editada para disciplina-lo, o vício não poderá ser convalidado, conforme preceitua Hely Lopes Meirelles.[98]

93. Diógenes Gasparini, *Direito Administrativo*, cit., 12ª ed., p. 67.
94. "De modo geral a doutrina considera sinônimos *objeto* e *conteúdo*. Objeto significa o efeito prático pretendido com a edição do ato administrativo ou a modificação por ele trazida ao ordenamento jurídico" (Odete Medauar, *Direito Administrativo Moderno*, 8ª ed., São Paulo, Ed. RT, 2004, p. 154).
95. Maria Sylvia Zanella Di Pietro, *Direito Administrativo*, cit., 21ª ed., p. 228.
96. Idem, pp. 93-94.
97. Weida Zancaner, *Da Convalidação e da Invalidação dos Atos Administrativos*, cit., 3ª ed., pp. 95-96.
98. "A preterição de atos preparatórios ou a sua realização em desconformidade com a norma legal que disciplina o procedimento administrativo podem acarretar a nulidade do ato final, desde que se trate de operações essenciais ou de requisito de legalidade do ato principal" (Hely Lopes Meirelles, *Direito Administrativo Brasileiro*, cit., 36ª ed., p. 161).

Tais falhas recairiam sobre "*atos jurídicos*, produzidos pela própria Administração ou por um particular, sem os quais um certo ato não pode ser praticado".[99] Sendo assim, a mácula sobre determinada etapa colocaria em xeque o próprio ideal de constituição do rito, de maneira que a convalidação seria uma maquiagem incompatível com o prescrito pelo ordenamento.

O vício de *causa* é igualmente inconvalidável. Repisa-se, para tanto, o escólio de Celso Antônio Bandeira de Mello, para quem a *causa* consiste na "'correlação lógica entre o pressuposto (motivo) e o conteúdo do ato *em função da finalidade tipológica do ato*'".[100]

Sabido que esse vício denota ausência de compatibilidade entre o motivo – situado no campo dos pressupostos do ato administrativo – e o conteúdo – elemento do ato administrativo por excelência –, seria inviável a reedição da declaração jurídica desprovida da sobredita incompatibilidade.[101]

Por fim, cumpre abordar, a breve termo, o vício de finalidade. A *finalidade* do ato administrativo consiste justamente no resultado quisto pela norma jurídica para determinado ato.

Logo, se um ato administrativo desatende à finalidade para a qual foi abstratamente previsto pelo ordenamento, incorre em vício de desvio de finalidade ou desvio de poder, que, seguindo o Direito posto, "se verifica quando o agente pratica o ato visando a fim diverso daquele previsto, explícita ou implicitamente, na regra de competência".[102]

---

99. Celso Antônio Bandeira de Mello, *Curso de Direito Administrativo*, cit., 27ª ed., p. 404.

100. Idem, p. 408.

101. Mesmo afastando a utilização do vocábulo "causa", bem preleciona José dos Santos Carvalho Filho: "Em síntese, temos que não só a inexistência em si do motivo contamina o ato, como também o faz a incongruência entre o motivo e o resultado do ato. Alg018 autores dão a denominação de 'causa' à referida incongruência, indicando o mesmo fenômeno, ou seja, a necessidade de haver compatibilidade lógica entre o motivo e o conteúdo do ato. Permitimo-nos, todavia, não usar o termo, porque, além de ter significativos diversos e ser despido de precisão jurídica, suscita dúvidas e enseja confusão com o elemento 'motivo', do qual pode ser perfeito sinônimo. Afinal, o motivo do ato não deixa de ser causa que inspirou a sua prática. Melhor, então, analisar o fenômeno como um 'fato' que conduz à invalidação do ato, e isso porque, havendo a incongruência, ou o motivo ou o objeto ou ambos estarão inquinados de vício de legalidade" (*Manual de Direito Administrativo*, cit., 19ª ed., p. 109).

102. Art. 2º, parágrafo único, "e", da Lei da Ação Popular (Lei 4.717/1965).

Como bem anota Weida Zancaner, irrelevantes a natureza da finalidade, se pública ou privada, bem como o móvel subjetivo do agente. Basta o *descompasso objetivo* entre a finalidade desejada pela norma e a finalidade buscada em concreto para a invalidação.[103]

Como síntese, salientamos que, independentemente da denominação ou do tipo de mácula presente no ato administrativo ampliativo, será imprescindível sua análise própria.

Acreditamos pouco importar o apontamento nominal do vício. Mesmo que a posição abstrata seja pela inadmissão da convalidação, acreditamos que o regime jurídico-administrativo torne inexcedível o dever de verificação e consideração das peculiaridades próprias do caso concreto, que eventualmente imporão sua ocorrência. Permitida a convalidação, terá a Administração o dever de efetivá-la, corrigindo o defeito do ato e mantendo seus efeitos.

Isso posto, salta aos olhos a pertinência de serem analisadas outras questões circunscritas à invalidação – caso o ato administrativo seja insuscetível de convalidação –, quais sejam: (i) existência de limites próprios à invalidação dos atos ampliativos – estabilização e decurso do tempo; e (ii) efeitos e consequências de sua efetiva invalidação.

6.4 Estabilização dos atos ampliativos viciados

Partindo do pressuposto de que o ato administrativo viciado é ampliativo, torna-se de suma importância o exame detido e minucioso do vício causador da potencial invalidação, sob as especificidades do caso concreto.

Conforme exposto, mesmo se considerada a existência de uma regra geral dispondo sobre a impossibilidade de correção de certo vício, o princípio da segurança jurídica – em especial sua faceta subjetiva de proteção à confiança – somado à boa-fé do administrado impõem, no mínimo, a instauração de procedimento administrativo específico no qual sejam efetivamente analisadas a natureza da falha e, como tratado, a possibilidade de convalidação do ato.

---

103. Weida Zancaner, *Da Convalidação e da Invalidação dos Atos Administrativos*, cit., 3ª ed., pp. 96-97.

Isso ocorre porque o ordenamento jurídico pátrio, além de impor o dever de prestígio da legalidade, estabelece uma série de prescrições com o fim de promover a estabilização das relações jurídicas, traduzindo-se em limites à invalidação.[104]

A estabilização advém diretamente da incidência do ordenamento jurídico sobre certos fatos, o que torna seu regime distinto. Diversamente da convalidação, sua materialização não decorre da emissão de novo ato, mas da subsunção à norma posta sobre determinado fato jurídico, nesse caso administrativo.[105]

Por meio da análise do caso concreto, cabe ao agente competente verificar se a situação jurídica criada pelo ato viciado atrai proteção jurídica que imponha sua permanência como meio mais eficaz de o ordenamento ser restabelecido.[106]

Isso não significa dizer que caberá ao administrador avaliar o que lhe parece ser o mais adequado ao sistema jurídico, mas que a conjugação de determinados fatores de ordem normativa determinará a estabilização do ato ou o dever de sua retirada.

Em suma, tratando-se de ato ampliativo da esfera de direitos de administrado de boa-fé, os princípios gerais do Direito, segurança jurídica, normas cogentes superiores de todo o sistema, fincarão o dever do administrador de estabilizar o ato.

Acreditamos ser esse o maior diferencial do regime da invalidação, exclusivamente incidente sobre os atos ampliativos.

Em suma, a proteção diretamente conferida pelos princípios gerais do Direito, capitaneados pelos princípios da segurança jurídica e

104. Segundo Mônica Martins Toscano Simões: "Tais barreiras nada mais são que fatores impeditivos da invalidação, isto é, fatores que impedem o exercício do dever de invalidar, e que podem ser extraídos do próprio ordenamento jurídico" (*O Processo Administrativo e a Invalidação dos Atos Viciados*, cit., pp. 152-153).
105. Rafael Valim, *O Princípio da Segurança Jurídica no Direito Administrativo Brasileiro*, São Paulo, Malheiros Editores, 2010, p. 121.
106. Nesse sentido escreve Miguel Seabra Fagundes: "A infringência legal no ato administrativo, se considerada abstratamente, aparecerá sempre como prejudicial ao interesse público. Mas, por outro lado, vista em face de algum dado concreto, pode acontecer que a situação resultante do ato, embora nascida irregularmente, torne-se útil àquele mesmo interesse. Também as numerosas situações pessoais alcançadas e beneficiadas pelo ato vicioso podem aconselhar a subsistência de seus efeitos" (*O Controle dos Atos Administrativos pelo Poder Judiciário*, cit., 3ª ed., pp. 61-62).

da boa-fé, é, de per si, impeditiva da invalidação, ou seja, mantenedora dessas declarações estatais, independentemente da presença de regras específicas constituídas para limitar essa específica forma de retirada.

Não obstante a peculiaridade das afirmações postas quanto ao tema de fundo, este estudo filia-se ao entendimento de, entre outros, Weida Zancaner,[107] Mônica Martins Toscano Simões,[108] Jacintho de Arruda Câmara,[109] Alice Gonzales Borges[110] e Almiro do Couto e Silva,[111] para os quais a efetiva incidência dos supracitados princípios, por si sós ou somados ao decurso de eventual lapso temporal, imporá a preservação dos atos administrativos ampliativos quando a retirada se mostrar danosa ao bem comum.[112]

Dispõe Almiro do Couto e Silva: "É importante que se deixe bem claro, entretanto, que o dever (e não o poder) de anular os atos administrativos inválidos só existe quando, no confronto entre o princípio da legalidade e o da segurança jurídica, o interesse público recomende

---

107. Weida Zancaner, *Da Convalidação e da Invalidação dos Atos Administrativos*, cit., 3ª ed., pp. 73 e ss.
108. Mônica Martins Toscano Simões, *O Processo Administrativo e a Invalidação dos Atos Viciados*, cit., pp. 155 e ss.
109. Jacintho de Arruda Câmara, "A preservação dos efeitos dos atos administrativos viciados", cit., *Revista Diálogo Jurídico* 14/4 (disponível em *http://www.direitopublico.com.br*, acesso em 24.3.2010).
110. Alice Gonzales Borges, "Valores a serem considerados no controle jurisdicional da Administração Pública: segurança jurídica, boa-fé, conceitos indeterminados, interesse público", *Revista Interesse Público* 15/83-96, Porto Alegre, julho-setembro/2002.
111. Almiro do Couto e Silva, "Princípios da legalidade da Administração Pública e de segurança jurídica no Estado de Direito contemporâneo", *RDP* 84/61, São Paulo, Ed. RT, outubro-dezembro/1987, e "O princípio da segurança jurídica (proteção à confiança) no direito público brasileiro e o direito da Administração Pública de anular seus próprios atos administrativos: o prazo decadencial do art. 54 da Lei do Processo Administrativo da União (Lei 9.784/1999)", *Revista Eletrônica de Direito do Estado* 2/36, Salvador, Instituto de Direito Público da Bahia, abril-junho/2005 (disponível em *http://direitodoestado.com.br*, acesso em 24.3.2010).
112. Weida Zancaner pronunciou-se sobre o tema em debate; porém, diferentemente da posição ora adotada, afirmava a necessidade do transcurso de certo lapso temporal em função da presença dos princípios de Direito. Seguem os elementos de necessária cumulação: (i) transcurso de certo lapso de tempo; (ii) a existência de uma regra ou princípio de Direito que lhe tivesse servido de suporte caso fosse validamente constituído; e (iii) boa-fé por parte do beneficiário (*Da Convalidação e da Invalidação dos Atos Administrativos*, cit., 3ª ed., p. 62).

que aquele seja aplicado e este não. Todavia, se a hipótese inversa verificar-se, isto é, se o interesse público maior for o de que o princípio aplicável é o da segurança jurídica e não o da legalidade da Administração Pública, então, a autoridade competente terá o dever (e não o poder) de não anular, porque se deu a sanatória do inválido, pela conjunção da boa-fé dos interessados com a tolerância da Administração e com o razoável lapso de tempo transcorrido. Deixando o ato de ser inválido, e dele havendo resultado benefícios e vantagens para os destinatários, não poderá ser mais anulado, porque, para isso, falta precisamente o pressuposto da invalidade".[113]

Mônica Martins Toscano Simões vai além, retirando, inclusive, a necessidade de decurso de certo lapso temporal como requisito para a estabilização do ato:

"Todavia, em tais casos não há que se cogitar do decurso de certo lapso temporal, mas tão somente dos *princípios gerais do Direito (segurança jurídica e boa-fé)*: uma coisa é a *estabilização* em virtude exclusivamente do transcurso de prazo decadencial; coisa bem diferente é a *estabilização* nos casos dos atos ampliativos de direitos, em virtude dos *princípios gerais de Direito* – hipótese, esta, em que não se põe a questão do prazo, pois o arcabouço principiológico justifica, por si só, a dita estabilização.

"Destarte, os *princípios gerais de Direito* – mormente os princípios da *segurança jurídica* e da *boa-fé* – não só podem como devem ser considerados para fins de *estabilização* de relações jurídicas oriundas de dado ato administrativo viciado. Sua importância é tamanha que limitam, por si sós, o dever que se reconhece à Administração Pública de invalidar os atos viciados, independentemente do transcurso do tempo. Diante do caso concreto, deverá a autoridade competente decidir se, à margem do fator *tempo*, valores supremos do ordenamento jurídico – como a *segurança jurídica* e a *boa-fé* – impõem 'barreira' ao dever de invalidar, evidenciando a necessidade de estabilizar os efeitos produzidos."[114]

---

113. Almiro do Couto e Silva, "Princípios da legalidade da Administração Pública e de segurança jurídica no Estado de Direito contemporâneo", cit., *RDP* 84/61-62.

114. Mônica Martins Toscano Simões, *O Processo Administrativo e a Invalidação dos Atos Viciados*, cit., pp. 155-156.

Para conclusão deste tópico faz-se importante realizar novas ponderações quanto ao conteúdo atribuível ao termo "estabilização".

Filiando-nos ao pioneiro estudo de Rafael Valim, entendemos que a estabilização se assemelha à convalidação no ponto em que "expurga, retroativamente, a invalidade do ato administrativo. Trata-se de um caso de retroeficácia benéfica, sendo, nessa medida, permitida pela ordem jurídica".[115]

Noutras palavras, a incidência dos destacados princípios gerais de Direito suprime a invalidade do ato, tornando-o válido.

Tratando-se de estudo jurídico-científico, o porquê do afirmado advém da verificação da consequência atribuída pelo Direito à materialização do descrito. Com a retirada da invalidade que maculava o ato, o direito subjetivo nele contido é adquirido pelo seu destinatário, diferindo, com isso, da mera manutenção de seus efeitos.[116]

De qualquer forma, o que foi exposto não afasta o dever de invalidar os atos ilegais que não comportem convalidação ou outro fundamento jurídico impositivo de sua estabilização. A manutenção descomedida e não fundamentada de atos ilegais não é admitida pelo sistema jurídico pátrio, de maneira que a abertura ilimitada da possibilidade de estabilização poderá vir a significar, em último grau, meio de consolidação de eventuais arbitrariedades ou outros fins pouco atentos ao bem comum.

Por tal razão, mesmo tendo por certo que a instauração do devido processo é norma constitucional impositiva à Administração Pública, nos casos em que os resultados, mesmo que indiretamente, reflitam negativamente sobre os indivíduos ou sobre o interesse público esse dever se torna ainda mais relevante.[117]

---

115. Rafael Valim, *O Princípio da Segurança Jurídica no Direito Administrativo Brasileiro*, cit., p. 123.
116. "E por que insistimos que não há simples manutenção do ato inválido, senão que eliminação da invalidade do ato administrativo? Porque disso decorre a compostura do direito subjetivo criado pelo ato administrativo. Como sabemos, a validade é condição necessária, porém não suficiente, para que o direito subjetivo veiculado pelo ato administrativo possa ser qualificado como direito adquirido. Um ato inválido não é apto a gerar direito adquirido. Daí, portanto, a importância de dizer que a estabilização torna válido o ato, de modo a permitir a invocação de eventual direito adquirido" (Rafael Valim, *O Princípio da Segurança Jurídica no Direito Administrativo Brasileiro*, cit., p. 123).
117. Nesse sentido, v. Mônica Martins Toscano Simões, em especial o tema do *procedimento administrativo invalidador* (*O Processo Administrativo e a Invalidação dos Atos Viciados*, cit., pp. 158 e ss.).

6.5 O decurso do tempo

O decurso do tempo pode ser identificado como fator de manutenção dos atos produzidos invalidamente, cabendo aos institutos da *prescrição* e da *decadência* – meios de atuação do princípio da segurança jurídica – a materialização de tal intento.

O legislador federal positivou esse limite à invalidação dos atos administrativos ampliativos, conforme disposto no art. 54 da Lei de Processo Administrativo Federal.[118]

Fixou-se o prazo decadencial[119] de cinco anos como limite à invalidação dos atos de que *decorram efeitos favoráveis aos administrados*; ou seja, como lapso temporal necessário à manutenção da situação jurídica constituída.[120]

---

118. "Art. 54. O direito da Administração de anular os atos administrativos de que decorram efeitos favoráveis para os destinatários decai em 5 (cinco) anos, contados da data em que foram praticados, salvo comprovada má-fé.

"§ 1º. No caso de efeitos patrimoniais contínuos, o prazo de decadência contar-se-á da percepção do primeiro pagamento.

"§ 2º. Considera-se exercício do direito de anular qualquer medida de autoridade administrativa que importe impugnação à validade do ato."

119. "À luz desses pressupostos, é irrecusável que o prazo do art. 54 da Lei 9.784/1999 é de decadência e não de prescrição. O que se extingue pelo transcurso do prazo, desde que não haja má-fé do interessado, é o próprio direito da Administração Pública Federal de pleitear a anulação do ato administrativo, na esfera judicial, ou de ela própria proceder a essa anulação, no exercício de autotutela administrativa. Esse prazo não é passível de suspensão ou interrupção, como geralmente sucede, aliás, com os prazos decadenciais. De outro lado – insista-se –, não existe *pretensão* à invalidação, pois nada há exigir no comportamento da outra parte, como também nenhum dever jurídico corresponde ao *direito* a invalidar, o que já se ressaltou ser traço característico dos direitos formativos" (Almiro do Couto e Silva, "O princípio da segurança jurídica (proteção à confiança) no direito público brasileiro e o direito da Administração Pública de anular seus próprios atos administrativos: o prazo decadencial do art. 54 da Lei do Processo Administrativo da União (Lei 9.784/1999)", cit., *Revista Eletrônica de Direito do Estado* 2/36, disponível em *http://www.direitodoestado.com.br*, acesso em 24.3.2010).

120. "Administrativo – Recurso especial – Mandado de segurança – Pensão indevida – Inércia da Administração – Anulação do ato – Decadência. Não pode a Administração Pública, após o lapso temporal de cinco anos, anular ato administrativo que considera viciado se o mesmo gerou efeitos no campo de interesse individual de servidor público ou administrado, incorporando-se ao seu patrimônio jurídico – Precedentes – Recurso não conhecido" (STJ, 5ª Turma, REsp 515.225-RS, rel. Min. Félix Fischer, *DJU* 20.10.2003).

"Recurso especial – Administrativo – Exercício da autotutela do Poder Público – Prescrição administrativa. 1. 'Após decorridos cinco anos não pode mais a Admi-

O instituto da decadência, ceifando a possibilidade de a Administração retirar situação jurídica constituída, concretiza o princípio da segurança jurídica.[121] Protege os atos favoráveis aos particulares de

nistração Pública anular ato administrativo gerador de efeitos no campo de interesses individuais, por isso que se opera a decadência' (STJ, MS n. 6.566-DF, rel. para o acórdão Min. Francisco Peçanha Martins, *DJU* 15.5.2000) – Precedente da 3ª Seção. 2. Recurso não conhecido" (STJ, 6ª Turma, REsp 219.883-SP, rel. Min. Hamilton Carvalhido, *DJU* 4.8.2003).

"Processual civil – Violação a súmula – Impossibilidade de análise em sede de recurso especial – Prescrição administrativa – Art. 54 da Lei n. 9.784/1999 – Precedentes – Lei local – Súmula n. 280/STF. I – Verbetes ou enunciados de tribunais não equivalem a dispositivo de lei federal para fins de interposição do recurso especial – Precedentes. II – Nos termos do art. 54 da Lei n. 9.784/1999, o direito da Administração de anular os atos administrativos de que decorram efeitos favoráveis para os destinatários decai em cinco anos, contados da data em que foram praticados, salvo comprovada má-fé – Precedentes. III – O manejo do recurso especial reclama violação ao texto infraconstitucional federal, sendo defeso ao STJ reexaminar a aplicação de legislação local, a teor do Verbete Sumular n. 280-STF. IV – Agravo interno desprovido" (STJ, 5ª Turma, AgR no REsp 595.627-RS, rel. Min. Gilson Dipp, *DJU* 19.4.2004).

"Administrativo – Servidor público – Filha solteira maior de 21 anos – Dependência – Assistência médico-hospitalar – Inércia da Administração – Decadência administrativa. 1. Não pode o administrado ficar sujeito indefinidamente ao poder de autotutela do Estado, sob pena de desestabilizar um dos pilares-mestres do Estado Democrático de Direito, qual seja, o princípio da segurança das relações jurídicas. Assim, no ordenamento jurídico brasileiro a prescritibilidade é a regra, e a imprescritibilidade a exceção. 2. Na ausência de lei estadual específica, a Administração Pública Estadual poderá rever seus próprios atos, quando viciados, desde que observado o prazo decadencial de cinco anos – Aplicação analógica da Lei n. 9.784/99. 3. Recurso especial não conhecido" (STJ, 5ª Turma, REsp 628.524-RS, rel. Min. Laurita Vaz, j. 23.6.2004, *DOU* 223.8.2004).

Decisões monocráticas prolatadas pelo STJ em casos idênticos: 6ª Turma, REsp 602.415-RS, rel. Min. Paulo Medina, *DJU* 20.5.2004, 5ª Turma, REsp 625.511-RS, rel. Min. Gilson Dipp, *DJU* 28.5.2004; 6ª Turma, REsp 619.050-RS, rel. Min. Paulo Medina, *DJU* 3.6.2004; 5ª Turma, REsp 630.970-RS, rel. Min. Gilson Dipp, *DJU* 25.5.2004.

121. "O legislador ao estabelecer um marco de tempo deixa claro em qual dos aspectos o valor segurança foi acolhido juridicamente: antes de transcorrer o tempo marcado a solução é uma – desconstituição dos efeitos do ato viciado através da invalidação; após o transcurso do prazo, outra – a preservação destes efeitos, dada a impossibilidade de se invalidar. Antes do prazo a segurança se faz jurídica preservando a legalidade, dando garantia de que os efeitos produzidos em desconformidade com a lei serão desconstituídos; após o marco temporal estabelecido, a 'segurança' protegida juridicamente está em preservar situações há muito constituídas sem sofrer qualquer impugnação e que merecem estabilidade do ordenamento jurídico, sob pena de se cair sob um clima de incerteza constante, a cuja existência o Direito se opõe onto-

boa-fé perante os desmandos e a inércia da Administração Pública, cuja omissão, segundo essa regra, torna intocável o direito originado de ato inválido.[122]

A decadência impede que o agente exercite a função de retirar os atos eivados de vício, mesmo se defronte a tal fato (jurídico). Sua competência remanesce, porém o Direito reprime sua execução, opondo-se à constituição do ato administrativo de retirada, mantendo, por via de consequência, o ato viciado e os efeitos dele decorrentes.

O vício e o ato persistem, bem como os efeitos produzidos não poderão ser alcançados. Isso significa que não haverá aquisição do direito pelo destinatário do ato, porém haverá o convívio do sistema com a situação jurídica posta.

---

logicamente" (Jacintho de Arruda Câmara, "A preservação dos efeitos dos atos administrativos viciados", cit., *Revista Diálogo Jurídico* 14/16, disponível em *http://www.direitopublico.com.br*, acesso em 24.3.2010).
122. "Mandado de segurança – Constitucional – Competência – Tribunal de Contas da União – Art. 71, III, da Constituição do Brasil – Fiscalização de empresas públicas e sociedades de economia mista – Possibilidade – Irrelevância do fato de terem ou não sido criadas por lei – Art. 37, XIX, da Constituição do Brasil – Ascensão funcional anulada pelo TCU após 10 anos – Ato complexo – Inexistência – Decadência administrativa – Art. 54 da Lei n. 9.784/1999 – Ofensa ao princípio da segurança jurídica e da boa-fé – Segurança concedida. 1. As empresas públicas e as sociedades de economia mista, entidades integrantes da Administração indireta, estão sujeitas à fiscalização do Tribunal de Contas, não obstante a aplicação do regime jurídico celetista aos seus funcionários – Precedente (MS n. 25.092, rel. Min. Carlos Velloso, *DJU* 17.3.2006). 2. A circunstância de a sociedade de economia mista não ter sido criada por lei não afasta a competência do Tribunal de Contas. São sociedades de economia mista, inclusive para os efeitos do art. 37, XIX, da Constituição do Brasil/1988, aquelas – anônimas ou não – sob o controle da União, dos Estados-membros, do Distrito Federal ou dos Municípios, independentemente da circunstância de terem sido criadas por lei – Precedente (MS n. 24.249, de que fui Relator, *DJU* 3.6.2005). 3. Não consubstancia ato administrativo complexo a anulação, pelo TCU, de atos relativos à administração de pessoal após 10 anos da aprovação das contas da sociedade de economia mista pela mesma Corte de Contas. 4. A Administração decai do direito de anular atos administrativos de que decorram efeitos favoráveis aos destinatários após cinco anos, contados da data em que foram praticados (art. 54 da Lei n. 9.784/1999) – Precedente (MS n. 26.353, rel. Min. Marco Aurélio, *DJU* 6.3.2008). 5. A anulação tardia de ato administrativo, após a consolidação de situação de fato e de direito, ofende o princípio da segurança jurídica – Precedentes (RE n. 85.179, rel. Min. Bilac Pinto, *RTJ* 83/921 (1978), e MS n. 22.357, rel. Min. Gilmar Mendes, *DJU* 5.11.2004) – Ordem concedida" (STF, Pleno, MS 26.117-DF, rel. Min. Eros Grau, j. 20.5.2009, *DJe* 208).

Tal regramento é importante para a delimitação da atuação pública, pois, a par de seu espectro de incidência ser a União, caso não haja norma jurídica de teor equivalente e, cremos, de conteúdo mais favorável, esta deverá ser aplicada como parâmetro de referência.[123]

123. "Administrativo – Servidor público – Filha solteira maior de 21 anos – Percepção de pensão por morte – Inércia da Administração – Decadência administrativa – Agravo desprovido.

"Trata-se de agravo de instrumento interposto pelo Instituto de Previdência do Estado do Rio Grande do Sul (IPERGS) em face de decisão do 1º Vice-Presidente do TJRS que indeferiu o processamento de recurso especial fundamentado na alínea 'a' do permissivo constitucional. O recurso especial obstado se dirige contra acórdão ementado nos seguintes termos, *litteris*: 'Previdência pública – Pensão – IPERGS – Filha solteira maior de 21 anos, capaz e em condições de trabalho – Art. 73 da Lei n. 7.672/1982 – Caso concreto, manutenção do benefício, tendo em vista que a autora percebeu a pensão durante mais de cinco anos após a maioridade. As filhas solteiras que tenham implementado a maioridade previdenciária até data da promulgação da referida lei fazem jus ao recebimento da pensão enquanto solteiras, bem como nos casos em que o óbito do ex-segurado tenha ocorrido até essa mesma data e a filha solteira tenha percebido a pensão durante mais de cinco anos após completar a maioridade – Apelo improvido, mantida a sentença em reexame necessário'.

"É o relatório. Decido.

"Na hipótese em tela, pretende a ora recorrida manter benefício decorrente de pensão por morte, recebido desde 1991 e cancelado administrativamente em fevereiro de 2002. A questão que se coloca à apreciação cinge-se em saber se aplicável o prazo decadencial de cinco anos para a Administração Pública Estadual anular seus atos diante da falta de norma estadual expressa a respeito da matéria. O Tribunal *a quo* entendeu que o Instituto de Previdência decaiu de seu direito de rever o ato que concedeu à recorrida a referida pensão porque transcorridos mais de cinco anos, contados da data em que completou a maioridade civil, em 29.12.1989. Consoante a jurisprudência tanto desta Corte quanto do STF, a Administração Pública tem o poder-dever de rever seus atos viciados, estando tal entendimento, inclusive, cristalizado na Súmula n. 473 da Suprema Corte, nos seguintes termos: 'A Administração pode anular seus próprios atos, quando eivados de vícios que o tornam ilegais, porque deles não se originam direitos, ou revogá-los, por motivo de conveniência ou oportunidade, respeitados os direitos adquiridos, e ressalvada, em todos os casos,a apreciação judicial'. Todavia, não pode o administrado ficar sujeito indefinidamente ao poder de autotutela do Estado, sob pena de desestabilizar um dos pilares-mestres do Estado Democrático de Direito, qual seja, o princípio da segurança das relações jurídicas. Assim, no ordenamento jurídico brasileiro a prescritibilidade é a regra, e a imprescritibilidade exceção. (...). Desse modo, encontra-se desarrazoada a tese de que, na ausência de norma estadual específica, os atos da Administração Pública Estadual sejam imprescritíveis. Considerando a prescritibilidade dos atos administrativos como regra, resta definir em que prazo ela ocorre. Entendo que, na ausência de

Ressaltamos que o prazo assinalado incide sobre os atos administrativos ampliativos nos quais a boa-fé do administrado esteja presente. Desta forma, caberá ao operador do Direito e à jurisprudência definirem os postulados regentes dos casos distintos, em especial os atos restritivos e aqueles marcados pela má-fé[124] do administrado.[125]

A doutrina – capitaneada por Celso Antônio Bandeira e Mello – busca solução analógica, apontando o prazo decadencial de 10 anos, previsto no art. 205 do CC, incidente sobre a generalidade dos atos jurídicos.[126]

A utilização desse prazo, além de também prestigiar o princípio da segurança, visa, de outra mão, a sublinhar o tratamento diferenciado que o regime jurídico deve conferir aos atos ampliativos destinados aos administrados de boa-fé.[127] Corrobora e acentua o inevitável repensar da teoria do ato administrativo sob o prisma dessa espécie de atos.

Fixadas tais premissas, partimos para a verificação dos efeitos e consequências da invalidação caso figure como o único meio assinalado pelo Direito para restabelecimento da ordem jurídica.

especificação legal referente ao prazo prescricional para a Administração Pública Federal, esta deve ocorrer em cinco anos, à semelhança da prescrição das ações pessoais contra a Fazenda Pública" (STJ, Ag 581.698, rela. Min. Laurita Vaz, decisão monocrática, *DJU* 3.9.2004).

124. Conforme decisão, não decai o direito da Administração de anular os próprios atos se evidenciada má-fé do particular (TRF-1ª Região, ACi 2001.36.00.006728-MT, j. 24.2.2010).

125. Rafael Valim, *O Princípio da Segurança Jurídica no Direito Administrativo Brasileiro*, cit., p. 133.

126. Celso Antônio Bandeira de Mello, *Curso de Direito Administrativo*, cit., 27ª ed., p. 1.064.

127. Giovani Bigolin, *Segurança Jurídica: a Estabilização do Ato Administrativo*, Porto Alegre, Livraria do Advogado, 2007, pp. 146 e ss.

"Quanto aos atos restritivos de direitos e atos praticados de comprovada má-fé, reitere-se, consoante também já salientado (item 3.2.2), que a invalidação deve ser processada no prazo de 10 anos, tomando-se por empréstimo o prazo prescricional geral dos atos jurídicos de acordo com o novo Código Civil brasileiro. Tal entendimento tanto prestigia o princípio da segurança jurídica quanto preserva o tratamento diferenciado que o legislador federal nitidamente imprimiu à anulação, de um lado, de atos ampliativos e, de outro, de atos restritivos e atos praticados de comprovada má-fé" (Mônica Martins Toscano Simões, *O Processo Administrativo e a Invalidação dos Atos Viciados*, cit., p. 154).

6.6 A efetiva invalidação: efeitos e consequências

Não ocorrida a hipótese de convalidação do ato administrativo e não existindo qualquer limite à sua invalidação, o sistema jurídico pátrio passa a exigir o restabelecimento da legalidade.

Nesses casos, o princípio da segurança jurídica eleva a retirada do ato e a restauração da legalidade como o meio mais indicado ao prestígio do ordenamento, de vez que no Estado de Direito a manutenção da ordem jurídica é dever jurídico atribuído ao Estado.

No entanto, a invalidação do ato acarretará consequências sobre a esfera de direitos do administrado, sejam elas positivas ou negativas, dependendo da espécie do ato objeto da retirada.

Na hipótese de resultarem da invalidação efeitos positivos para os indivíduos, qualquer embate é demasiado reduzido. O Direito, em prol da proteção dos administrados, sempre prestigiará a retirada dos atos agressivos emitidos pela Administração, tendo em vista a excepcionalidade de sua emissão. Muito mais o será nas circunstâncias em que a declaração jurídica, além de restritiva, estiver em contrariedade ao ordenamento.

Contudo, por materializarem atos restritivos, é inversa a postura frente à retirada dos atos ampliativos de direitos, notadamente perante os administrados de boa-fé.

Os princípios da segurança jurídica e da boa-fé incidem para a proteção dos efeitos positivos gerados pelo ato ampliativo viciado. Desse modo, a invalidação põe-se como último meio possível para o restabelecimento da ordem jurídica, a ser utilizada exclusivamente quando figurar como a hipótese exigida em vista do caso concreto.

Na hipótese de sua ocorrência, o reflexo dos princípios da segurança jurídica e da boa-fé recairá sobre seus efeitos e consequências.

Originalmente, sob um ideal de que os atos viciados não produziriam efeitos jurídicos, a doutrina e a jurisprudência[128] fincaram vetusto entendimento no sentido de que invalidação sempre operaria

---

128. Nesse sentido, observa-se o alcance da primeira parte da Súmula 473 do STF: "*A Administração pode anular seus próprios atos, quando eivados de vícios que os tornam ilegais, porque deles não se originam direitos*; ou revogá-los, por motivo de conveniência ou oportunidade, respeitados os direitos adquiridos, e ressalvada, em todos os casos, a apreciação judicial" (grifos nossos).

efeitos *ex tunc*, ou seja, retroagindo sobre os efeitos produzidos desde a sua origem.

Vale lembrar que esta construção teórica pautou-se por um Estado coercitivo, preponderantemente emissor de atos administrativos restritivos, sendo poucas e pontuais as discussões acerca da prejudicialidade dos efeitos *ex tunc*, majoritariamente positivos aos indivíduos.

Com o passar dos anos, a crescente presença dos atos administrativos ampliativos implicou o repensar da teoria,[129] uma vez que esses atos, ao favorecerem a esfera de direitos dos administrados, tornaram-se alvo de proteção dos princípios da segurança jurídica e da boa-fé.[130]

A incidência dessas normas resultou na consequente e imprescindível reavaliação dos possíveis efeitos que a invalidação poderá operar, pois nenhuma medida administrativa, nem para prestígio literal do princípio da legalidade, poderá provocar a extinção do núcleo duro de tais preceitos.

---

129. Como já afirmado, até há bem pouco tempo a doutrina era pacífica a respeito dos efeitos *ex tunc* e *ab initio* da invalidação do ato administrativo. Recentemente houve sensível alteração desse quadro: juristas de escol passaram a admitir a invalidação irretroativa. Dentre eles surgiram duas posições: para alguns a invalidação irretroativa dá-se em circunstâncias excepcionais, aferíveis no caso concreto; para outros a irretroatividade da invalidação dá-se sempre que o ato for ampliativo de direito e houver boa-fé do beneficiado (Ricardo Marcondes Martins, *Efeitos dos Vícios do Ato Administrativo*, São Paulo, Malheiros Editores, 2008, p. 419).

130. "Como regra geral, os efeitos da anulação dos atos administrativos retroagem às suas origens, invalidando as consequências passadas, presentes e futuras do ato anulado. E assim é porque o ato nulo (ou o inexistente) não gera direitos ou obrigações para as partes; não cria situações jurídicas definitivas; não admite convalidação. No entanto, como apontado no Capítulo II, item 2.3.7, por força do *princípio da segurança jurídica* e da *boa-fé* do administrado, ou do servidor público, em casos excepcionais a anulação pode ter efeitos *ex nunc*, ou seja, a partir dela. Isto decorre, inclusive, dos arts. 27 e 28, parágrafo único, da Lei 9.868/1999 (v. Capítulo XI, item 6.4.8).

"Em suma, pela regra geral, reconhecida e declarada a nulidade do ato, pela Administração ou pelo Judiciário, o pronunciamento de invalidade opera efeitos *ex tunc*, desfazendo todos os vínculos entre as partes e obrigando-as à reposição das coisas ao *status quo ante*, como consequência natural e lógica da decisão anulatória. Essa regra, porém, é de ser atenuada e excepcionada para com terceiros de boa-fé alcançados pelos efeitos incidentes do ato anulado, uma vez que estão amparados pela *presunção de legitimidade* que acompanha toda a atividade da Administração Pública, bem como pelo *princípio da segurança jurídica*. (...)" (Hely Lopes Meirelles, *Direito Administrativo Brasileiro*, cit., 36ª ed., p. 208-209).

Qualquer interpretação em sentido diverso resultará na retirada dos efeitos acrescidos à esfera de direitos do administrado que, de boa-fé, não contribuiu para qualquer ilegalidade.[131] Não mais se discute que os atos viciados são dotados de eficácia jurídica e, portanto, produzem efeitos jurídicos.[132] O ato viciado é válido antes de ocorrida sua retirada. Essa afirmação é ainda mais evidente no tocante aos atos administrativos, posto serem marcados pela presunção de legitimidade.

Impulsionados pelos fundamentos aludidos, cremos que a invalidação de um ato ampliativo deverá preservar os efeitos produzidos até sua incidência, sob pena de descumprimento da ordem jurídica.

Noutras palavras: por imposição do princípio da segurança jurídica, acentuado pela presunção de legitimidade das declarações estatais, a retirada por razões de legalidade deverá apenas operar efeitos *ex nunc* sobre os atos viciados, porém favoráveis aos administrados de boa-fé. O ato de invalidação não terá efeito retroativo sobre o ato invalidado, somente produzirá efeitos a partir de sua emissão.

Como expoente desse entendimento, pronunciou-se Celso Antônio Bandeira de Mello:

"(...) cumpre aqui discutir os efeitos da invalidação, buscando-se saber se ela sempre, ou nem sempre, tem efeitos *ex tunc* e o que determinará se seus efeitos serão desta espécie ou se e quando serão *ex nunc*.

"(...).

"Na conformidade desta perspectiva, parece-nos que efetivamente nos atos unilaterais *restritivos* da esfera jurídica dos administrados,

---

131. "Na seara do direito público, outro fator reforça a invalidade de, a qualquer tempo e em qualquer situação, a Administração desfazer os seus atos viciados sem que advenha consequência alguma de tal atuar. Trata-se da já mencionada presunção de legitimidade e veracidade de que gozam os atos administrativos, de maneira que toda e qualquer teoria que se formule sobre a nulidade deles estará inexoravelmente envolvida por tal presunção, o que acarreta uma tendência à redução da competência invalidatória dos atos administrativos. Ora, por tal razão, os atos administrativos geram aparência de regularidade na qual os administrados confiam e pela qual orientam seus atos. Caso contrário instalada restaria uma eterna relação de desconfiança acerca das diretrizes traçadas pela Administração Pública por intermédio de seus atos" (Clarissa Sampaio Silva, *Limites à Invalidação dos Atos Administrativos*, cit., p. 85).

132. Conforme descrito no item 2.2.3.

se eram inválidos, todas as razões concorrem para que sua fulminação produza efeitos *ex tunc*, exonerando por inteiro quem fora indevidamente agravado pelo Poder Público das consequências onerosas. Pelo contrário, nos atos unilaterais *ampliativos* da esfera jurídica do administrado, se este não concorreu para o vício do ato, estando de boa-fé, sua fulminação só deve produzir efeitos *ex nunc*, ou seja, depois de pronunciada."[133]

Nesse sentido posiciona-se Ricardo Marcondes Martins: "Trata-se de uma imposição ditada pelo sistema jurídico: em determinadas hipóteses, por força dos princípios incidentes no caso, o sistema jurídico veda a retroatividade da invalidação, ou, melhor, veda a retirada retroativa dos efeitos jurídicos do ato inválido. A apreciação do conjunto de razões jurídicas em favor da manutenção dos efeitos do ato inválido – como os princípios da estabilização das relações jurídicas, da boa-fé dos administrados, da confiança legítima, os princípios especificamente concretizados pelo ato inválido – bem como das razões opostas à manutenção desses efeitos – o princípio da conformação dos atos ao Direito, os princípios opostos aos concretizados pelo ato inválido –, a determinação do peso de cada uma dessas razões jurídicas e a *ponderação* dos respectivos pesos é que indicarão a solução a ser adotada. Se se trata de uma imposição do sistema jurídico, própria da aplicação dos princípios, nada havia de inconstitucional na invalidação irretroativa adotada pelo STF em 1995. Eram, por isso, absolutamente despiciendas a previsão legal ou a expressa previsão constitucional".[134]

A alteração de tais posicionamentos auxilia na crescente sedimentação dos princípios gerais de Direito evocados ao longo desta investigação, contribuindo, por via reflexa, com a ampliação dos meios de proteção ao direito dos administrados em face da aplicação do poder extroverso da Administração.

Caso prevaleça entendimento em sentido diverso, o administrado de boa-fé, que agiu confiante na declaração estatal, poderá materializar um enorme prejuízo frente a uma eventual invalidação.

---

133. Celso Antônio Bandeira de Mello, *Curso de Direito Administrativo*, cit., 27ª ed., pp. 479-480.
134. Ricardo Marcondes Martins, *Efeitos dos Vícios do Ato Administrativo*, cit., pp. 416-417.

Para ilustrar o que foi exposto, utilizemos o exemplo do funcionário de boa-fé cuja gratificação, que lhe foi concedida há tempos, é retirada em decorrência de certo vício não convalidável. Caso a invalidação opere efeitos *ex tunc*, esse administrado, além de deixar de receber tais valores, terá de devolver aqueles até então percebidos, mesmo não tendo colaborado com o vício.

Resta evidente a contrariedade frontal dessa decisão aos princípios gerais do Direito evocados ao longo deste estudo.

Em situação semelhante ao exemplo dado, o TCU alinhou-se à aplicação de efeitos *ex nunc*, entendendo que "o cancelamento de gratificação indevidamente concedida, ordenado pelo TCU, não obriga os beneficiários à restituição de valores recebidos de boa-fé".[135]

Em conclusão, pontuamos que a invalidação dos atos administrativos ampliativos deverá operar apenas efeitos *ex nunc*, resguardando os efeitos já produzidos e acrescidos à esfera de direitos do administrado de boa-fé.

Expõe Jacintho de Arruda Câmara:

"Embora exista a possibilidade de os atos administrativos sofrerem invalidação – requerida por terceiros ou promovida pela própria Administração –, a tendência natural, previsível, de seu destino é a permanência no ordenamento jurídico. Sua retirada posterior, mesmo que promovida por motivo de legalidade, desaponta esta previsibilidade e com isso a segurança que se deposita em tais atos.

"Disto deriva uma das razões para que atos produzidos com vício devam ter seus efeitos preservados. As situações por eles geradas provocam o fundamentado anseio de perenidade; pois são gerados com a expectativa – não só dos administrados, mas expectativa do próprio sistema jurídico – de que perdurem pelo prazo indicado em seu escopo (do ato administrativo).

"Frustrar esta expectativa não é a primeira das alternativas dadas pelo sistema no caso de constatação de vício no ato. A desconstituição de seus efeitos é remédio extremo, só adotado quando o ato não suportar convalidação, ou quando a situação gerada não estiver protegida por normas ou princípios que lhe garantam a

---

135. TCU, Processo n. 1.412/1993 (Clarissa Sampaio Silva, *Limites à Invalidação dos Atos Administrativos*, cit., p. 119).

existência (e o da segurança jurídica reclama, em determinados casos, esta providência)."[136]

Em complemento à investigação, resta apenas mencionar que a ocorrência da invalidação, mesmo que operados efeitos *ex nunc*, poderá gerar ao Poder Público o dever de indenizar o administrado que, acreditando na legitimidade do ato, incorreu em dispêndio financeiro ou firmou compromissos baseado na ampliação de sua esfera jurídica.

O administrado poderá requerer perdas e danos decorrentes da atuação irregular da Administração, de vez que, confiante na presunção de legitimidade do ato, agiu conforme a norma jurídica então posta, devendo valer-se dos meios de direito para reaver seu prejuízo.

Conforme dito, tratar-se-á de indenização decorrente de ato ilícito do Poder Público, em contrapartida ao prejuízo sofrido pelo destinatário de boa-fé do ato ampliativo.[137] Bastará, portanto, a demonstração do dano e do nexo de causalidade, posto ser objetiva a responsabilidade da Administração Pública.

Sobre tal questão novamente nos apoiamos nas lições de Celso Antônio Bandeira de Mello:

"Em hipóteses desta ordem, *se o administrado estava de boa-fé e não concorreu para o vício do ato fulminado*, evidentemente a invalidação não lhe poderia causar um dano injusto e muito menos seria tolerável que propiciasse, eventualmente, um enriquecimento sem causa para a Administração. Assim, tanto devem ser indenizadas as despesas destarte efetuadas como, *a fortiori*, hão de ser respeitados efeitos patrimoniais passados atinentes à relação atingida. (...).

"(...). Acresce que, notoriamente, os atos administrativos gozam de *presunção de legitimidade*. Donde, quem atuou arrimado neles, salvo se estava de má-fé (vício que se pode provar, mas não pressupor

---

136. Jacintho de Arruda Câmara, "A preservação dos efeitos dos atos administrativos viciados", cit., *Revista Diálogo Jurídico* 14/13 (disponível em *http://www.direitopublico.com.br*, acesso em 24.3.2010).

137. "A invalidação ou a anulação não outorga ao então beneficiário do ato extinto qualquer direito à indenização, desde que ela ocorra antes de qualquer investimento ou realização de despesas. (...). Neste caso há que se verificar se o beneficiário do ato estava ou não de boa-fé. Se estava de boa-fé tem direito a uma indenização, caso contrário não tem tal direito" (Diógenes Gasparini, *Direito Administrativo*, cit., 12ª ed., p. 116).

liminarmente), tem o direito de esperar que tais atos se revistam de um mínimo de seriedade. (...)."[138]

Em conclusão a este tópico, podemos afirmar que a incidência inafastável dos princípios da segurança jurídica e da boa-fé sobre os atos administrativos ampliativos da esfera jurídica dos administrados acaba por impor uma reavaliação da teoria da invalidação, inclusive quanto aos efeitos e consequências decorrentes de sua efetivação, agora protetores dos direitos dos administrados de boa-fé.

138. Celso Antônio Bandeira de Mello, *Curso de Direito Administrativo*, cit., 27ª ed., pp. 481-482.

7
CONCLUSÃO

Finalizada a exposição proposta para esta investigação, destacamos, de forma breve, as mais relevantes conclusões alcançadas ao longo do texto.

7.1 Por inexistir uma noção jurídico-positiva representativa do rótulo "ato administrativo", a mais operativa (e útil) aos fins deste estudo é a noção de *ato administrativo em sentido estrito* formulada por Celso Antônio Bandeira de Mello, a saber: "declaração *unilateral* do Estado no exercício de prerrogativas públicas, manifestada mediante comandos concretos complementares à lei (ou, excepcionalmente, da própria Constituição, aí de modo plenamente vinculado) expedidos a título de lhe dar cumprimento e sujeitos a controle de legitimidade por órgão jurisdicional".[1]

7.2 No tocante ao tema dos planos do mundo jurídico, o ato administrativo *existe* a partir do momento em que completa seu ciclo de formação, tornando-se socialmente reconhecível como tal; é *válido* quando em consonância com o regime jurídico positivo; e é *eficaz* quando apto a produzir os efeitos jurídicos para os quais foi concebido.

7.3 Os *atos administrativos ampliativos da esfera jurídica dos administrados* (*atos ampliativos, favoráveis* ou *vantajosos*) são todos aqueles que, *por seu conteúdo favorável ou vantajoso ao administrado, tenham por finalidade imediata ampliar a esfera jurídica do destinatário específico, seja criando, outorgando, atribuindo ou reconhecendo-lhe um direito, uma faculdade ou vantagem jurídica, seja retirando ou liberando-o de um dever, obrigação, encargo, limitação,*

---

1. Celso Antônio Bandeira de Mello, *Curso de Direito Administrativo*, 27ª ed., São Paulo, Malheiros Editores, 2010, pp. 386-387.

CONCLUSÃO 217

agravo ou ônus. Como exemplos destacam-se as autorizações, licenças, permissões, concessões, nomeações, premiações, investiduras etc.

7.4 Em atenção ao conteúdo dos efeitos produzidos pela declaração estatal, a noção apresentada deve ter seu espectro de incidência reduzido, considerando ampliativos apenas os atos cujos efeitos favoráveis próprios sejam imediatamente incidentes sobre a esfera jurídica do destinatário específico. No mais, os afirmados atos de *efeito múltiplo* ou *eficácia mista* são tidos por favoráveis à esfera jurídica do destinatário.

7.5 Em contraposição, os *atos restritivos de direitos* são todos aqueles cujos efeitos jurídicos objetivam imediatamente restringir, diminuir, reduzir, a esfera jurídica dos seus efetivos destinatários.

7.6 A razão da concepção de uma classificação própria de atos em vista da qualidade de seus efeitos bem como as noções representativas dessas espécies são reflexos da alteração substancial das atividades exercidas pela Administração Pública em virtude da evolução social e jurídica do Estado. A original figura da Administração coercitiva, cuja atividade restringia-se, majoritariamente, à produção de atos jurídicos desfavoráveis, cedeu vez à preponderante figura da Administração prestacional, na qual o exercício da função administrativa destina-se à promoção social, realizada por meio da emissão de declarações jurídicas vantajosas ao administrado.

7.7 Relativamente à diferenciação dessas categorias de atos, a rigor, somente a *presunção de legitimidade* é prerrogativa constante em ambas as espécies. Contudo, essa afirmação não é absoluta, pois os atributos da *imperatividade* e da *exigibilidade*, características marcantes das normas jurídicas restritivas, podem estar presentes em certos atos favoráveis, nos casos em que, por exemplo, a fruição do efeito vantajoso implica alguma obrigação ao destinatário. Porém, a prerrogativa da *executoriedade*, representação usual de uma atuação estatal agressiva, é identificada exclusivamente nos atos restritivos.

7.8 Em face do exposto, e em atenção à ampla diversidade de conteúdo das declarações estatais ampliativas, a verificação de seus atributos tem de ser realizada pontualmente, concentrando-se sobre sua natureza e, principalmente, a especificidade de seu regime jurídico. Esta atividade contribui para o real diagnóstico do ato estatal, evitando afirmações abstratas, muitas vezes não condizentes com a realidade normativa.

7.9 Outra diferença refere-se à relevância da *vontade do administrado* para a formação e/ou produção dos efeitos do ato administrativo.

7.10 A vontade do administrado é irrelevante nos atos restritivos, prevalecendo o poder extroverso da Administração Pública. Em relação aos favoráveis a vontade do particular sempre será relevante, porém de importância formal ou imprescindível à existência ou produção dos efeitos do ato. Quando imprescindível, a falta de manifestação de vontade do particular impedirá que o ato complete seu ciclo de formação ou reterá seus efeitos, mantendo-o ineficaz perante o destinatário. Nos casos em que a importância é formal, se o ato vier a ser praticado sem a verificação da manifestação de vontade, poderá ser *saneado*, caso a manifestação tardia ocorra de forma *expressa, com a intenção de fazê-la retroagir*.

7.11 O *processo administrativo* assim como o *dever de motivar* ganham destaque como pontos de distinção entre esses atos.

7.12 O *processo administrativo* é imprescindível para ambas as espécies, sendo seu rito definido em vista das peculiaridades de cada uma. O regramento mais ou menos formal deverá ser condizente com a possível ampliação ou restrição que seu produto promoverá sobre a esfera jurídica do administrado.

7.13 O *dever de motivar* segue o mesmo pressuposto. Incide indiscriminadamente tanto sobre os atos vantajosos quanto sobre os desfavoráveis aos administrados, embora suas normas regentes bem como sua materialização acabem por variar em relação à amplitude, intensidade e nível de detalhamento de sua exposição. Em relação especificamente aos atos ampliativos, a motivação deverá conter, além das devidas razões de mérito, ao menos a apresentação do antecedente de fato, da hipótese normativa e seu consequente.

7.14 Por fim, como distinção entre os atos favoráveis e os agressivos coloca-se o *dever de dar ciência inequívoca ao administrado* para que o ato administrativo possa gerar seus efeitos imediatos. Os atos restritivos exigem que a Administração Pública dê ciência inequívoca ao seu destinatário para que possam ser gerados seus efeitos próprios sobre ele. Porém, no caso dos atos favoráveis a mera publicação é suficiente para dar início à sua eficácia, vinculando imediata e minimamente o Poder Público.

7.15 Expusemos pressupostos imprescindíveis de validade das hipóteses de *revogação* e *invalidação* dos atos administrativos ampliativos de direitos. São eles: a imposição de processo administrativo para sua ocorrência; o dever de motivação desses atos; o respeito ao princípio da boa administração; e o respeito ao princípio da segurança jurídica. Esse último postulado apresenta duas facetas: a *objetiva*, composta pelo instituto do direito adquirido; e a *subjetiva*, integrada pelos princípios da proteção à confiança e da boa-fé.

7.16 Considerada a inexistência de uma noção unívoca de *revogação*, originada de uma decisão jurídico-positiva, a doutrina nacional fixou os traços do instituto, definindo-o como a extinção provocada de atos administrativos válidos efetuada por razões de mérito (oportunidade e conveniência administrativa), operando efeitos *ex nunc*.

7.17 Quanto ao seu *sujeito* ativo, a revogação será válida se efetivada pelo mesmo ente estatal que editou o ato sob retirada, caso o agente tenha competência atual para tanto, e se o ato sob retirada tiver sido praticado sob competência discricionária ou a legislação tiver autorizado a alteração posterior da situação jurídica firmada.

7.18 A materialização da revogação se dará por meio da emissão de uma nova declaração jurídica de natureza constitutiva, razão pela qual, em vista do princípio da irretroatividade dos atos administrativos, seus efeitos jurídicos apenas se desenvolverão para o futuro, ou seja, *ex nunc*.

7.19 Os limites à revogação, independentemente da sua espécie, seja ampliativa ou restritiva da esfera jurídica do destinatário, são os seguintes: respeito ao direito adquirido, necessidade fática da preexistência de algo a ser revogado, ou seja, o ato, os efeitos ou a relação jurídica constituída, existência de competência atual, discricionária ou expressa em lei, limitação específica incidente sobre os atos de controle, os atos complexos, os meros atos administrativos e os atos expedidos ao longo do procedimento, cuja fase tenha sido ultrapassada, e existência de impedimento legal à sua realização.

7.20 A análise da natureza jurídica do ato sob retirada é fator essencial à verificação de sua revogabilidade, porque o regime jurídico-administrativo autoriza sua efetivação dependendo do conteúdo do ato, elemento vinculante da predisposição fática e jurídica da estabilização dos efeitos jurídicos incidentes sobre a esfera de diretos do sujeito.

7.21 A precariedade da natureza da declaração jurídica estatal é critério determinante da sua revogabilidade, haja vista a fragilidade da relação jurídica gerada por essa espécie de atos.

7.22 O reconhecimento dos atos dessa natureza se dá exclusivamente por meio da identificação de seu regime jurídico e sua qualificação decorre diretamente da legislação. Ademais, a legislação pode facultar ao agente, caso presentes razões justificadoras, a inclusão da denominada *cláusula* ou *reserva de revogação*, por meio da qual os atos administrativos que originariamente poderiam gerar a aquisição estável do direito pelo destinatário se tornam instáveis, extinguíveis a qualquer tempo, com o seu implemento.

7.23 Estabelecido que a precariedade do ato administrativo permite sua revogabilidade, o princípio da segurança jurídica, afastado parcialmente pelo regime da declaração, repercutirá sobre as consequências oriundas da retirada, propriamente quanto ao dever de tornar o administrado indene.

7.24 A mera alegação da precariedade da natureza do ato administrativo não impede abstratamente o dever de ressarcimento do destinatário, originado, nesse caso, da prática de ato lícito pelo Estado. No entanto, para sua efetivação será imprescindível a constituição de processo administrativo próprio, no qual seja comprovada a real existência desse dever, que surgirá especificamente a partir da revelação cabal de que a retirada provocou danos efetivos, especiais e anormais, ao particular.

7.25 Em contraposição à categoria dos atos precários, aos de natureza distinta é atribuída a nomenclatura de *estáveis*, que são todos os atos administrativos desprovidos de fragilidade passível de minorar a proteção conferida pelo regime jurídico à aquisição, pelo destinatário, do direito constituído ou declarado pela norma jurídica favorável.

7.26 Em sintonia com a aplicação abstrata do regime jurídico da revogação – atualmente o disposto no art. 53 da Lei federal 9.784/1999 e na Súmula 473 do STF –, ocorrerá a incidência irrestrita do princípio da segurança jurídica, em suas facetas objetiva e subjetiva, sobre os atos ampliativos dessa natureza.

7.27 Como resultado, são irrevogáveis os atos estáveis, seja pela proteção ao instituto do direito adquirido (faceta objetiva), seja pela incidência dos princípios da proteção à confiança e da boa-fé. O sistema jurídico protetivo dos particulares, ao resguardar a certeza e a estabilidade das relações jurídicas, impede a retirada de direitos, insertos na esfera jurídica do particular, por conveniência e oportunidade da Administração.

7.28 A ampliação do escopo de proteção do regime posto, com a inclusão dos princípios constantes da faceta subjetiva do princípio da segurança jurídica, objetivou facilitar a percepção do agente público quanto à estabilização do Direito, posto ser complexa e muitas vezes controvertida a constatação da incidência do direito adquirido, o que dificulta a correta aplicação do Direito e acarreta prejuízo ao administrado.

7.29 A par de os atos ampliativos estáveis serem considerados irrevogáveis, em certas situações o interesse público tem maior relevo que sua manutenção. O sistema jurídico oferece solução para essa contenda, preestabelecendo a expropriação como instrumento para o sacrifício de direitos dos particulares em favor do interesse público primário, ressalvado o pagamento prévio de indenização justa e em dinheiro.

7.30 Mesmo que os efeitos práticos da revogação e da expropriação sejam semelhantes, sua regulamentação e consequências jurídicas permanecem distintas. A expropriação exige a fixação e pagamento prévio, em dinheiro, de indenização, ao passo que inexiste regra impondo qualquer dever de o Poder Público indenizar o particular pela revogação, e muito menos procedimento para sua efetivação. Nessa hipótese, ao invés de o particular ser protegido, é criado um debate quanto ao eventual direito dele de ser ressarcido, minorando substancialmente os efeitos das normas constitucionais protetivas.

7.31 *Invalidação* é a nomenclatura atribuída à retirada do ato administrativo em contrariedade ao regime jurídico, ou seja, das declarações jurídicas estatais inválidas.

7.32 A par do embate criado acerca das classes de nulidades existentes, o termo "invalidação" é representativo dessa categoria de retirada. Ademais, a potencialidade de *convalidação* dessas declarações é critério distintivo da repercussão normativa provocada pelo descumprimento da ordem jurídica.

7.33 A par de a extinção do ato administrativo por razões de legalidade poder ser promovida tanto pela Administração Pública quanto, quando provocado, pelo Poder Judiciário, o vocábulo "invalidação" foi utilizado para designar exclusivamente a retirada realizada diretamente pela primeira, não se referindo, salvo se expressamente, à extinção do ato pela via judicial.

7.34 A imposição de retirada dos atos em contrariedade com o sistema posto decorre do dever de submissão da função administrativa à lei (princípio da legalidade), tendo sido imposta, portanto, juntamente com o estabelecimento do Estado de Direito.

7.35 No Brasil, o STF foi o primeiro órgão estatal a se pronunciar normativamente, nos termos das Súmulas 346 e 473. No tocante à Administração Federal, a regulamentação legislativa abstrata ocorreu apenas com a prescrição contida no art. 53 da Lei federal 9.748/1999 (Lei de Processo Administrativo Federal), ao afirmar ser dever da Administração anular seus próprios atos quando eivados de vício de legalidade.

7.36 A rigor, o posicionamento consolidado elege a eficácia *ex tunc* da invalidação, com a desconstituição dos efeitos pretéritos possíveis, ao retroagir à data em que o ato sob retirada foi praticado. Esse entendimento resgata uma suposta vedação sistêmica à manutenção dos efeitos originados de atos emitidos em desacordo com a legislação.

7.37 No entanto, em vista dos atos ampliativos de direitos, esse posicionamento bem como outros constantes da abstrata teoria da invalidação dos atos têm de ser revisitados, porque a interpretação sistemática do Direito, desprendida de dogmas passados, revela serem sobremaneira restritos ao ideal de que a aplicação de efeitos *ex tunc* é o único meio hábil à manutenção e cumprimento do princípio da legalidade.

7.38 Soluções jurídicas diversas à efetiva invalidação, por mais prestigiosas aos administrados, devem incidir prévia ou concomitantemente à retirada dos atos ampliativos viciados: se juridicamente permitida, a *convalidação*; a *estabilização* do ato em decorrência da incidência de princípios gerais do Direito; por meio da manutenção de seus efeitos, ocorrido o decurso do tempo; atestada a boa-fé do administrado, resguardados os efeitos do ato (*ex nunc*) se efetivada a invalidação.

CONCLUSÃO 223

7.39 A par do descrito, comprovada a má-fé do administrado e não transcorrido o lapso temporal necessário à manutenção da declaração estatal viciada, ela deve ser expurgada do ordenamento com efeitos retroativos (invalidada).

7.40 Sob os princípios jurídicos de proteção dos administrados, o dever de convalidação dos atos ampliativos torna-se regra prevalecente, posto o agente público ter de envidar seus esforços para a manutenção dos efeitos favoráveis produzidos sobre a esfera jurídica do administrado de boa-fé.

7.41 A convalidação é o instituto por meio do qual o ato administrativo inválido é reproduzido no presente sem a ilegalidade que originalmente o maculava, mantendo seus efeitos jurídicos desde sua origem. Neste caso, a rigor, somente os atos contaminados pelos vícios de *competência*, *formalidade* e, em casos específicos, de *procedimento* admitiriam sua ocorrência. De outro lado, por ser impossível a restauração do ato extirpando a mácula original, os vícios incidentes sobre o *motivo*, o *conteúdo*, a *causa*, a *finalidade* e, quando represente elemento essencial justificador de sua instauração, o de *procedimento* afastariam a convalidação.

7.42 Entretanto, considerando que a convalidação é regra principal no atual sistema, a mera menção abstrata do vício contido na declaração jurídica não autoriza o agente estatal a negar sua ocorrência. Desse modo, impõe-se a instauração do devido procedimento administrativo para verificar a natureza do vício e identificar, em face das peculiaridades do caso concreto, a real impossibilidade de convalidação.

7.43 Outros impedimentos à convalidação também podem ser apontados: o *decurso do tempo*, apesar de manter os efeitos dos atos produzidos, impede sua efetivação, como, no mesmo sentido, a *impugnação do interessado* a impedirá.

7.44 Não ocorrida a convalidação, caberá ao agente estatal verificar, ao longo do processo administrativo constituído para tanto, se a incidência de normas jurídicas protetivas do administrado de boa-fé impedem a invalidação do ato viciado. Constatada a presença de prescrições normativas em favor da estabilização das relações jurídicas constituídas, ela deverá se efetivar, como limite à invalidação.

7.45 A *estabilização*, diferentemente da convalidação, não decorre da emissão de novo ato. Deflui diretamente da subsunção à norma posta sobre determinado fato jurídico. Não há margem para opção do administrador. Tratando-se de ato administrativo ampliativo da esfera jurídica de um destinatário de boa-fé, os princípios da segurança jurídica e da boa-fé imporão o dever de estabilizar o ato, suprimindo sua invalidade.

7.46 Com sua ocorrência, o direito contido no ato estabilizado será adquirido pelo administrado, impedindo qualquer questionamento posterior.

7.47 Além desses impedimentos à invalidação, outro se faz presente. O aludido *decurso do tempo*, materializado no instituto da decadência, é fator de manutenção dos atos produzidos invalidamente. Conforme disposto no art. 54 da Lei federal 9.784/1999, o prazo decadencial de cinco anos foi fixado como limite à invalidação dos atos de que *decorram efeitos favoráveis aos administrados* de boa-fé.

7.48 A *decadência* concretiza o princípio da segurança jurídica, vedando que o Poder Público omisso possa extinguir uma situação jurídica constituída caso tenha transcorrido certo lapso temporal. Esse instituto protege os particulares de boa-fé frente aos desmandos e à inércia dos agentes estatais, impedindo o exercício de sua competência perante o caso concreto.

7.49 Distinto da convalidação e da estabilização, o decurso do tempo não resultará na aquisição do direito pelo destinatário do ato; apenas será legitimada a permanência da situação jurídica no sistema, mantendo-se intactos o vício, o ato e os efeitos produzidos.

7.50 O prazo decadencial de 5 anos é aplicado aos atos ampliativos incidentes sobre destinatários de boa-fé, ao passo que, comprovada a má-fé do administrado, o prazo de decadência será, a nosso ver, de 10 anos, em analogia com o art. 205 do CC.

7.51 Caso não identificada a ocorrência da convalidação, estabilização ou de outro limite à invalidação do ato administrativo, o princípio da segurança jurídica, como pilar do Estado de Direito, comungará com a restauração da legalidade – meio, enfim, mais adequado ao restabelecimento da ordem jurídica.

7.52 No entanto, comprovada a boa-fé do destinatário do ato sob invalidação, a segurança jurídica, especialmente quanto à proteção da confiança e da boa-fé, imporá sua proteção, resguardando os efeitos jurídicos já produzidos e fixando o dever de ressarcimento.

7.53 A incidência desses princípios resultou na consequente e imprescindível reavaliação dos possíveis efeitos que a invalidação pode gerar. Desta sorte, a vetusta posição no sentido de que a invalidação apenas opera efeitos *ex tunc* não deve mais prevalecer sobre os atos ampliativos de direito, para os quais a retirada deverá operar efeitos *ex nunc*. Isso porque tais atos, pressupondo-se válidos antes de ocorrida sua retirada, produziram efeitos positivos sobre a esfera de direitos do particular de boa-fé, situação jurídica protegida pelo sistema normativo.

7.54 A interpretação posta não está em contrariedade com o art. 54 de Lei federal 9.784/1999 ou a Súmula 473 do STF; somente os interpreta de forma sistemática, reduzindo a aplicação de efeitos *ex tunc* aos atos restritivos de direitos ou incidentes sobre administrados de má-fé.

7.55 A invalidação, mesmo produtora de efeitos *ex nunc*, não retira o dever do Poder Público de indenizar o administrado que, confiando na presunção de legitimidade da atuação pública, realizou investimentos e firmou compromissos baseado nos efeitos ampliativos de sua esfera jurídica. O destinatário de boa-fé poderá requerer essa recomposição de danos em virtude da atuação ilegítima do Poder Público, emissor de norma jurídica contrária ao Direito.

7.56 Em breve síntese de todo o exposto, em última análise, os atos administrativos ampliativos exigem e têm tratamento específico da legislação, haja vista a razão de existir do direito administrativo, pautado por normas constitucionais que prestigiam a proteção dos particulares. Nesse sentido, torna-se dever da doutrina e da jurisprudência repensar o regime de retirada de atos administrativos de espécies distintas (restritivos e ampliativos), contribuindo para a redução das atividades estatais ilegítimas, arbitrárias e, a rigor, marcadas pelo descaso à confiança (certeza e estabilidade) dos administrados.

REFERÊNCIAS BIBLIOGRÁFICAS

ALESSI, Renato. *La Revoca degli Atti Amministrativi*. 2ª ed. Milão, Giuffrè, 1956.

_____. *Principi di Diritto Amministrativo*. Milão, Giuffrè, 1966.

AMARAL, Antônio Carlos Cintra do. *Extinção do Ato Administrativo*. São Paulo, Ed. RT, 1978.

_____. *Teoria do Ato Administrativo*. Belo Horizonte, Fórum, 2008.

AMARAL, Diogo Freitas do. *Curso de Direito Administrativo*. vol. 2. Coimbra, Livraria Almedina, 2001.

ANDRADE, José Robin de. *A Revogação dos Actos Administrativos*. 2ª ed. Coimbra, Livraria Almedina, 1985.

ATALIBA, Geraldo. *Hipótese de Incidência Tributária*. 6ª ed., 11ª tir. São Paulo, Malheiros Editores, 2010.

BACHOF, Otto, STOBER, Rolf, e WOLFF, Hans J. *Direito Administrativo*. 11ª ed., vol. 1. Porto/Lisboa, Fundação Calouste Gulbenkian, 1999.

BANDEIRA DE MELLO, Celso Antônio. *Ato Administrativo e Direitos dos Administrados*. São Paulo, Ed. RT, 1981.

_____. *Curso de Direito Administrativo*. 27ª ed. São Paulo, Malheiros Editores, 2010.

_____. "Direito adquirido proporcional". *RTDP* 36/18-23. São Paulo, Malheiros Editores, 2001.

_____. "Segurança jurídica, boa-fé e confiança legítima". *RTDP* 51-52/5-11. São Paulo, Malheiros Editores, 2010.

BANDEIRA DE MELLO, Oswaldo Aranha. *Princípios Gerais de Direito Administrativo*. 3ª ed., 2ª tir., vol. I. São Paulo, Malheiros Editores, 2010.

BASTOS, Celso Ribeiro. *Comentários à Constituição de 1988*. vol. 2. São Paulo, Saraiva, 1989.

BIELSA, Rafael. *Derecho Administrativo*. 6ª ed. Buenos Aires, La Ley, 1964.

BIGOLIN, Giovani. *Segurança Jurídica: a Estabilização do Ato Administrativo*. Porto Alegre, Livraria do Advogado, 2007.

REFERÊNCIAS BIBLIOGRÁFICAS

BOBBIO, Norberto. *Teoria da Norma Jurídica.* 2ª ed., trad. de Fernando Pavan Baptista e Ariani Bueno Sudatti. São Paulo, Edipro, 2003.

BONAVIDES, Paulo. *Do Estado Liberal ao Estado Social.* 9ª ed. São Paulo, Malheiros Editores, 2009.

BONNARD, Roger. *Précis Élémentaire de Droit Administratif.* Paris, Recueil Sirey, 1926.

BORGES, Alice Gonzales. "Valores a serem considerados no controle jurisdicional da Administração Pública: segurança jurídica, boa-fé, conceitos indeterminados, interesse público". *Revista Interesse Público* 15/83-96. Porto Alegre, julho-setembro/2002.

BREWER-CARÍAS, Allan R. *Derecho Administrativo.* Bogotá, Universidad Externado de Colombia, 2005.

CAETANO, Marcello. *Manual de Direito Administrativo.* 10ª ed., vol. 1. Coimbra, Livraria Almedina, 2005.

CÂMARA, Jacintho de Arruda. "A preservação dos efeitos dos atos administrativos viciados". *Revista Diálogo Jurídico* 14/4. Salvador, Centro de Atualização Jurídica/CAJ, junho-agosto/2002 (disponível em *http://www.direitopublico.com.br*, acesso em 24.3.2010).

CAMMAROSANO, Márcio. "Considerações sobre a proteção constitucional do direito adquirido". In: *Cadernos de Soluções Constitucionais 2.* São Paulo, Malheiros Editores, 2006 (pp. 274-284).

_____. "Decaimento e extinção dos atos administrativos". *RDP* 53-54/161-172. São Paulo, Ed. RT, janeiro-junho/1980.

_____. *O Princípio Constitucional da Moralidade e o Exercício da Função Administrativa.* Belo Horizonte, Fórum, 2006.

CANOTILHO, José Joaquim Gomes. *Direito Constitucional e Teoria da Constituição.* 7ª ed., 5ª reimpr. Coimbra, Livraria Almedina, 2003.

CARRIÓ, Genaro R. *Notas sobre Derecho y Lenguaje.* 5ª ed. Buenos Aires, Abeledo-Perrot, 2006.

CARVALHO FILHO, José dos Santos. *Manual de Direito Administrativo.* 19ª ed., revista, ampliada e atualizada até 10.12.2007. Rio de Janeiro, Lumen Juris, 2007.

CASSAGNE, Juan Carlos (dir.). *Derecho Administrativo.* 8ª ed., vol. 2. Buenos Aires, Abeledo-Perrot, 2006.

CAVALCANTI, Themístocles Brandão. *Teoria dos Atos Administrativos.* São Paulo, Ed. RT, 1973.

CIRNE LIMA, Ruy. *Princípios de Direito Administrativo.* 7ª ed., revista e reelaborada por Paulo Alberto Pasqualini. São Paulo, Malheiros Editores, 2007.

COVIELLO, Pedro José Jorge. *La Protección de la Confianza del Administrado*. Buenos Aires, Abeledo-Perrot, 2004.

DALLARI, Adilson Abreu, e FERRAZ, Sérgio. *Processo Administrativo*. 2ª ed. São Paulo, Malheiros Editores, 2007.

DI PIETRO, Maria Sylvia Zanella. *Direito Administrativo*. 21ª ed. São Paulo, Atlas, 2008.

_____. *Parcerias na Administração Pública: Concessão, Permissão, Franquia, Terceirização, Parceria Público-Privada e Outras Formas*. 5ª ed. São Paulo, Atlas, 2005.

DINIZ, Maria Helena. *Dicionário Jurídico*. 2ª ed. São Paulo, Saraiva, 2005.

_____. *Lei de Introdução ao Código Civil Interpretada*. 12ª ed. São Paulo, Saraiva, 2007.

DROMI, Roberto. *Derecho Administrativo*. 11ª ed. Buenos Aires, Ciudad Argentina, 2006.

DUGUIT, Léon. *Traité de Droit Constitutionnel*. 3ª ed. Paris, Ancienne Librairie Fontemoing, 1927.

FERNÁNDEZ, Tomás-Ramón, e GARCÍA DE ENTERRÍA, Eduardo. *Curso de Derecho Administrativo*. 13ª ed., vol. 1. Madri, Civitas, 2006.

FERRAZ, Sérgio. "Extinção dos atos administrativo: algumas reflexões". *RDA* 231/47-66. Rio de Janeiro, janeiro-março/2003.

_____, e DALLARI, Adilson Abreu. *Processo Administrativo*. 2ª ed. São Paulo, Malheiros Editores, 2007.

FIGUEIREDO, Lúcia Valle. *Curso de Direito Administrativo*. 9ª ed. São Paulo, Malheiros Editores, 2008.

_____. "Estado de Direito e devido processo legal". *Revista Diálogo Jurídico* 11. Salvador, Centro de Atualização Jurídica/CAJ, fevereiro/2002 (disponível em http://www.direitopublico.com.br, acesso em 27.3.2009).

FORSTHOFF, Ernst. *Tratado de Derecho Administrativo*. Madri, Instituto de Estudios Políticos, 1958.

FRANÇA, Vladimir da Rocha. "Considerações sobre o dever de motivação dos atos administrativos ampliativos". *RTDP* 46/72-85. São Paulo, Malheiros Editores, 2004.

FREIRE, André Luiz. *Manutenção e Retirada dos Contratos Administrativos Inválidos*. São Paulo, Malheiros Editores, 2008.

FREITAS, Juarez. *Discricionariedade Administrativa e o Direito Fundamental à Boa Administração Pública*. 2ª ed. São Paulo, Malheiros Editores, 2009.

_____. *O Controle dos Atos Administrativos e os Princípios Fundamentais*. 4ª ed. São Paulo, Malheiros Editores, 2009.

GABBA, Carlo Francesco. *Rettroativitá delle Leggi*. 3ª ed. Turim, UTET, 1891.

GALVÃO, Fillipa Urbano. *Os Actos Precários e os Actos Provisórios no Direito Administrativo*. Porto, UCP, 1998.

GARCÍA DE ENTERRÍA, Eduardo. "Reflexiones sobre la ley y los principios generales del Derecho en el derecho administrativo". *Revista de Administración Pública* 40/189-224. Madri, 1963.

_____, e FERNÁNDEZ, Tomás-Ramón. *Curso de Derecho Administrativo*. 13ª ed., vol. 1. Madri, Civitas, 2006.

GARRIDO FALLA, Fernando, LOSADA GONZÁLEZ, Herminio, e OLMEDA, Alberto Palomar. *Tratado de Derecho Administrativo*. 14ª ed. Madri, Tecnos, 2005.

GASPARINI, Diógenes. *Direito Administrativo*. 12ª ed. São Paulo, Saraiva, 2007.

GIGENA, Julio Isidro Altamira. *Acto Administrativo*. Córdoba, Advocatos, 2008.

GONÇALVES PEREIRA, André. *Erro e Ilegalidade do Ato Administrativo*. Lisboa, Ática, 1962.

GONZÁLEZ PÉREZ, Jesús. *El Principio General de la Buena Fe en el Derecho Administrativo*. 4ª ed. Madri, Civitas, 2004.

GORDILLO, Agustín. *Tratado de Derecho Administrativo: el Acto Administrativo*. 6ª ed., vol. 3. Belo Horizonte, Del Rey, 2003.

HORBACH, Carlos Batisde. *Teoria das Nulidades do Ato Administrativo*. São Paulo, Ed. RT, 2007.

JELLINEK, Georg. *Teoría General del Estado*. México, Fondo de Cultura Económica, 2000.

JÈZE, Gaston. *Principios Generales del Derecho Administrativo*. vol. 1. Buenos Aires, Depalma, 1948.

JUSTEN FILHO, Marçal. *Curso de Direito Administrativo*. 4ª ed. São Paulo, Saraiva, 2009.

KELSEN, Hans. *Teoria Pura do Direito*. 3ª ed. São Paulo, Martins Fontes, 1991.

KLOSS, Eduardo Soto. "A modificação de circunstâncias como causa de modificação ou extinção do ato administrativo no Direito Francês". *RDP* 55-56/8-36. São Paulo, Ed. RT, julho-dezembro/1990.

LOSADA GONZÁLEZ, Herminio, GARRIDO FALLA, Fernando, e OLMEDA, Alberto Palomar. *Tratado de Derecho Administrativo*. 14ª ed. Madri, Tecnos, 2005.

MARTINS, Ricardo Marcondes. *Efeitos dos Vícios do Ato Administrativo*. São Paulo, Malheiros Editores, 2008.

MATOS, André Salgado de, e SOUSA, Marcelo Rebello de. *Direito Administrativo Geral: Actividade Administrativa*. vol. 3. Lisboa, Dom Quixote, 2007.

_____. *Direito Administrativo Geral: Introdução e Princípios Fundamentais*. 3ª ed., vol. 1. Lisboa, Dom Quixote, 2008.

MAURER, Hartmut. *Direito Administrativo Geral*. Barueri/SP, Manole, 2006.

MEDAUAR, Odete. *A Processualidade no Direito Administrativo*. 2ª ed. São Paulo, Ed. RT, 2008.

_____. *Da Retroatividade do Ato Administrativo*. São Paulo, Max Limonad, 1986.

_____. *Direito Administrativo Moderno*. 8ª ed. São Paulo, Ed. RT, 2004.

MEDEIROS, Fábio Mauro de. *Extinção do Ato Administrativo em Razão de Mudança de Lei (Decaimento)*. Belo Horizonte, Fórum, 2009.

MEIRELLES, Hely Lopes. *Direito Administrativo Brasileiro*. 36ª ed. São Paulo, Malheiros Editores, 2010.

MELLO, Marcos Bernardes de. *Teoria do Fato Jurídico: Plano da Eficácia*. 3ª ed. São Paulo, Saraiva, 2007.

_____. *Teoria do Fato Jurídico: Plano da Existência*. 14ª ed. São Paulo, Saraiva, 2007.

MERKL, Adolfo. *Teoría General del Derecho Administrativo*. Granada, Comares, 2004.

MUSSELLI, Lucia. *La Conversione dell'Atto Amministrativo*. Milão, Giuffrè, 2003.

OLGUÍN JUAREZ, Hugo Augusto. *Extinción de los Actos Administrativos: Revocación, Invalidación y Decaimiento*. Santiago do Chile, Jurídica de Chile, 1961.

OLIVEIRA, Régis Fernandes de. *Ato Administrativo*. 5ª ed. São Paulo, Ed. RT, 2007.

OLIVEIRA, José Roberto Pimenta. *Os Princípios da Razoabilidade e da Proporcionalidade no Direito Administrativo Brasileiro*. São Paulo, Malheiros Editores, 2006.

OLMEDA, Alberto Palomar, GARRIDO FALLA, Fernando, e LOSADA GONZÁLEZ, Herminio. *Tratado de Derecho Administrativo*. 14ª ed. Madri, Tecnos, 2005.

PARADA, Ramón. *Derecho Administrativo: Parte General*. 15ª ed., vol. 1. Madri, Marcial Pons, 2004.

PAREJO ALFONSO, Luciano. *Lecciones de Derecho Administrativo*. Valência, Tirant lo Blanch, 2007.

PEREIRA DA SILVA, Vasco Manuel Pascoal Dias. *Em Busca do Acto Administrativo Perdido*. Coimbra, Livraria Almedina, 2003.

PETIAN, Angélica. "Atributos dos atos administrativos: peculiaridades dos atos ampliativos e restritivos de direitos". *RTDP* 49-50/275-295. São Paulo, Malheiros Editores, 2005.

REFERÊNCIAS BIBLIOGRÁFICAS

PIRES, Luís Manuel Fonseca. *Limitações à Liberdade e à Propriedade*. São Paulo, Quartier Latin, 2006.

_____. *Regime Jurídico das Licenças*. São Paulo, Quartier Latin, 2006.

QUEIRÓ, Afonso Rodrigues. "A teoria do 'desvio de poder' em direito administrativo". *RDA* 6/41-78. Rio de Janeiro, outubro-dezembro/1946.

RAMOS, Elival da Silva. *A Proteção dos Direitos Adquiridos no Direito Constitucional Brasileiro*. São Paulo, Saraiva, 2005.

RANELLETTI. Oreste. *Teoria delle Atti Amministrativi Speciali*. 7ª ed. Milão, Giuffrè, 1945.

REALE, Miguel. *Revogação e Anulamento do Ato Administrativo*. 2ª ed. Rio de Janeiro, Forense, 1980.

RIVERO, Jean. *Direito Administrativo*. Trad. de Rogério Ehrhardt Soares. Coimbra, Livraria Almedina, 1981.

ROCHA, Cármen Lúcia Antunes (org.). *Constituição e Segurança Jurídica: Direito Adquirido, Ato Jurídico Perfeito e Coisa Julgada. Estudos em Homenagem a José Paulo Sepúlveda Pertence*. Belo Horizonte, Fórum, 2004.

ROMANO, Santi. *Fragmentos de um Diccionario Jurídico*. Buenos Aires, EJEA, 1964.

SAINZ MORENO, Fernando. "La buena fe en las relaciones de la Administración con los administrados". *Revista de Administración Pública*, 89/293-314. Madri, 1979.

SANTAMARÍA PASTOR, Juan Alfonso. *Fundamentos de Derecho Administrativo*. vol. 1. Madri, Centro de Estudios Ramón Areces, 1991.

_____. *Principios de Derecho Administrativo General*. 2ª ed., vol. 2. Madri, Iustel, 2009.

SANTOS NETO, João Antunes dos. *Da Anulação Ex Officio do Ato Administrativo*. 2ª ed. Belo Horizonte, Fórum, 2006.

SCHMIDT-ASSMANN, Eberhard. *La Teoría General del Derecho Administrativo como Sistema*. Madri, Marcial Pons, 2003.

SEABRA FAGUNDES, Miguel. *O Controle dos Atos Administrativos pelo Poder Judiciário*. 3ª ed. Rio de Janeiro, Forense, 1957.

SIERRA, Raúl Bocanegra. *La Teoría del Acto Administrativo*. Madri, Iustel, 2005.

SILVA, Almiro do Couto e. "O princípio da segurança jurídica (proteção à confiança) no direito público brasileiro e o direito da Administração Pública de anular seus próprios atos administrativos: o prazo decadencial do art. 54 da Lei do Processo Administrativo da União (Lei 9.784/1999)". *Revista Eletrônica de Direito do Estado* 2/1-48. Salvador, Instituto de Direito Público da Bahia, abril-junho/2005 (disponível em *http://direitodoestado.com.br*, acesso em 24.3.2010).

SILVA, Almiro do Couto e. "Princípios da legalidade da Administração Pública e de segurança jurídica no Estado de Direito contemporâneo". *RDP* 84/61. São Paulo, Ed. RT, out./dez. 1987.

SILVA, Clarissa Sampaio. *Limites à Invalidação dos Atos Administrativos*. São Paulo, Max Limonad, 2001.

SIMÕES, Mônica Martins Toscano. *O Processo Administrativo e a Invalidação dos Atos Viciados*. São Paulo, Malheiros Editores, 2004.

SOUSA, Marcelo Rebello de, e MATOS, André Salgado de. *Direito Administrativo Geral: Actividade Administrativa*. vol. 3. Lisboa, Dom Quixote, 2007.

_____. *Direito Administrativo Geral: Introdução e Princípios Fundamentais*. 3ª ed., vol. 1. Lisboa, Dom Quixote, 2008.

STASSINOPOULOS, Michael D. *Traité des Actes Administratifs*. Paris, LGDJ, 1973.

STOBER, Rolf, BACHOF, Otto, e WOLFF, Hans J. *Direito Administrativo*. 11ª ed., vol. 1. Porto/Lisboa, Fundação Calouste Gulbenkian, 1999.

SUNDFELD, Carlos Ari. *Ato Administrativo Inválido*. São Paulo, Ed. RT, 1990.

_____. *Fundamentos de Direito Público*. 5ª ed. São Paulo, Malheiros Editores, 2010.

_____. "Motivação do ato administrativo como garantia dos administrados". *RDP* 75/118-127. São Paulo, Ed. RT, julho-setembro/1985.

TALAMINI, Daniele Coutinho. *Revogação do Ato Administrativo*. São Paulo, Malheiros Editores, 2002.

VALIM, Rafael. *O Princípio da Segurança Jurídica no Direito Administrativo Brasileiro*. São Paulo, Malheiros Editores, 2010.

VILANOVA, Lourival. *Causalidade e Relação no Direito*. 2ª ed. São Paulo, Saraiva, 1989.

VIRGA, Pietro. *Il Provvedimento Amministrativo*. 3ª ed. Milão, Giuffrè, 1968.

VITTA, Heraldo Garcia. *A Sanção no Direito Administrativo*. São Paulo, Malheiros Editores, 2003.

WOLFF, Hans J., BACHOF, Otto, e STOBER, Rolf. *Direito Administrativo*. 11ª ed., vol. 1. Porto/Lisboa, Fundação Calouste Gulbenkian, 1999.

ZANCANER, Weida. *Da Convalidação e da Invalidação dos Atos Administrativos*. 3ª ed. São Paulo, Malheiros Editores, 2008.

ZOCKUN, Maurício. "Atributos e extinção dos atos administrativos". *RTDP* 48/250-271. São Paulo, Malheiros Editores, 2004.

* * *